결혼에 성공하여 행복하도록 돕는 책

결혼
어떻하면
행복할까요

강요셉지음

결혼은 인류지대사이다. 신중하게 결정하라.

성령

결혼 어떡하면
행복할까요

성령

들어가는 말

필자는 하나님의 은혜로 성도들을 말씀과 성령으로 치유하며 영적으로 바꾸는 사역을 하고 있다. 그래서 가정과 부부문제 치유에 대단히 관심이 많다. 왜냐하면 가정이 중요하기 때문이다. 가정의 시작은 만남과 결혼에서부터 시작이 된다. 그런데 내적치유 사역할 때 발견된 것은 크리스천의 가정들이 깨어지고 있다는 것이다. 이는 최초 만남부터 잘못되어 발생한다는 것을 발견하게 되었다. 그래서 어떻게 하면 크리스천들이 하나님이 원하시는 만남과 결혼으로 성경적인 가정을 이루면서 하나님에게 영광을 돌리게 할 수 있을까 고심하게 되었다. 기도하던 중에 결혼 전에 알아야 할 사항들을 정리하여 글을 쓰라는 감동을 받았다. 그래서 지난 십여 년간 성령내적치유 간에 부부치유하며 체험한 경험과 하나님의 말씀을 근거로 글을 썼다.

나 역시 결혼 생활하며 여러 가지 우여곡절을 겪었다. 그래서 결혼은 중요하다. 옛날 말에 된장을 잘못 담그면 1년간 고통스럽지만, 남편이나 아내를 잘못 만나면 한 평생 고통이 된다는 말이 있다. 그만큼 결혼이 중요하다는 것이다.

그런데 필자가 내적치유 사역할 때 보면 모태 신앙이라고 하는 분들이 불신결혼을 하여 고통의 세월을 살고 있는 경우를 많이 보았다. 이는 영적인 지식이 없고 겉모습만 보고 육정에 끌려 결혼한 경우이다. 그래서 결혼 생활하며 여러 가지 환란과 고통을 당하면서 살아가는 것이다. 결혼에 대하여 확실한 영육의 지식을 가지고 준비하며 연애도 하고 결혼도 해야 결혼 생활하며 여러 가지 문제를 슬기롭게 극복할 수 있을 것이다.

요즈음 교회마다 나름대로 남녀의 만남과 결혼에 대한 교육과 훈련이 활발하게 진행되고 있다. 이 책을 통하여 결혼을 앞 둔 청년들이나 자녀를 둔 부모들이 읽고 만남과 결혼에 대한 여러 가지 문제를 알고 준비하는 계기가 되기를 소원한다. 또 결혼은 했지만 더 자세하게 가정에 대하여 알고 싶은 분들에게는 결혼생활의 영적인 지침서가 될 것이다. 이 책을 통하여 많은 그리스도인들이 결혼에 대해 바르게 알아서 함정에 빠지지 않고 성공적인 만남과 결혼이 되는 지침이 되기를 바란다.

주후 2016년 12월 10일

충만한 교회 성전에서

저자 강요셉목사

세부적인목차

1장 미혼들이 꼭 알아야 될 영적비밀

(막10:8-9)"그 둘이 한 몸이 될지니라 이러한즉 이제 둘이 아니요 한 몸이니, 그러므로 하나님이 짝지어 주신 것을 사람이 나누지 못할지니라. 하시더라."

결혼제도는 인간의 행복을 위해 하나님이 친히 재정하여 주신 축복의 선물이다. 결혼은 진화의 산물이거나 어쩌다가 우연히 만들어진 제도가 아니라, 창조주 하나님의 계획이며 신비한 굿 아이디어이다. 하나님께서는 아담의 갈비뼈를 취하여 하와를 창조하여 아담의 돕는 배필로 창조하셨다. "여호와 하나님이 이르시되 사람이 혼자 사는 것이 좋지 아니하니 내가 그를 위하여 돕는 배필을 지으리라 하시니라"(창2:18). 지금도 하나님께서는 하나님의 자녀들이 혼자 사는 것이 아름답게 보이지 않으므로 성년이 되면 배필을 만나게 하신다. 나 자신이 배필을 선택하고 결정하는 것 같아도 그 모든 것을 성사시키시는 분은 하나님이시다. "여호와 하나님이 아담에게서 취하신 그 갈빗대로 여자를 만드시고 그를 아담에게로 이끌어 오시니"(창2:22). 하나님께서 아담의 배필을 창조하시고, 하나님께서 하와를 아담의 배필로 인도하여 가정을 이루게 하셨다. 결혼은 하나님께서 친히 창조하시고 재정하신 것이다.

요즘 가정이 많이 깨어지면서 결혼에 대한 행복의 기대치가 낮아지고 있지만, 원래 결혼은 행복하고 아름다운 것이다. 하나님은 인간을 창조할 때부터 남자와 여자로 만드신 후, "심히 좋았더라."(창 1:31)하시며 스스로 감탄하시며 기뻐하셨다. 하나님은 우리를 위해 준비하신 만물 속에서 인간이 서로 사랑하며 누리며 행복할 것을 예측하며 심히 기뻐하신 것이다. 하나님은 우리가 행복하기를 원하신다. 자녀의 행복을 원하는 부모처럼, 우리의 영적 부모이신 하나님은 우리가 불행하기를 원하시지 않는다.

하나님은 이렇게 말씀하신다. "……너희를 향한 나의 생각을 내가 아나니 평안이요. 재앙이 아니니라. 너희에게 미래와 희망을 주는 것이니라."(렘 29:11). 그렇다. 하나님은 우리에게 미래와 소망과 평안을 주시기를 기뻐하신다. 원래 결혼은 행복한 것이다. 하나님께서 창조하신 것이기 때문이다. 하나님의 자녀인 우리는 행복해야 할 의무가 있다. 자녀가 행복하게 살아야 부모가 기뻐하듯이, 행복한 결혼은 창조주 하나님을 기쁘게 해드리는 것이다.

그런데 행복은 그냥 저절로 오는 것이 아니라, 생명의 말씀과 성령의 인도 하에 배우며 노력하며 만들어 가는 사람들이 누리는 소중한 선물이다. 부부 가정의 행복에 관심이 있어야 행복을 누릴 수가 있는 것이다. 관심을 가지고 노력해야 행복을 누린다는 것이다. 부부 행복은 거저 그냥 되는 것이 아니다. 하나님 안에서 결혼의 원리를 따라 성령의 인도를 받으며 살아간다면, 당신도 행복할 수 있다.

축복을 기대하며 소망하라. 크리스천 미혼들이여! 결혼에 대한 두려움도 버려라. 결혼은 행복이며 축복이다. 이 책을 통하여 우리 모두 행복을 만들어 갈 수 있기를 바란다.

첫째, 결혼은 축복도 될 수 있고 저주도 될 수 있다. 결론을 말한다면 결혼은 참으로 신중해야 한다. 하나님의 뜻에 따라야 한다. 하나님의 뜻에 따라야 한다는 말은 하나님께서 자신을 위하여 예배하신 배필을 만나야 한다는 것이다. 하나님께서 예비하신 배우자를 만나기 위하여 기도해야 한다. 구체적으로 기도해야 한다. '결혼'은 인생에 있어서 '구원'의 문제 다음으로 큰일이다. 이것이 남은 평생 전부를 좌우하기 때문이다. 좋은 결혼은 훌륭한 삶의 기회와 보람이 되기도 하지만, 잘못된 결혼은 '저주나 지옥'과 같은 것일 수도 있기 때문이다. 물론 그리스도 안에서 이루어지는 결혼은 모두 아름답다고 믿는다. 그렇지만 우리의 삶을 '숙명론'으로 받아들이는 것은 어리석은 자세다. 주님은 우리가 수동적인 믿음으로 살기를 원치 않고 적극적인 믿음으로 살기를 바라시는 것이다. 그러므로 '하나님의 뜻'을 위해 기도하는 것은 절대적으로 필요한 것이다.

오늘날 세계는 가정의 붕괴로 인해 고민하고 있음을 모두 알 것이다. 미국의 최근 통계는 결혼 한 가정의 절반이 이혼을 경험하고 있음을 나타내 준다. 그리고 한국의 개신교 신자들을 대상으로 한 갤럽조사에서도 이혼에 대한 긍정적인 태도가 31퍼센트나 나타났다는 것은 이 시대가 얼마나 가정에 위기를 맞이하고 있는가를 잘 시사한다. 결혼은 하나님이 정하신 축복이다. 이 세상에서 가장 축복된 두 장소를 꼽는다면 '교회'와 '가정'이다. 하나님이 계획하셨고, 만드신 것이다. 가정은 너무나 소중해서 이미 교회가 세상에 모습을 나타내기 이전에 가정이 먼저 세워졌다. 창세기의 에덴이 바로 인류의 첫 가정이었던 것이다. 그러나 죄가 들어오면서 가정도 무너졌다. 가정이 무너지면서 성이 무너졌다. 그것은 오늘날 사회의 도덕적 몰락을 야기 시키지 않았는가! 가정이 무너졌기 때문이다. 그러므로 미혼의 크리스천들은 우리의 삶에서 가정이 미치는 영향이 얼마나 놀라운지를 발견하고, 하나님 앞에서 가정에 대한 소망을 회복해야 한다. 하나님께서 우리의 가정을 통해 얼마나 놀라운 일을 행하실 수 있는지를 아는 것은 너무나 소중한 것이다.

필자는 결혼은 축복도 될 수 있고 저주나 지옥도 될 수 있다고 생각한다. 이유는 많은 크리스천들이 잘못된 결혼으로 신음하고 있기 때문이다. 책을 읽어가노라면 이해가 되겠지만 축복된 결혼은 한 부부들은 하나같이 내면중심을 추구한 사람들이다. 내면중심이란 성령의 인도를 받았다는 것이다. 밖으로 보이는 면이 부족하더라도 내면이 성령으로 충만한 사람을 만난 부부들이 행복했다. 반면 외형을 추구한 사람들은 모두 결혼이 저주가 되었다. 물론 모두가 그런 것은 아니다. 이유는 남녀의 차이를 극복하지 못해서다. 하나님께서 남녀는 분명하게 다르게 창조하셨다. 이를 알고 대처하지 못하면 2-3년 지나면서 부부 사이가 금이 가기 시작한 것이다. 제일 많은 것이 상처이다. 잠재의식의 상처가 결혼생활을 방해하는 요소로 발전한 것이다. 상처가 자신을 보지 못하게 하고 상대방을 보게 하여 상대방이 변하기를 원하니 해결방법이 없는 것이다. 자신이 변해야 상대방이 변하는데 상대만 변하기를 원하니 하나가 될 수가 없는 것이다. 결혼은 신중해야 한다. 그렇기 때문에 "아이를 가졌을 때부터 그의 배우자를 위해 기도 하십시오."라는 말에 공감해야 할 것이다.

둘째, 교회에 다니는 것으로 만족하지 말라. 필자는 성령치유 사역을 16년간 했다. 많은 부부들의 배우자의 신앙문제로 상담을 한다. 대다수의 부부들의 생각이 이렇다. 교회에 잘나가면 신앙이 된 것으로 착각을 한다. 찬송 부르고 예배드리고 성경을 읽으면 믿음이 된 것으로 생각을 한다. 무조건 교회에 잘 나가면 된다는 사고이다. 그런데 문제는 내면(무의식과 잠재의식)에 있다는 것이다. 내면의 문제는 성령의 역사가 있어야 치유되고 변화된다. 상대방을 말로 대화로 질책으로 변화되기 기대하지 말고 성령의 역사가 상대를 변화시키는 믿음생활을 하라는 것이다. 내면이 치유되어야 변화 된다는 것이다. 내면의 치유는 성령으로 세례를 받아야 치유되기 시작을 한다. 영의 눈이 열리지 않았으니 내면의 세계를 이해하지 못한다. 성령의 역사가 일어나야 영안이 열리는 것이다.

또 다른 이유는 세상에서 샤머니즘적인 신앙생활을 하여 교회에 가서 하나님을 섬기는 신앙의 사고가 고정되어 있다는 것이다. 교회에 열심히 가서 하나님을 잘 섬기면 믿음이 좋은 것으로 믿어버린다. 그래서 자신 안에 계신 하나님과 교통하는 신앙생활을 이해하지 못하는 것이다. 이렇게 신앙생활을 하다가 보니 자신 안에 계신 하나님과 교통하지 못하는 것이다. 보이는 성전중심의 신앙생활을 하게 됨으로 자신의 내면에 관심을 갖지 못한다. 문제도 자신의 내면에 있고, 하나님도 자신의 내면에 임재 하여 계신다. 그런데 자신의 내면에 관심을 갖지 않는 것이다. 우리가 바르게 알아야 할 것은 내면에 잠재하여 있는 문제는 교회에 나가서 예배드리는 것으로 해결되지 못한다. 반드시 성령으로 세례를 받고 성령의 역사로 잠재의식을 치유하여 성령으로 충만해야 한다. 문제의 뒤에는 사람의 힘보다 강한 귀신이 역사하기 때문이다.

　미혼 크리스천들의 사고를 바꾸어야 한다. 성령으로 충만하지 않으면 언제든지 귀신이 침입할 수 있다고 믿어야 한다. 자신의 하나님과 멀어져 육체가 되면 하시라도 귀신이 침입한 다는 것을 알고 행해야 한다. 이를 방지하기 위하여 성령으로 자신의 내면을 정화하는 기도가 되어야 한다. 기도가 자신 안에 성전에서 성령으로 분출되는 기도가 되어야 한다. 성령의 인도를 받으며 하나님과 동행하며 친하게 지내는 습관이 되게 해야 한다. 항상 하나님을 찾는 신앙으로 바뀌어야 한다는 것이다. 필자는 항상 하나님께 물어보는 습관이 있다. 그러면 하나님께서 기발한 아이디어를 주신다. 기도할 때 갑자기 성령께서 내 마음속에 부딪혀 와서 내게 새로운 아이디어를 주신다. 필자는 그 아이디어를 받아서 일들을 처리한 결과 모두 잘 되었다. 이제 우리의 크리스천들의 사고를 바꾸어야 한다. 앞에서 말씀한 것과 같이 일상생활하면서 하나님과 지속적으로 대화하며, 물어보며 하나님의 응답을 받아내는 신앙이 되도록 해야 한다. 교회에 가서 예배드리는 것으로 만족하지 말고, 성령의 인도를 받으며, 하나님과 대화하며 물어보며 믿음 생활을 하는 크리스천들이 되어야 할 것이다.

셋째, 영적인 세계를 바르게 알아라. 영적세계를 알고 대처하는 것은 축복된 결혼생활을 위하여 필수이다. 예수를 믿고 성령으로 충만한 사람도 남편이나 부인이 성령으로 충만하지 못했을 때 상대에 역사하는 영에 의하여 영적침입이 이루어지는가? 쉽게 말해서 예수를 믿는 사람에게도 상대의 나쁜 영이 전이 될 수 있느냐는 것이다. 남녀가 결혼을 하면 3가지가 연합이 된다. 영적인 연합이다. 정신적인 연합이다. 육체적인 연합이다. 부부간에 화목하지 못하고 대립이 일어나는 것은 성격이 맞지 않는 것보다 영적으로 연합하지 못하기 때문이다. 부부간의 문제를 해결함에 있어서 영적인 문제를 찾아 해결하지 않으면 근본이 해결되지 않을 수도 있다는 말이다. 상대방이 다른 영의 영향을 받을 때, 그 다른 영의 영향으로 질병이나 우울증, 정신적인 문제, 불면증 등이 발생할 수도 있다. 부부가 모두 예수를 믿고 신앙생활을 한다고 영적인 문제가 없다고 방심하면 안 된다. 필자가 체험한 바로는 목회자 부부들도 상대의 영적인 영향으로 고통당하는 경우가 많이 있더라는 것이다. 따라서 부부가 모두 믿음 생활을 하더라도 어떻게 신앙생활을 하느냐에 따라서 영적인 문제의 소지가 있다. 예를 들어 설명하면 이렇다. 남편은 3대째 신앙생활을 했다. 부인은 자신이 처음 신앙생활을 시작했다. 이런 경우라도 영적인 문제는 잠재해 있다고 보아야 한다. 우선 남편이 어떤 신앙생활을 했느냐이다. 성령으로 세례를 받고 말씀과 성령으로 영육의 치유 받고, 성령의 지배를 받는다면 영적인 문제는 일어나지 않을 수 있다. 그러나 성령으로 세례를 받지 않고 일반적인 신앙생활을 했다면 혈통에 역사하는 영적인 문제가 흐를 수 있다.

여성도 마찬가지이다. 자신이 처음 신앙생활을 하게 됨으로 육적으로 흐르는 영적인 문제가 잠재하여 있다고 보아야 한다. 혈통에 흐르는 문제는 성령으로 세례 받고, 치유 받는 적극적인 믿음생활이 아니고, 관념적인 믿음생활을 해서는 끊어지지 않는 것이 보통이다. 그래서 결혼 후에 여러 가지 이유를 모르는 문제가 일어날 수가 있다. 이는 필연코 일어나는 현상이다. 알고 예방하고 대처해야 한다. 부부가 같은 교회에서 강한 성령의 역사로 잠재의식을 치유 받아 성령께서 점점 지배하고 성령이 장악하여 평안한 부부가 되는 것이 보통이다. 성령의 역사로 하나가 되었다는 것이다.

남녀모두 자신이 처음 예수를 믿은 경우이다. 사람은 영적인 존재이기 때문에 영적인 눈이 뜨이면 영적인 면에 관심이 대단히 많아진다. 이런 관심은 여성이 남성보다 더 열심이다. 그래서 영적인 갈급함을 해결하려고 여기저기 은혜를 받으러 다닌다. 그러면서 듣는 것이 많다. 자연스럽게 영적으로 아는 것이 많아진다. 아는 것이 많은 자신은 영적으로 완벽하다고 하며 남편이 문제라고 할 수 있다. 자신에게는 절대로 다른 영의 역사가 없다고 믿는다. 그래서 사역자나 남편이 많이 알고 열심히 하는 자신에게도 귀신이 역사한다고 말하면 순간 혈기를 내고 싸우기도 한다. 주변에 치유하는 곳이나 교회에서 목회자와 다투는 사람들이 많다. 거의 이와 같은 경우이다. 자신의 정체가 폭로되니 강하게 거부하는 것이다. 이런 경우 부인이 인정하지 않으면 절대로 귀신이 떠나가지 않는다.

그런데 더 큰 문제는 남편역시 부인이 아는 것이 많으니 영적으로 한 차원 높다고 인정하게 된다. 이렇게 인간적으로 생각하는 것에서 문제가 발생하기 시작을 한다. 시간이 흐르면서 남편이 기를 펴지 못하고 살아가기도 한다. 여기저기 질병이 생기기도 한다. 몸이 허약해지기도 한다. 하는 일이 되는 것이 하나도 없는 경우도 생긴다. 이것은 여성에게 역사하는 악한 영의 영향으로 발생하는 경우가 있다. 이유는 아는 것이 많아도 성령으로 세례 받아 영육을 치유 받지 않으면 혈통에 흐르는 문제가 그대로 남아있다는 것이다. 이를 인정해야 치유가 가능하다. 이 혈통에 흐르는 영적인 요소들이 남편에게 영향을 끼치는 것이다. 이를 해결하려면 부부가 함께 같은 교회를 다니면서 성령으로 세례를 받고 성령의 불세례를 받으면서 치유를 받으면 간단하게 해결이 된다.

그런데 문제는 부인이 자신은 많이 알기 때문에 문제가 남편에게 있다고 주장을 하여 부인이 치유를 게을리 하면 해결 받는 시간이 점점 길어진다. 제일 빠른 경우는 부부가 함께 성령의 역사가 강한 교회에 가서 치유를 받는 것이다. 지속적으로 치유를 받아 성령으로 충만함을 받으면 문제가 서서히 해결이 되기 시작을 한다. 가정이 성령으로 하나가 되기 시작하기 때문이다. 그래서 필자는 결혼을 하기 전에 잠재의식의 내적치유를 2번 이상 받으라고 권면하는 것이다. 자기 대에서 처음 믿음 생활하는 분들은 성령의 역사가 강한 교회에서 신앙생활을 하는 것이 유익하다.

이제 불신결혼을 한 경우를 설명한다. 많은 경우 믿음이 좋던 자매가 남자의 외모를 보고 반하여 결혼을 감행한다. 물론 결혼하기 전에 남자가 예수를 믿겠다고 확답을 받고 결혼을 감행한다. 그러나 결혼하고 서서히 영적인 영향으로 문제가 발생하기 시작을 한다. 남편이 예수를 믿는다고 하지만 주일 신자가 되기 쉽다. 시댁에 가면 불신자 판이다. 일반적인 우상 숭배는 서서히 부인을 장악해 간다. 그러나 강한 우상숭배는 부인에게 즉각적인 이상증세가 발생하기 시작을 한다. 이런 경우도 남편이 성령으로 세례 받고 성령으로 충만한 교회에서 신앙생활을 하면 문제는 떠나가는 것이 보통이다.

그러나 시댁에 무당의 내력이 있든지, 남묘호랭객교를 믿는 사람이 있는 경우 정도는 더욱 심하다. 이런 경우 웬만한 성령의 권능을 가지고 이겨내기가 버거워진다. 그래서 결혼 후에 2-3년이 지나면 서서히 우울증이나 정신문제가 발생하기 시작을 한다. 환경에 문제가 발생하기 시작을 한다. 물질 문제와 질병과 이해하지 못하는 여러 가지 우환이 생긴다. 결혼 후에 2년 정도 지나면 악한 영의 역사가 예수를 믿는 여성을 장악하게 된다. 남자의 경우도 마찬가지이다. 결국 정신적인 문제가 발생하여 정상적인 생활을 하지 못하는 경우가 많이 있다. 그러므로 결혼 전에 성령으로 세례를 받고 치유를 받아 혈통으로 흐르는 영적인 요소들을 제압해야 한다. 적어도 3년을 생명의 말씀과 성령으로 적극적인 치유를 받아야 영적인 영향력이 서서히 약해진다.

이제 믿음이 있던 남자가 불신 여성과 결혼한 경우이다. 가정이 모두 예수를 믿어 믿음의 가정에서 자라난 남자가 여성의 외모를 보고 반하여 결혼하는 경우가 있다. 앞에서 말한 바와 같이 일반적인 우상숭배는 그렇게 크게 영향을 미치지 못한다. 그러나 처가에 무당의 내력이 있든지, 남묘호랭객교를 믿는 사람이 있든지, 절을 지을 때 금품을 많이 가져다가 시주를 했다든지 하는 경우 정도는 더욱 심하다. 이런 경우 웬만한 성령의 권능을 가지고 이겨내기가 버거워진다. 성령의 역사가 강한 교회에서 함께 신앙생활을 하면 점점 힘이 약해진다.

그러나 생명의 말씀과 성령의 세례와 성령치유 없이 보편적인 신앙생활을 하면 처가에서 역사하던 무당의 영과 남묘호랭객교의 영이 결혼 후에 2-3년이 지나면 완전하게 장악을 하게 된다. 그래서 결혼 후에 서서히 문제가 발생하기 시작을 한다. 자녀들에게 영육의 문제가 발생하기 시작을 한다. 이때 성령의 강한 역사를 체험하며 해결하면 2-3년이면 문제가 해결이 된다. 그런데 원인을 모르고 인간적인 조치만 취하면 남편의 하는 일이 되지를 않게 된다. 자신의 자녀들이 우울증이나 정신문제가 발생하여 정상적인 생활을 못할 경우도 생긴다.

그것도 방치하면 결국 정신적인 문제가 발생하여 자녀들이 정상적인 생활을 하지 못하여 무위도식을 하는 사람이 되기 쉽다. 부모의 죄로 인하여 자녀가 고통을 당하는 것이다. 그러므로 결혼 전에 성령으로 세례를 받고 치유를 받아 혈통으로 흐르는 영적인 요소들을 제압해야 한다. 적어도 3년을 치유 받아야 영적인 영향력이 약해진다. 우리는 예수를 믿는 영적인 군사들이다. 영적인 것을 알고 대비해야 불필요한 고통을 당하지 않는다.

혈통의 대물림에 대하여 자세하게 알고 싶은 분은 "가계가 축복받는 선포기도문"과 "가계의 고통을 끊고 축복받는 비결"과 "가계저주와 영원히 이별하는 길"을 읽어보기를 바란다. 이 책에 보면 혈통의 문제를 해결하는 비결들이 많이 제시되어 있다. 혈통의 문제는 무시하면 안 된다. 반드시 말씀과 성령으로 찾아서 치유해야 한다. 그래야 예수를 믿으면서 아브라함의 축복을 누릴 수가 있다.

넷째, 열심히 하는 신앙을 분별하라. 보편적인 것이 열심히 하는 것이다. 봉사도 열심히 한다. 철야 기도도 열심히 한다. 예배도 열심히 드린다. 헌금도 열심히 한다. 성령의 인도가 아닌 자기 나름의 기도를 열심히 한다. 열심히 해야 자신의 문제도 풀린다고 한다. 열심히 해야 천국도 갈 수 있다고 믿고 행한다. 이렇게 많은 성도들이 육체(행위)로 열심히 하여, 영이신 예수님의 마음을 감동시키려고 하는 분들이 있다. 복음은 육으로 열심히 하여 예수님의 마음을 움직여서 문제가 해결되는 것이 아니다. 한번 생각하여 보라. 육체(행위)로 열심히 하여 예수님의 마음을 움직이려니 얼마나 고달프겠는가? 또 다른 문제는 열심히 봉사하고 헌금하고 기도했는데 원하는 것이 잘되지 않았다.

그러니 가정의 부부가 자녀들이 말하기를 그렇게 열심히 했는데 되는 것이 무엇이 있느냐고 하나님께 원망을 한다. 급기야 교회를 나가지 않기도 한다. 알아야 할 것은 성령으로 변화되는 않았기 때문에 되는 것이 없는 것이다. 바르게 알고 보면 나름으로 알고 열심 있는 신앙이 복음을 역행한 것이다. 그래서 진리를 바르게 깨닫지 못한 성도들이 이구동성으로 하는 말이 예수님 믿기가 힘들다고 한다. 복음을 바르게 깨닫지 못하고 나름으로 알고 예수를 믿기 때문에 힘이 드는 것이다. 예수는 바르게 알고 믿으면 신명나는 것이다.

죄송하지만, 이렇게 무조건 열심히 하시는 분들은 아직 종의 의식에서 해방되지 못한 분들이다. 죄에서 자유 함을 누리지 못하는 분들이다. 애굽에서 나온 이스라엘 백성들과 같은 사람들이다. 육의 사람이라 스스로 아무것도 할 수 없는 사람들이다. 예수를 믿고 하나님의 자녀가 된 사람들은 종이 아니다. 믿는 자는 하나님의 자녀이다. 하나님은 요한복음 1장 12-13절에서 "영접하는 자 곧 그 이름을 믿는 자들에게는 하나님의 자녀가 되는 권세를 주셨으니, 이는 혈통으로나 육정으로나 사람의 뜻으로 나지 아니하고 오직 하나님께로부터 난 자들이니라"말씀하신다. 하나님의 자녀는 종이 아니다. 하나님의 자녀는 그가 하라는 대로 순종하면 된다.

물론 이 땅에 생명이 있을 때 할 수 있는 대로 열심히 해야 한다. 그래야 하늘나라에 상급이 있기 때문이다. 그러나 열심히 하는 방법이 잘못되었다는 것이다. 우리는 예수를 믿고 성령으로 거듭난 영의 사람이다. 영이신 하나님의 자녀이다. 하나님의 자녀는 종들과 같이 열심히 해서 주인의 마음을 얻는 것이 아니고, 성령의 인도로 영의 부모인 하나님의 뜻을 따라서 열심히 해야 한다. 하나님의 음성을 듣고 하나님의 뜻을 따라서 열심히 해야 한다는 것이다. 더 열심히 할 것도 없고, 방관하거나 무관심 할 것도 없이 하나님께서 하라는 대로 순종하면 된다는 것이다.

우리 예수를 믿는 성도는 바르게 복음을 깨닫고 신앙생활을 해야 한다. 보이는 교회에 와서 반드시 성령의 인도 하에 영과 진리로 예배도 열심히 드려야 한다. 봉사도 열심히 해야 한다. 철야 기도도 열심히 해야 한다. 성령께서 감동하시는 대로 헌금도 아낌없이 해야 한다. 문제를 해결하기 위하여 성령께서 알려주는 대로 조치를 취하면서 열심히 해야 한다. 말씀과 성령으로 치유도 열심히 받아야 한다. 성령의 인도하는 대로 예수 이름으로 열심히 해서 천국의 상급을 쌓기를 바란다.

다섯째, 정상적인 신앙생활을 하라. 과거에 우리 부모님들이 하신 것과 같이 매일 밤에 가서 철야하고, 교회에서 살다가 시피하고, 문제를 해결하여 달라고 헌금하고, 이런 샤머니즘적이고 인간적인 믿음 생활을 하지 말라는 것이다. 성령의 인도를 받는 복음적인 믿음생활을 하라는 것이다. 하나님은 영이시다. 영이신 하나님의 역사가 자신에게 일어나야 세상이 물러가는 것이다. 복음은 아무런 열매가 없는 마른 나무가 아니다. 우리의 구원자이신 예수 그리스도의 참 복음은 우리의 삶을 변화 시킨다. 나아가 우리의 가정을 변화시키고, 더 나아가 우리의 교회와 나라에 그리스도의 능력을 나타내게 한다. 거짓 복음은 영혼을 병들게 하고 병들어 있는 자신을 자각할 수도 없게 마비시키며, 양심을 더럽히고, 가정을 무너뜨리며, 교회를 사탄에게 내어주도록 만든다. 자신의 안위를 위해 남을 무너뜨리면서도 하나님의 뜻이라고 말하는 엄청난 범죄를 아무런 가책 없이 행할 수 있게 만드는 것이 거짓복음이다.

'그러면 나는 무엇을 어떻게 해야 하는가?' 라는 자문이 든다면 예수 그리스도께서 피로 사신 '하나님의 성전'인 자신은 먼저 생명의 말씀과 성령의 초자연적인 역사로 자신을 바꾸어야 한다. 먼저 자신이 생명의 말씀과 성령의 초자연적인 역사를 체험하며 영육의 문제를 해결 받아 삶에서 예수님을 누리는 심령이 되어야 한다는 것이다. 자신이 성령의 사람으로 바뀐 체험을 가지고, 성령의 인도를 받으며 주변에 병든 자들을 찾아나서야 한다. 체험을 전하면서 가난한 자를 찾아 있는 힘껏 도와야 한다. 영적으로 억압받고 고통 받는 자들을 찾아 함께 기도하며 전능하신 하나님의 능력을 전해야한다.

많은 성도들이 세상에서 고통을 당하다가 복음을 전도 받고 교회에 들어오면 자신의 문제를 해결하려는 것에 급급하다. 자신의 문제를 해결하여 달라고 기도하다가 해결이 되지 않으니 하나님을 원망하기도 한다. 이는 하나님의 잘못이 아니라 자신의 잘못이다. 자신의 영육의 문제는 성령의 초자연적인 역사가 일어나야 해결이 되는 것이다. 그렇기 때문에 먼저 문제를 들고 교회에 들어와 하나님을 예배하며 말씀을 듣고 성령으로 기도하며 성령으로 세례를 받으려고 해야 한다. 성령의 세례를 받고 성령으로 기도하며 하나님과 관계를 열어야 한다. 자신 안에 성전삼고 계신 하나님과 관계가 열리면 성령께서 기도할 때 문제를 해결할 수 있는 레마를 주신다. 레마를 듣고 순종할 때 성령의 역사로 문제가 해결되기 시작하는 것이다. 그래서 바르게 알고 믿어야 한다. 필자가 설명하는 말씀을 잘 이해해야 한다. 시한부 종말론 자처럼 세상의 모든 것과 가정을 내팽개치고 교회에 나와서 기도하며 말씀을 들어야 된다는 말이 절대로 아니다.

여섯째, 무엇을 하면 된다가 아니고 성령으로 변해야 된다. 하나님은 마음 중심이 하나님께 향하기를 원하신다. 하나님은 마음을 다하고 목숨을 다하여 하나님을 사랑하라고 하신다. 하나님께서 사람을 창조하신 이유가 이렇다. 하나님은 사람을 하나님을 담는 그릇으로 지었다(롬 9:23). 사람은 마치 장갑이 손을 표현하고, 손의 움직임을 따라 움직이듯, 하나님을 안에 담아 그분을 따라 그분을 표현하도록 지어졌다(창 1:26). 그래서 하나님은 사람들이 마음 중심으로 하나님을 예배하며, 하나님의 음성을 듣고 순종하며 살아가기를 원하신다. 하나님은 사람에게 무엇을 해주기를 원하시는 것이 아니고, 하나님의 수족같이 움직여 주기를 원하시는 것이다.

쉽게 표현한다면 하나님께서 하라는 대로 움직이기를 원하신다는 것이다. 사도행전 17장 24-25절에서 "우주와 그 가운데 있는 만물을 지으신 하나님께서는 천지의 주재시니 손으로 지은 전에 계시지 아니하시고, 또 무엇이 부족한 것처럼, 사람의 손으로 섬김을 받으시는 것이 아니니, 이는 만민에게 생명과 호흡과 만물을 친히 주시는 이심이라" 하나님은 사람의 손으로 지은 예배당에 계시지 않고 사람의 손으로 섬김을 받지 않는 분이다. 하나님은 예수님을 믿는 자들에게 생명과 호흡과 만물을 친히 주신 하나님이시다.

이제 답이 나왔다. 하나님을 위해서 무엇을 하려고 하지 말라는 것이다. 어떻게 피조물인 인간이 자기 생각을 가지고 하나님을 위하여 무엇을 한단 일인가? 하나님께서 하라는 대로 순종하라는 것이다. 내가 무엇을 하면 하나님이 나를 돌보아 주신다가 아니라, 하나님께서 하라고 하는 대로 순종해야 된다는 것이다. 하나님이 사람을 창조하신 이유가 사람으로 하여금 하나님을 표현하게 하려고 사람을 창조하신 것이다. 하나님께서 사람을 만드신 목적은 창세기 1:26에 기록되었다. "하나님이 가라사대 우리의 형상을 따라 우리의 모양대로 우리가 사람을 만들고 그로 바다의 고기와 공중의 새와 육축과 온 땅과 땅에 기는 모든 것을 다스리게 하자 하시고" 하나님이 사람을 만드신 목적이 땅과 땅에 속한 생물을 다스리기 위한 것임을 알 수 있다.

그러나 인간의 타락으로 사람은 땅과 땅에 속한 모든 것을 정상적으로 다스릴 수 없게 되었다. 그러므로 사람에게 다스림을 받아야 할 피조물도 정상적인 다스림을 받지 못한 것이다. 이것은 인간의 타락에 따라 그들도 같이 저주를 받았기 때문이다(창 3:17). 그래서 우리가 해야 될 일은 마귀에게 빼앗긴 영역을 되찾아 오는 것이지, 무엇을 하면 하나님이 감동하셔서 원하는 것을 이루어 주시는 것이 아니다. 사람이 영이신 하나님을 감동시키려니 얼마나 힘이 들겠는가? 하나님의 뜻은 성도들이 말씀과 성령으로 무장하여 권능을 사용하는 군사가 되는 것이다.

2장 결혼 전에 꼭 알아야 할 영적비밀

(마 19:4-6)"예수께서 대답하여 이르시되 사람을 지으신 이가 본래 그들을 남자와 여자로 지으시고, 말씀하시기를 그러므로 사람이 그 부모를 떠나서 아내에게 합하여 그 둘이 한 몸이 될지니라. 하신 것을 읽지 못하였느냐, 그런즉 이제 둘이 아니요 한 몸이니 그러므로 하나님이 짝지어 주신 것을 사람이 나누지 못할지니라. 하시니"

하나님은 예수를 믿는 모든 자녀들이 아브라함의 복을 받아 누리면서 살아가기를 소원하신다. 외국 속담에 "거친 바다로 나갈 때는 한 번 기도하라. 전쟁터에 나갈 때는 두 번 기도하라. 그러나 결혼식에 나갈 때는 세 번 기도하라"는 말이 있다. 결혼이 인생의 삶에 얼마나 중요한가를 가리키는 말이다. 그러나 요즘은 이러한 결혼을 바로 이해하지 못하고, 결혼에 대한 바른 교육이 결핍된 시대인지라 이혼율은 날로 증가하고 가정은 행복하지가 못한 것이다.

선택은 행복을 좌우한다. 인생은 선택의 연속이다. 그 선택에 따라 그 인격이 향상도 되고 저하도 되며, 실패할 수도 있고 성공할 수도 있다. 예를 들어, 옷의 선택에 따라 그의 맵시가 달라 보일 수도 있다. 책의 선택에 따라 인격의 변화를 가져올 수도 있다. 또한 음식의 선택에 따라 건강이 좌우되듯이, 배우자의 선택에 따라서도 인생의 방향이 바뀔 수 있다. 아브라함을 따라서 하란을 떠나온 롯은 하나님께 물어보지 않고 소돔을 선택하여 자신이 결정한 대가를 치루었다. 하나님은 사람에게 결정할 수 있는 자유의지를 주셨다. 인생에는 여러 가지 선택이 있다.

첫째, 스승의 선택이다. 옛 사람들은 스승 찾아 수천, 수 백리를 걸어갔다. 지금 사람들도 수만 리를 떠나 해외 유학을 간다. 그러나 우리 주님은 이와 비교할 수 없는 인생 최대의 스승이시다. 우리는 평생토록 그에게서 배우고 실천하며, 또 그 이름으로 가르쳐야 한다. 역사에 나타난 위대한 인물들 중 많은 사람들이 예수님을 스승으로 모시고 그에게 자주 찾아가 배운 사람들이다.

둘째, 친구의 선택이다. 친구 따라 강남도 가지만, 친구 따라 감옥에도 가고, 파탄의 길로도 가며, 지옥의 길까지 따라가는 사람도 있다. 그래서 친구는 잘 사귈 줄도 알아야 하지만, 잘 끊을 줄도 알아야 한다. 우리는 예수 안에서 성령으로 친구를 사귀어야 한다. 예수님은 인생의 영원한 친구이시다.

셋째, 직업의 선택이다. 직업의 선택에 따라 그의 성격이 바뀌고, 그의 평생을 좌우하므로, 직업의 선택이야말로 인생의 중요한 의미를 가지고 있다. 직업을 결정해야 한다. 두말 할 것 없이 전문적인 직업이다. 자신이 하고 있는 직업이 일이 되어서는 안 된다. 이런 사람은 자신의 일 때문에 큰 병을 얻든지 인생이 불행해진다. 하나님의 자녀는 직업을 통해서 선교와 전도와 제자를 키워야 하는 중요한 것이다. 평생을 살면서 하는 일이 즐거워야 한다. 즐거워하면서 돈도 되며, 선교까지 할 수 있는 자신을 행복하게 만드는 것이 직업이 되어야 한다. 전문적인 직업을 선택하면 정년이 없다. 지금 노인인구가 갈수록 증가하고 있다. 늙도록 전문분야에 일을 할 수 있는 전문적인 직업을 선택하고 결정해야한다. 즐기면서 할 수 있는 전문적인 일을 결정해야 한다.

넷째, 종교의 선택이다. '아무 종교나 하나 선택하면 되지'하는 위험한 생각은 자기의 생명을 아무 데나 맡기겠다는 것과 같다. 종교 선택에 따라 그의 영혼이 지옥이냐, 천국이냐가 판정된다. 오늘날의 문명이 발달한 나라들을 보면 종교 선택을 잘못한 나라는 후진성을 면하지 못하는 것을 볼 수 있다. 이 땅에 사는 것은 잠시 잠깐이다. 우리가 영원히 사는 곳은 죽음 이후의 세계이다. 천국에서 보낼 것인가 지옥에서 보낼 것인가를 결정해야 한다.

다섯째, 배우자의 선택이다. 사람들은 그 누구 나를 막론하고 배우자의 선택에 따라 그의 가정이 평생토록 지옥이 될 수도 있고, 천국이 될 수도 있다. "현처를 만나면 일생의 풍작이요, 악처는 일생의 흉작이라." 아합 왕은 이세벨이란 우상 숭배자를 만나서 결국 하나님을 대적하는 통치자가 되었다. 우리는 배우자를 잘 선택하고 잘 만나야 한다. 배우자의 선택과 만남은 그 무엇보다도 중요하다. 부모는 때가되면 떠나지만 배우자는 일생동안 같이한다. 우리 딸이 사모에게 이렇게 물었다. 엄마! 아빠하고 같이 살아온 기간이 길어 외할머니 하고 같이 살은 기간이 길었느냐고 물었다. 당연히 아빠하고 같이 살은 기간이 길었다고 대답을 하는 것을 들었다. 이렇게 평생같이 사는 배우자를 선택하는 것은 성인된 사람으로 가장 중요하며 영향력을 미치는 결정이다. 중요한 만큼 크고 아름답게 축복이 임하고, 반면에 큰 만큼 상처와 아픔도 크게 남는 것이다. 배우자는 단순하게 자신의 필요를 채워주는 존재가 아니다.

어떤 남성은 혼자서 밥해먹기가 힘들어서 결혼한다고 한다. 이런 사람은 차라리 식당 아주머니와 사는 것이 낫지 않겠는가? 또 어느 여성은 외로워서 결혼한다고 한다. 이것도 잘못된 결혼이다. 하나님의 자녀 결혼은, 인간적인 것에서 출발하지 않는다. 하나님의 비전을 이루는데서 출발해야 한다. 주님이 주시는 응답 속에서 주님의 뜻을 이루기 위한 결혼으로 응답을 받아야 한다.

남편과 아내의 사이는 돈 벌고, 살림하고, 이런 사이가 아니다. 평생을 같이 주님의 뜻을 이루는 동역자이며 상담자이며, 연인 같은 친구이다. 또한 교회에서는 롬 16장의 인물들처럼 주의 종의 동역자가 되어야 한다. 부부는 죽음 외에 누구도 갈라놓을 수가 없다. 이중에서 가장 중요한 선택이며 영향을 강하게 미치는 것이 누구와 살 것인가이다. 결혼은 단순히 둘이 행복한 차원이 아니라 가문이 만들어지고 사회가 만들어지고 국가까지 만들어지는 매우 중요한 기초조직이다. 이렇게 인륜지대사(人倫之大事)인 결혼 전에 꼭 알아야 할 영적인 비밀은 무엇이 있을까?

첫째, 맞추어가면서 살아가라. 필자가 말하고 싶은 것은 100% 만족한 사람은 없다는 것이다. 인생은 살아가면서 맞추어가며 사는 것이다. 부부란 서로 부족한 것을 채워주는 것이다. 하나님께서 그렇게 만드셨다. 하나로서 완벽할 수 없으니 부부가 하나 되어 살게 하신 것이다. 하나님은 창세기 2장 18-23절에서 "여호와 하나님이 이르시되 사람이 혼자 사는 것이 좋지 아니하니 내가 그를 위하여 돕는 배필을 지으리라 하시니라. 여호와 하나님이 흙으로 각종 들짐승과 공중의 각종 새를 지으시고 아담이 무엇이라고 부르나 보시려고 그 것들을 그에게로 이끌어 가시니 아담이 각 생물을 부르는 것이 곧 그 이름이 되었더라. 아담이 모든 가축과 공중의 새와 들의 모든 짐승에 게 이름을 주니라 아담이 돕는 배필이 없으므로, 여호와 하나님이 아 담을 깊이 잠들게 하시니 잠들매 그가 그 갈빗대 하나를 취하고 살로 대신 채우시고, 여호와 하나님이 아담에게서 취하신 그 갈빗대로 여 자를 만드시고 그를 아담에게로 이끌어 오시니, 아담이 이르되 이는 내 뼈 중의 뼈요 살 중의 살이라 이것을 남자에게서 취하였은즉 여자 라 부르리라 하니라"

부부란 서로가 부족하여 온전한 하나가 되기 위해 만나는 인연이 다. 이것이 하나님의 창조섭리이다. 그러므로 상대가 부족한 점을 내 가 채워주고 내가 부족한 부분은 상대를 보며 채워가는 것이다. 그 채워 감에 서로 아프게도 하고 서로 밀기도 한다. "당신의 아픔이 제 가 더 아프게 느껴지네요" "당신의 약점이 제 약점이라 더욱 감싸주 고 싶네요" "당신의 능력이 저의 부족함을 채워주니 더욱 고맙습니 다." "당신이 절 만나 부족함을 느끼지 않게 해드리고 싶습니다." 그 런 것이 부부의 인연이다. 부부란 모두 나의 것을 보는 것이니, 배우 자의 부족함을 자신의 부족함으로 인식하고, 자신의 자랑이 곧 배우 자로부터 이루어졌음을 감사할 줄 아는 사람이 된다면, 너무나 신나 는 삶의 동반자를 만나는 것이 될 것이다. 사랑할 수 있어 감사하고, 사랑해서 고마운 그런 부부가 아름다운 부부가 되는 것이다. 중요한 것은 예수를 믿고 나머지는 50%만 충족되면 된다. 나머지는 살아가 면서 맞추며 사는 것이다.

필수 조건은 예수를 믿는 것이다. 그 다음은 서로 살아가면서 서로 부족한 것을 채워주면서 맞추는 것이다. 부부는 이렇게 맞추면서 살아야한다. "찌개를 끓이다가 싱겁다고 생각하면 소금을 넣어 간을 맞춘다. 남편 사랑과 부인 사랑에 가끔 싱거운 맛이 나면 그때는 무엇을 넣을까? 음식에 조미료 넣어 간 맞추고, 맛내듯이 남편 사랑과 부인 사랑의 조미료를 넣어 맞추면 된다. 알맞은 온도에서 알맞게 익어야만 맛이 나듯 부부 사랑도 조금씩 맞춰가며 알맞은 온도에서 알맞게 익을 수 있도록 조금씩 양보하며 살아가야 한다.

가끔…. 설익은 음식 맛이 날 때는 다시 지으려 하기보다는 설익은 밥맛도 느껴 보면서 사는 것이다. 서로의 허물로 상처 내고 상처받기보다 입에 맞지 않은 음식을 먹듯이 넓은 아량으로 허물 덮어가며 사는 것이다. 사람은 완벽할 수 없기 때문이다. 부부는 살아가는 날 하늘이 부르는 그날까지 맞지 않는 부분 수선해가며 서로 기댈 수 있는 사람이 되려고 노력해야 한다." 이렇게 부부란 서로 부족한 것을 채워주며 맞추면서 살아가는 것이다.

둘째, 육정은 오래가지 못한다. 육정에 끌려 결혼한 다윗과 솔로몬의 고통을 생각하라. 육정에 끌린 결혼의 행복은 결코 오래가지 못한다는 것이다. 사람은 누구나 신선하고 새로운 것을 좋아한다. 그래서 신선한 가정을 꾸미기를 원한다. 그런데 신선한 가정, 항상 새로운 가정을 꾸미기 위해서는 부부가 끊임없는 노력을 해야 한다.

어느 자매님이 이렇게 호소해 왔다. "우리 부부는 오랜 연애 끝에 결혼을 했는데 결혼 3년 만에 갑자기 남편이 이혼을 하자고 합니다.

저는 그 이유를 모르겠습니다. 너무 충격적인 일이라서 괴롭기만 합니다." 그래서 그 자매님께 "누구든지 결혼 후에는 권태기가 있습니다. 처음에는 서로 육정에 끌려 결혼하지만 어느 정도 시기가 지나면 권태를 느낍니다. 부부는 육정의 기간이 지나면 인정으로 살아야 하고, 인정의 기간이 지나 나이가 들면 동정으로 살아야 합니다. 자매님의 이름이 남편의 호적에 올라있다 해서 생활을 새롭게 하기 위한 노력을 하지 않으면 결코 행복한 가정생활을 할 수 없습니다. 그리고 남자들이 권태를 느껴 이혼하자는 말은 한 번씩 다 할 수 있는 것이니까 염려하지 마십시오"라고 격려해 주었다. 그리고 가정을 새롭게 꾸미는 방법을 세 가지 말해주었다.

① 영적으로 시들지 말아야 한다. 매주 교회에 나오지 않고 성경도 읽지 않고, 기도도 하지 않으면 영적으로 시들 뿐 아니라, 가정에서의 신선함도 잃고 만다. 성령으로 충만해야 한다는 말이다.

② 정신적으로 늘 발전해야 한다. 오늘날은 새로운 정보와 지식이 늘 쏟아져 나온다. 그러므로 책을 읽고 새로운 교육도 받고 새로운 지식을 얻으며 상대방과 늘 새로운 대화를 나눔으로 부부가 정신적, 정서적 보조를 같이 해야 더욱 행복한 가정을 이끌어 나갈 수 있는 것이다.

③ 육체적으로 잘 가꾸어야 한다. 나이를 먹을수록 더욱 외모에도 신경을 써서 상대방이 자신에 대해 매력을 잃지 않도록 하는 것이 바람직하다. 나이가 들어갈 수 록 자신의 외모관리에 신경을 써야한다는 것이다. 사람들은 누구나 새로운 것을 좋아한다. 모든 분들이 영

적, 정신적, 육체적으로 새로움을 창조할 때 결코 시들지 않는 부부와 가정을 만들 수 있는 것이다.

셋째, 부부가 살다가 보면 외모보다 인품이 보인다. 외모를 보고 감행한 결혼은 오래가지 못한다는 것이다. 자신의 내면적인 아름다움에 자신감을 가지라는 것이다. 요즘은 감각의 시대이다. 외모를 무척 중시한다. 성형수술을 하고 야단이다. 그러나 유심히 지켜보아라. 반반한 얼굴 가졌다고 결혼 생활이 잘 유지되는가? 천만의 말씀이다. 결혼하는 부부의 3분의 1이 이혼한다. 그 중에 외모가 미워서 이혼하는 경우는 거의 없다. 성격, 인품, 됨됨이가 마음에 들지 않아서 이혼하는 경우가 대부분이다.

얼굴은 반반한데 성질이 뭐 같다. 몸매는 날씬한데 인품이 개판이다. 하나님은 말씀하신다. "너희 단장은 머리를 꾸미고 금을 차고 아름다운 옷을 입는 외모로 하지 말고, 오직 마음에 숨은 사람을 온유하고 안정한 심령의 썩지 아니할 것으로 하라. 이는 하나님 앞에 값진 것이니라."(벧전3-4). 좋은 아내가 되라. 남편의 권위를 인정하고 순종하는 아내는 좋은 아내이다. 하나님을 두려워하는 신앙으로 치장한 아내, 도덕적으로 깨끗한 성결로 치장한 아내는 아름다운 아내이다.

좋은 남편이 되라. 아내의 마음을 읽을 줄 아는 남편은 좋은 남편이다. 아내가 연약한 그릇인줄 아는 남편은 좋은 남편이다. 섬세한 감정이 손상되지 않도록 배려하는 남편은 좋은 남편이다. 함께 영생을 나누는 파트너인줄 알고 귀하게 여기는 남편은 좋은 남편이다. 영적 생활이 부부 관계에 달렸다는 사실을 깨닫는 남편은 좋은 남편이다. 얼마나 단단한 가정인가? 얼마나 행복한 가정인가? 얼마나 자녀들이 잘 양육되는가? 얼마나 생산적인 가정인가? 모든 것이 부부 관계에 달렸다. 부디 인품이 좋은 아내, 인품이 좋은 남편이 되셔서 복된 가정을 이루기 바란다.

  넷째, 과도한 기대는 실망이 크다. 결국 기대란 어떻게 해 달라는 조건이 생기는 것이다 보니, 충족되지 못하면 느끼는 상실된 감정으로 오는 것이 '실망(失望)'이라는 것이다. 그러니 부부사이에 서로 기대치를 설정하여 있다 보니 '실망'을 느끼는 것은 당연한 것이다. 하나님의 사랑은 기대치가 없다. 그러니 '실망'도 없는 것이요. 무한하게 제공만 한다는 것이다. 상대에 대한 기대가 큰 만큼 '실망'도 크다는 것이다. 사랑은 어떠한 기대로 하지 않는 것이다. 그래서 상처를 주지도 받지도 않는다. 부부의 존재의 가치를 인정하고 지켜보는 것이 사랑인데, 그런 사랑이 부부의 영적성장과 성취를 있게 하는 것이다. 사랑은 조화와 소통을 있게 하고 화합과 합일을 가져오는 것이다.
  부부사이에도 보면 서로에게 거는 기대치가 있다 보니 그것을 충족시키지 못하면 '실망'이 싸움이 되고 냉전을 거듭하다 결국 이혼까지 하게 된다. 이것이 부부간에 사랑의 결과이자 '실망'의 결정판이라 할 수 있다. 부부 서로들이 가지고 있는 기대치가 있다 보니 충족되지 못하면 기대는 무너지고 '실망'만이 쌓이게 되는 것이다. 부부가 서로 사랑하라.

사랑이 충만한 마음은 서로를 존중하고 배려하기 때문에 과도한 기대를 하지 않는다. 상대의 모든 것을 그대로 인정하고 받아들임으로 인해서 서로가 교감을 이루고 하나 된 마음으로 연합할 수 있게 되는 것이다. 그러면 '실망(失望)'이라는 부정적인 기운은 두 번 다시 나타나지 않게 되어 있는 것이다. 이것이 '실망'을 극복하여 사랑의 마음으로 하나 되게 하는 것이다.

다섯째, 외형조건에 끌리지 말라. 오늘날 많은 젊은 세대들이 너무 많은 것들을 결혼의 조건으로 생각한다. 인물은 어떻게 생겼냐. 재산이 얼마나 있느냐. 부모는 뭘 하시며 노후 대책은 있느냐. 직업은 검사냐. 판사냐. 교사냐. 의사냐. 연봉은 얼마나 받느냐. 성격은 어떠하냐. 이런 것들이 결혼 상대를 고르는 중요한 고려요소이다. 부부가 세상을 살아가는데 내면적인 요소가 중요한 것이다. 그런데 사람들은 내면의 능력보다, 외형적인 조건들을 더 중요시한다. 상대의 외형적 조건에 마음이 끌려서 교제를 시작했다면 실패는 처음부터 예약된 결과로 보아도 무방하다.

그대가 교제(결혼)에 실패한 첫 번째 요인은 그대가 교제(결혼)의 대상을 잘못 골랐다는 점이다. 어쩌면 우리가 지금까지 진품이라고 믿었던 굳게 믿었던 사람의 외형은 진품이 아니었을지도 모른다. 요즈음 외형을 보고 결혼한 사람들의 가정이 깨어진 것을 볼 것이다. 심지어 자살을 한 신부도 있다. 이는 모두 내면이 다듬어지지 않은 외형을 선택했기 때문에 자초한 것이다.

결혼을 하고서도 미처 사 년도 넘기지 못하고 이혼을 생각하고 위자료를 생각하고 양육권을 생각하는 오늘날의 가증스러운 결혼이 외형중심에서 나온 산물이다. 내면을 다듬어야 한다. 다이아몬드가 되기 위해서 원석을 가지고 다이아몬드로 깎고 다듬는다. 교제의 대상도 결혼의 대상도 함께 부딪치면서 깎고 다듬어야 내면의 진실이 보이기 마련이다. 일부 사람들이 결혼에 실패하는 이유는 오직 한 가지뿐이다. 부딪치며 깎고 다듬지 않았기 때문이다. 너무 급하기 때문이다. 너무 쉽게 누리려고 하기 때문이다.

여섯째, 인내가 필요하다. 너무 성급하지 말라는 것이다. 필자에게 상담을 받으러 오는 분들은 한 가지 문제가 생겼다고 이혼한다는 것이다. 참으로 경솔한 처사이다. 서로 다른 환경에서 살아온 남녀가 결혼해서 함께 살면, 서로 간에 괴리감을 느낄 정도로 서로 맞지 않는 부분이 많기 때문에 서로간의 괴리감을 줄이려면 서로가 변화하려고 노력하며, 서로 맞지 않는 부분을 맞추어 나갈 필요가 있다. 서로의 차이를 맞추려면 시간이 걸린다. 부부 생활은 평생 해야 하는 인생의 마라톤이다. 어떤 부부는 70년을 부부생활을 했다는 이야기를 들었다. 시간을 가지고 인내하면서 서로의 차이를 맞추어 나가야한다. 예를 들어 영적인 생의 경우, 여자는 말씀 중심의 율법적인 믿음 생활을 좋아하고, 남자는 성령이 충만한 믿음생활을 추구한다면 서로가 조금씩 양보하면서 여자는 성령의 역사를 체험하려고 하고,

남자는 말씀 중심의 믿음 생활을 이해하려고 노력할 필요가 있다는 것이다.

무엇보다 중요한 변화는 사고방식을 변화하는 것인데, 남자는 이성이 발달했고, 여자는 감성이 발달했기 때문에 서로 생각이나 사고방식이 차이가 나는 부분을 서로 이해하고 공감하려고 노력할 필요가 있다. 서로를 이해하지 못해 "여자들은 도대체 왜 그래?" 혹은 "남자들은 도대체 왜 그래?"하며 서로 평행선을 그리며 갈등하지 말고 서로를 이해할 수 있게 사고방식을 변화할 필요가 있다.

사고방식을 변화하는 것 이상으로 중요한 것이 생활방식을 변화하는 것인데, 예를 들어 남자는 야행성이고, 여자는 아침 형이라면 자는 시간도 맞지 않을 뿐더러 일어나는 시간도 맞지 않아 상당히 비효율적인 부부생활을 하게 될 수 있다. 한쪽은 야행성이고 한쪽은 아침 형이라면 변화하여 서로간의 차이를 줄이려고 노력할 필요가 있다. 필자는 아침 형이다. 아침에 일찍 일어난다. 사모를 깨우지 않는다. 아침에 일찍 일어나 사모를 깨운다면 사모가 얼마나 스트레스가 심하겠는가! 부부가 행복한 결혼생활을 하려면 서로 다른 부분을 맞추어 나가기 위해 변화하려고 노력할 필요가 있을 것이다. 인간은 본능적으로 자기중심적인 면이 있기 때문에 결혼생활을 할 때도 자기중심적인 행동으로 배우자를 힘들게 만드는 경우가 많다.

배우자의 자기중심적인 행동에 화를 내거나 짜증을 내기 보다는 인내하면서 배우자가 자기중심적인 행동을 고치도록 감성적으로 설득하는 것이다. 훌륭한 스승이 유능한 제자를 키워내려면 인내하면서 가르쳐야 하듯이, 배우자가 자기중심적인 행동을 할 때는 인내하면서 잘못을 감성적으로 설득할 필요가 있을 것이다.

일곱째, 재정의 원칙을 정하라. 남자가 재정을 관리하느냐, 여자가 재정을 관리하느냐를 확실하게 하라는 것이다. 이 재정문제로 이혼하는 부부가 많이 있다. 예를 든다면 여자는 결혼 전에 어머니가 가정의 재정을 관리했다. 남자는 아버지가 재정을 관리했다. 이렇게 된다면 문제가 생길 소지가 많다는 것이다. 아무 사전 조율 없이 결혼을 했다. 남편의 월급날이 되었다. 요즈음은 모든 급여가 통장으로 입금되는 것으로 알고 있다.

여자에게 통장을 주지 않고 필요한 만큼 청구해서 사용하라고 한다면 분명하게 문제가 생긴다. 어느 신부는 결혼 첫 달 월급을 받아서 남편이 재정을 관리하며 필요한 액수를 청구하여 사용하라고 하자, 자존심이 상해서 한 번도 생활비를 달라고 하지 않았다고 한다. 결국 이 부부는 결혼 3년 만에 재정문제로 이혼을 했다. 이런 문제를 사전에 해결하기 위하여 결혼 전에 재정권을 확실하게 할 필요가 있다는 것이다.

여덟째, 장기간 혼자두지 말아라. 요즈음 군대에서 남군과 여군 사이에 성문제가 자주 발생한다. 필자는 23년간 군 생활을 했다. 다행하게 우리 부부는 내내 함께 지냈다. 아이들이 어렸기 때문이다. 그런데 많은 군 간부가 자녀들의 교육 때문에 함께 동거를 하지 못하고 있다. 특별하게 남자들은 믿지 못할 존재들이다. 필자가 그렇다는 것이 아니니 오해하지 말기 바란다. 필자는 지금까지 정숙한 남편으로서 지냈다. 장기간 혼자두면 딴 짓을 한다는 것이다. 여성들은 아이들이 이렇게 자랐는데 설마 딴 짓을 하랴. 믿어 버린다. 믿는 도끼가 발등을 찍는 법이다. 필자의 생각은 일주일에 하루는 같이 지내라는 것이다. 거리가 멀더라도 연애하는 기분으로 찾아가라는 것이다. 부부는 전화보다도 서로 만나야 한다. 부부는 서로 피부를 접촉해야 정도들고 친해지고 생리적인 욕구도 충족할 수가 있다.

그런데 젊은 남편을 멀리 두고 한 달에 한번 나오는 외박에 매달린다면 문제가 생길 수가 있다. 처처에 유혹의 손길이 있다. 필자는 전방에서 성문제가 발생한 것은 부인들에게도 책임이 있다고 생각한다. 세상 직장 생활도 마찬가지이다. 서울에 집이 있는데 남편이 부산에서 직장 일을 한다면 문제가 되는 것이다. 혼자 오래두면 문제가 생길 수가 있다. 그래서 세종 시에서 근무하는 분들 가운데 성문제가 발생한다고 인터넷에 보면 종종 나오는 것이다. 장기간 떨어져 있으니 생길 수 있는 문제이다. 그렇기 때문에 일주일에 하루라도 같이 지내라는 것이다. 나중에 문제가 생긴 다음에 땅을 치고 후회한들 아무런 효과가 없다.

예방하라는 것이다. 필자가 항상 하는 말이 있다. 군대에서 지휘관이 부지런하면 부하들이 사고를 내거나 당하지 않는 다는 것이다. 부지런하게 다니면서 불안전 요소를 사전에 제거하기 때문에 사고가 일어나지 않는다는 것이다. 사고 예방을 잘했다는 것이다. 마찬가지로 부인들이 부지런하면 남편들이 바람을 피우지 않는다고 생각한다. 부인들이 다른 곳에 정신이 팔려서 남편에게 관심을 갖지 않으니 남편이 바람을 피우는 것이다.

필자에게 상담을 하러오는 여성들의 사정을 들으면 한 달에 한 번도 남편을 찾지 않았다는 것이다. 그러니 남편이 다른 여성을 만나 문제가 생긴 것이다. 자신에게도 잘못이 있다. 남편들도 마찬가지이다. 부인들이 성적인 문제를 일으키는 것은 전적으로 남편의 무능의 탓이다. 남편이 부인에 대하여 관심을 갖지 않으니 문제가 생긴 것이다. 관심을 가져야 한다.

하나님의 말씀 안에서 살아야 부부행복과 가정 천국을 누릴 수가 있다. 하나님 안에 행복이 있다. 하나님과 하나가 되어야 부부 행복 가정천국을 누릴 수가 있는 것이다. 신구약 66권의 하나님의 말씀은 우리를 보호하는 울타리이다. 말씀을 떠나면 지옥이 된다. 신혼 부부들도 말씀 안에서 삶을 살아야 한다. 우리 크리스천들이 진리 안에서 살아야 부부 행복을 누릴 수가 있는 것이다. 삶을 진리 안에서 살아야 한다. 진리를 벗어나면 행복이 아니라 지옥이 된다.

예를 들어 설명하면 지방에 계시는 목회자가 필자에게 전화를 하였다. 이유인즉 자신의 아들이 결혼을 했다는 것이다. 그런데 신혼 부부가 같이 살지 않고, 아들은 홍콩에 돈을 벌려고 갔고, 며느리는 자신하고 같이 살았다는 것이다. 그런데 문제가 발생한 것이다. 아들이 홍콩에서 다른 여자를 만나 같이 지낸 다는 것이다. 필자에게 어찌하면 헤어지게 할 수가 있느냐는 것이다. 참으로 안타까운 일이다. 하나님의 말씀 안에서 살지 않아서 신혼부부가 이혼할 처지에 처한 것이다. 신혼 부부의 가정이 지옥이 된 것이다. 분명하게 성경에 "음행을 피하기 위하여 남자마다 자기 아내를 두고 여자마다 자기 남편을 두라. 남편은 그 아내에 대한 의무를 다하고 아내도 그 남편에게 그렇게 할지라. 아내는 자기 몸을 주장하지 못하고 오직 그 남편이 하며 남편도 그와 같이 자기 몸을 주장하지 못하고 오직 그 아내가 하나니, 서로 분방하지 말라 다만 기도할 틈을 얻기 위하여 합의 상 얼마 동안은 하되 다시 합하라 이는 너희가 절제 못함으로 말미암아 사탄이 너희를 시험하지 못하게 하려 함이라"(고전 7:2-5). 하나님의 말씀을 어겼기 때문에 이런 문제가 발생한 것이다. 크리스천은 말씀 안에서 살아야 부부행복 가정천국을 누릴 수가 있다. 삶은 말씀 안에서 살되 필요시에는 기도하여 레마를 받아 순종하면서 살아야 부부 행복을 누릴 수가 있는 것이다. 말씀을 벗어나면 지옥이 된다. 반드시 말씀 안에서 성령의 인도를 받아야 부부 행복을 누릴 수가 있는 것이다. 교회 안에서만 말씀으로 살지말고 세상에 나가서도 말씀을 적용해야 한다.

충만한 교회에서는 매주 목요일 밤 19:30-21:30 성령 ,은사, 내적치유집회를 정기적으로 진행하고 있습니다. 성령세례와 체험을 원하시는 많은 분들이 찾아오셔서 성령세례를 받고, 성령은사를 받으며, 질병과 마음의 상처를 치유 받고, 귀신들을 떠나보내고 있습니다. 담임목사가 일일이 1시간이상 안수하여 성령으로 기도하며 성령의 강력한 역사가 일어나서 오시는 분들이 많은 은혜를 받고 있습니다.

3장 결혼과 부부에 숨겨진 비밀

(창2:23-25)"아담이 이르되 이는 내 뼈 중의 뼈요 살 중의 살이라 이것을 남자에게서 취하였은즉 여자라 부르리라 하니라 이러므로 남자가 부모를 떠나 그의 아내와 합하여 둘이 한 몸을 이룰지로다 아담과 그의 아내 두 사람이 벌거벗었으나 부끄러워하지 아니하니라."

결혼이란 인생에 있어서 너무나 중요한 것이다. 사람을 행복하게 만들 수도 있고, 불행하게 만들 수도 있다. 이유는 결혼은 매우 큰일이고 영향을 많이 미치는 일이기 때문이다. 결혼을 통해서 언약의 대를 이을 제자가 나올 수가 있으며, 영원히 반 복음적인 인물이 출생할 수도 있다. 결혼은 생명이 만들어지는 중요한 일이다. 성경에서는 결혼을 이렇게 정의한다. "예수께서 대답하여 가라사대 사람을 지으신 이가 본래 저희를 남자와 여자로 만드시고 말씀하시기를 이러므로 사람이 그 부모를 떠나서 아내에게 합하여 그 둘이 한 몸이 될지니라"(마19:4-5) 하셨으니, 이 말씀에 근원을 둔 결혼은 한 남자와 한 여자가 하나가 되기 위한 인격적인 계약이라 할 수 있다. 그래서 부부일체(夫婦一體)라고 한다.

성숙한 한 남성과 한 여성이 각기 제 부모를 떠나 새로운 인간관계를 이루는 것이며, 하나의 작은 사회인 요람을 만드는 것이 결혼이다. 그래서 결혼은 신중하고 조심성 있게 하도록 오랜 기간을 두고 사귀며 교제하다가 결혼하게 되는 것이다.

첫째, 결혼제도는 하나님께서 제정하셨다. 놀랍게도 결혼은 하나님께서 만드신 제도이다. 최초의 결혼 예식은 에덴동산에서 있었다. 하나님께서는 최초 사람 아담과 하와를 만드시고 친히 중매와 주례를 서셨다. 예식장은 에덴동산이요 하객들은 하나님의 주변 피조물들이었다. 새들이 노래하고 나뭇잎은 그늘을 만들고 꽃은 향기를 뿜었다. 하나님의 빛이 조명을 만들었고 벌레들이 날아들었다. 구름과 바람은 혼례식장 주변을 맴돌았다. 초청장은 없었어도 동물들도 하객이 되어 주었을 것이다. 신랑 신부의 기쁨과 행복감은 이루 말할 수 없었다. 신부는 신랑의 뼈 중의 뼈요 살 중의 살이었다. 결혼 전통은 이렇게 하나님께서 모범을 보여주셨다. 따라서 모든 결혼에는 하나님께서 주시는 복이 따른다. 이 귀한 복을 가볍게 여기지 말아야 한다. 모든 신랑 신부들이여! 결혼에 담긴 하나님이 주시는 복을 누려라!

하지만 안타깝다. 이 혼인 예식이 에덴동산에서 열린 처음이자 마지막 결혼이었다. 하나님께서 직접 중매하시고 주례 서신, 처음이자 마지막 온전한 예식이었다. 이 온전한 결혼에도 마귀의 유혹이 들어왔다. 아담과 하와 부부는 에덴동산에서 추방을 당하였다. 하물며 보통 부부들의 결혼에는 얼마나 많은 장애물들이 도사리고 있을 것인가. 따라서 모든 결혼은 죄와 유혹을 이겨내야 하는 책임이 따른다. "결혼하라! 후회할 것이다. 결혼하지 말라! 그래도 후회

할 것이다."라는 말은 이래서 나온 게 아닐까? 이런 역설도 있다. "좋은 결혼이 극히 적은 것은, 그것이 얼마나 귀중하고 위대한가를 보여 주는 증거이다."

신앙적 행복과 기쁨은 성경에서 늘 결혼에 비유된다. 천국 혼인 잔치를 기억하라. 천국은 최고의 기쁨과 행복의 처소이다. 또한 주님께서는 하늘나라에서 우리 상처와 아픔과 눈물을 씻어주시고 닦아 주실 것이다. 하나님은 준비하시는 "여호와 이레" 하나님이심을 잊지 말라. 성도는 신부처럼 그날을 준비해야 한다. 성경은 결혼(아담과 하와)으로 시작해서 결혼(천국 혼인잔치)으로 해피엔딩하는, 대우주 여정의 책이다. 인생은 이 행복과 기쁨과 소망을 향한 드라마이며, 그 소망의 드라마의 주인공은 바로 신랑 되신 예수 그리스도이다!

둘째, 돕는 배필을 지으셨다. 구약성경 창세기를 보면 매우 재미있는 이야기가 기록되어 있다. 그것은 인류의 조상 아담과 하와의 창조에 대한 이야기인데, 이를 요약하면 하나님이 아담을 창조하신 후에 하나님은 말씀하셨다. 인간이 혼자 있는 것은 좋지 못하다고…. 하나님은 그런 이유로써 아담의 조력자로 하와를 만드셨다. 아담과 더불어 웃고, 아담과 더불어 울고, 아담과 더불어 즐기는 동류자로서, 두 사람이 인생의 반려자로서 두 사람을 창조하셨다. 아담의 갈비뼈를 꺼내 하와를 만들었을 때 아담은 하와가 자신의 분신임을 알고나 있었듯이 "이것이야말로 뼈 중의 뼈 요, 살 중의 살이라.”고 외쳤다. 이렇게 아담과 하와는 둘이면서 하나였다. 이 성경을 쓴 모세는 “남자가 부모의 곁을 떠나 그 아내와 결합하여 둘이 한 몸을 이룰지어다.”고 했다. 이 이야기가 본질적으로 말하는 것은 명백한 것이다. 그것은 첫째로 인간에게 있어서는 자연법에 따라 결혼이라는 제도가 필요하다는 것이요. 둘째로는 여자는 남자에게서 취해서 만들었음을 암시함으로써, 결혼생활에 있어서의 남녀의 입장 즉, 남자를 양자간의 사람에 의한 일체성을 가지는 것이다. 남편은 무엇인지, 아내는 남편에게 있어서는 무엇에 해당되는지의 어리석은 이론 등을 성경은 훌륭하게 간파하고 있는 것이다.

두 사람이 결혼함으로 두 사람이 한 몸 한마음이 된다면 남편은 아내의 분신 아내는 남편의 분신인 것이다. 결혼할 때까지 두 사람은 다른 길을 걸어왔다. 그것은 두 생명이었던 것이다. 그러나 결혼에 의해서 맺어진 경우에는 사람이 사랑으로 결합 한 후에야 비로소 하나의 생명을 살게 된 것이다.

남편은 아내 없이는 자기의 생명을 완성시키지 못한다는 것 즉, 남편은 아내의 아내는 남편의 분신이 된다는 것에 결혼의 신성함이 있는 것이라고 성경은 말씀하셨다. 이 결혼이 성공하려면 배우자가 하나님이 이루어준 짝으로 믿고 협조를 아끼지 아니하며, 상대방의 완전을 기대하지 말아야 한다. 그리고 서로 존경하며, 상대방의 행복을 위해 힘써 기도하라. 소크라테스는 “네가 결혼을 하든 안하든 간에 너는 네가 행한 일에 대하여 후회를 할 것이다.”라고 말했단다. 결혼은 낙원에서는 결혼이 가장 기쁜 것이었을 것이다. 결혼은 역경을 참고 나가야한다고 루터는 말했다. 하나님의 축복으로 이루어진 결혼생활이 보람 있는 행복한 생활이 되기를 부부는 기도해야 한다. 부부는 하나님께 충성, 부모님께 효행, 이웃 사랑으로 사회에 모범적 가정이 되도록 노력을 해야 할 것이다.

셋째, 부모를 떠나라고 하셨다. 결혼은 부모를 떠나서 연합하는 것이다. "아담이 가로되 이는 내 **뼈** 중의 **뼈요** 살 중의 살이로다. 이러하므로 남자가 부모를 떠나 그 아내와 연합하여 둘이 한 몸을 이룰지로다. 아담과 그 아내가 두 사람이 벌거벗었으나 부끄러워 아니 하니라"(창2:24). 부모는 자식을 마음이 아프지만 시간표가 되면 그리움을 뒤로 하고 새로운 축복의 삶을 위하여 떠나보내야 한다. 대부분의 가정의 문제는 부모와 자식 간에 나무나 깊은 관계가 밀착되어 형성되어 있고, 그 관계가 결혼 후에도 지속되기 때문에 문제가 생기는 것이다. 아브라함도 복의 근원의 인생이 되는 것의 조건은 갈대아 우르를 떠나라는 주님의 명령이었다. 아무리 관계가 깊어도 아버지의 집을 떠나서 새롭게 자신을 향하신 하나님의 인도를 받아야 하는 것이 하나님의 계획인 것이다.

1) **부모를 떠나서**- 이러하므로 남자가 부모를 떠나: 부모는 한 개인에게 있어서 이제까지 오는데 보호자요, 인도자요, 정신적 육체적인 지지를 가장 적극적으로 지원했던 분들이다. 부모를 떠난다는 것은 이제까지의 모든 지원에서 독립을 하는 새로운 결단

이다.

① 외적인 독립은 부모로부터 경제적인 원조에서 분리되는 것이다. 또한 이제까지 삶의 울타리로 보호자가 되었던 부모로부터 독립이며, 이제부터 새롭게 열리는 둘만의 축복의 문을 열어 나가야 한다.

② 내적인 독립은 자식은 이제부터 내적인 독립을 해야 한다. 즉 정신적인 의지의 대상자에서 독립하는 것이다. 이제는 부부가 서로 의지하면서 주님을 바라보면서 나아가야 한다.

③ 새로운 시작으로 하나님께서는 결혼을 한 자식에게 부모를 떠나라고 하신다. 복음의 능력을 가지고 새로운 축복의 세계를 향하여 나아가야 한다. 부모를 떠나라는 것은 결혼하기 전 자기가 가지고 있던 생활습관, 취미, 친구, 자기세계에서 일단 분리되는 것이다. 남편이 아내보다 친구를 더 좋아한다든지, 자신의 취미 생활에 더욱 골몰한다면 큰 문제가 생기는 것이다. 또한 아내가 친정어머니를 지나치게 의지하여, 조금만 갈등이 있으면 전화 혹은, 달려가는 것은 아직까지 떠나지 않은 결과이다.

2) **연합**- 그 아내와 연합하여: 부모를 떠난 자녀는 아내와 연합하라고 말씀하신다. 연합이란 결혼한 부부에게 있어서 매우 중요한 것이다. 연합이 없이는 하나님의 뜻을 이룰 수가 없다. 흑암의 세력은 부부간의 연합을 철저하게 방해한다. 부부간의 갈등의 원인들을 깊숙이 들어가 보면 대부분의 문제들이 연합이 되지 않은 결과이다. 다른 것으로부터 분리가 되어야 연합이 되어 진다. 남편

과 아내 사이에 아무것도 들어가지 않는다는 의미이다.

① 영적인 연합: 부부가 성령 안에서 영적인 연합이라는 것은 매우 중요하다. 복음으로 통하는 부부가 되는 것이다. 복음으로 연합을 한다면 모든 문제가 되는 갈등은 사라질 것이다. 복음을 깊이 누리면 자신의 문제가 사라지고 상처도 치유되고 숨어있는 문제도 치유되기 때문이다. 복음으로 영적인 연합이 깊이 이루어진다면 참 행복한 부부가 될 것이다.

부부가 함께 하나님께 영광 돌리고 부부가 함께 그리스도 안에서 교제하고, 말씀을 나누고, 기도응답 받은 것을 나누고, 전도의 비밀을 말하고, 이것이 영적인 연합이다. 하나님 안에서, 말씀 안에서, 복음 안에서 연합하는 것이다. 이것이 영적 연합이다. 부부이지만 신앙의 색깔이 맞지 않으면 여러 가지 갈등들이 많이 있다. 한 사람은 말씀 중심적인 그리스도 중심적인 신앙이요. 한 사람은 신비주의라고 하면 이 둘 사이에는 갈등이 많이 있다. 한 사람은 복음주의요. 한 사람은 율법주의라고 생각해 보라. 얼마나 갈등이 많겠는가?

어떤 자매가 상담을 요청하기를 4년째 사귀는 남자친구가 있는데, 너무 좋은 친구고 사랑스러운 친구인데, 신앙의 색깔이 맞지 않기 때문에 지금 너무 어려움을 많이 당한다고 한다. 4년간 사귀면서 정(情)도 많이 생겼다고 한다. 지금 헤어지려고 하니까 그 동안 사귀었던 정이 아쉽고 결혼을 하려니 신앙의 색깔이 맞지 않으니 앞이 캄캄하다는 것이다. 그래서 어떻게 하면 좋겠냐고 상담을 요청해온 것이다.

그래서 간단하게 "정을 떼기 섭섭한 것보다는 눈앞이 캄캄한 것이 더 문제이니까 기도를 깊게 해 보셔야 겠다"고 했다. 신앙의 색깔이 같지 않으니 여러 가지 갈등이 많이 생기는 것이다. 신앙의 색깔이 같고, 말씀 중심적이고 방향이 같아야 말할 것도 생기도 힘도 생기고, 기쁨도 생기는 것이다. 그런데 똑같이 교회 다니는 데 색깔이 달라 어려움이 생기니 상담을 요청해 온 것인데, 제가 헤어져라, 헤어지지 말아라, 말할 수 없지 않는가. "정말 기도해라. 극복할 수 있다고 기도되어지면 결혼하고, 이것 때문에 큰 문제가 오겠다고 생각되어지면 기도하는 가운데 인도 받아라." 그 정도 밖에는 제가 대답을 할 수가 없었다.

② 정신적인 연합: 결혼이란 정신적인 연합도 포함되는 것이다. 정신적인 연합이란 서로의 필요를 채워주고, 서로 섬기고, 대화를 나누며 서로의 문제를 풀어나가는 것이다. 부부는 정신적으로도 연합해야 한다. 이것을 하기 위해 가장 많이 해야 될 것이 있다. 그것이 대화다. 대화를 많이 나누어야 한다.

어떤 학자가 말하기를 '대화가 없는 가정은 죽은 가정이다.' 그런 말을 했다. 나는 그 말이 이해가 된다. 적어도 가족이라고 하면 마음과 마음을 나눌 수 있는 깊은 대화를 나눠야 한다. 다른 사람과 나눌 수 없는 대화를 가족들끼리는 나눌 수 있어야 된다. 그런데 가족끼리 지금 대화가 안 된다.

일방적인 지시는 대화가 아니다. "밥 차려라, 물 떠와라, 숙제해라, 일기 써라, 누워 자라." 이런 것은 대화가 아니다. 적어도 대화를 하려면 진지하게 마주 앉아 마음과 마음의 문을 열고, 속에 있는 것을 이야기 할 줄 알아야 한다.

그래야 대화가 되는 것이다. 그런데 우리나라 분들은 대화를 잘 못한다. 일방적으로 지시한다. 그것이 대화인 것처럼 착각하는 경우가 많이 있다. 그래서 부부가 정신적으로 연합하기 위해서는 대화하는 시간이 많아야 된다.

가능하면 대화를 통해서 사랑의 고백을 많이 하라. 이런 것이 인본주의라고 생각한다면 정말 착각하는 것이다. 사랑하는데 고백을 하지 않는 것이 인본주의이다. 내가 하나님을 사랑하면 '주님 사랑해요' 고백해야 된다. 내가 부모님을 사랑하면 고백해야 된다. 아내를 사랑하고, 남편을 사랑하면 고백하는 것은 당연한 것이다. 마음이 통하고 생각이 통한다는 것은 매우 중요한 것이다. 육신적으로는 연합이 이뤄지는데 정신적으로 연합이 안 된다면 매우 고통스러운 일이다. 정신적인 연합은 서로간의 상처도 아픔도 덮어야 한다. 과거도 덮어 버리고 부부가 서로간의 깊은 힘이 되어주어야 한다. 또한 방향의 일치인데, 주님의 비전인 세계복음화로 방향이 맞아야 한다.

③ 육신적인 연합: 육신적인 연합 이전에 하나님 앞에서 영적인 연합이 이뤄지고, 주님의 방향으로 정신적인 연합이 이뤄지고, 그리고 육신적인 연합이 이뤄져야 한다. 육신적인 연합은 생명의 시작이다. 부모로써 매우 중요하고 가치 있는 일이다. 인물은 부부가

연합할 때 즉, 수태할 때 많은 정보가 교류되고 이때 분자 생물학적으로는 백과사전 442권의 분량의 정보가 교류된다고 한다.

연합은 또 다른 시작이다. 하나님의 비전을 이루기 위한 시작이 되어야 한다. 전 세계를 향한 하나님의 계획인 세계복음화를 이루기 위한 전문인 전도제자가 필요한 것이다. 창세기 3장의 아담과 하와의 부부사이에 무엇이 들어와서 연합의 조화를 깨버렸는가? 그것은 하나님을 모르는 사상과 속임수가 들어왔기 때문이고 자신의 이기적인 욕심이 들어왔기 때문이다.

넷째, 생육하고 번성하라고 하셨다. 남자와 여자가 만나 혼인하면 한 가정이 탄생한다. 새로운 집, 새로운 주방용품, 새로운 이불을 사서 행복하게 같이 산다. 그런데 신기한 것은 혼인한 가정에는 새로운 생명이 태어난다. 이것은 신비이다. 생명이 탄생하는 것을 보고 경험하는 것은 하나님께서 우리에게 주신 복이다. 하나님께서 언약 백성에게 주시는 언약의 자녀는 특별한 의미가 있다. 하나님께서 바로 이 언약의 자녀를 통해 하나님의 나라를 이루신다. 결혼 한 남편과 아내가 밤에 함께 자면서 육체적인 사랑(성 행위)을 나누면 정자가 난자에게 들어가 한 생명이 창조된다. 하나님께서는 부부가 한 몸인데 정신적으로뿐만 아니라, 육체적으로 하나의 몸을 이루는 방법으로 생명을 탄생케 하신다. 이렇게 생육하고 번성하는 것은 하나님의 명령이다. 아이를 낳는 것은 복이다. 시편 127편에 보면 '자식은 여호와의 기업이요, 태의 열매는 그의 상급'

이라 말씀했다. '기업'은 유산이고 '상급'은 선물이라는 뜻이다. 물려받는 유산과 선물은 많으면 많을 수록 좋다.

요즈음 결혼한 부부가 자녀 낳기를 싫어한다. 우리나라는 50년 전부터 '산아제한정책'을 폈다. 아기를 적게 낳자는 운동이다. 대한민국 정부가 '아들 딸 구별 말고 둘만 낳아 잘 기르자!' 혹은 '잘 키운 딸 하나 열 아들 안 부럽다!'라는 표어를 만들어 사람들을 설득했다. 동네 벽보판에는 둥그런 지구에 사람이 너무 많아 밑으로 떨어져 멸망할 것이라는 포스터가 붙어 있었다. 정부의 이런 운동은 성공했다. 2005년에는 가임여성이 평균 1.08명의 아이를 낳아 세계에서 가장 낮은 출산율을 기록했다.

왜 사람들은 아이를 적게 낳으려 할까? 아이를 낳아 기르는 것이 힘들고 어렵다고 생각하기 때문이다. 하나님께서는 자녀를 많이 주시려고 하는데 우리 스스로 그 복을 거절하고 있다. 이것도 자기를 사랑하는 인간의 죄 때문에 생겨나는 문제이다. 자기를 보호하려고 하나님의 뜻을 거절하는 불신앙이다. 우리는 어떻게 해야 할까? 당연히 아이를 많이 낳아야 된다. 아이 낳는 것은 하나님의 명령이고 복이니까!

다섯째, 이방사람들과 결혼을 죄악시 하셨다. 결혼은 한 낯선 남자와 여자가 만나서, 일생을 같이 하기로 하는 것이다. 그런 면에서 결혼은 인생 최대의 모험이라고 할 수 있다. 그런데 이 두 사람이 처음부터 다른 인생관과 삶의 목표를 가지고 출발한다는 것은 얼마나 위험스런 일일까. 기독교 신앙이란 단순히 한 '종교'를 갖는 것이 아니라, 자신의 생의 방향과 목적을 새롭게 설정하는 것이다.

결혼 문제에 대한 성경의 원리는 분명하다. "믿지 않는 자와 멍에를 같이 하지 말라"(고후 6:14-15)는 것이다. 빌리 그래함(Billy Graham)은 불신자와 결혼을 가리켜 "마귀를 장인으로 모시는 격"이라고 말한 적이 있다. 신자가 불신자와 결혼하게 되면 수많은 마음의 고생이 뒤따르게 된다. 어떤 신자들은 결혼 후에 상대방을 회개시킬 수 있을 것이라 생각하면서 불신자와 결혼해 버리기도 한다. 그러나 그 배우자가 하나님이 진정 택하신 사람이면 하나님은 그를 결혼 전에 개종시킬 수 있다.

그러나 그가 기피하면, 이는 그 결혼을 하나님이 기뻐하지 않으신다는 충분한 표시가 된다. 우리 그리스도인은 때로 하나님의 때를 기다리며 무엇이 옳은가를 기다리는 법을 배워야 한다. 그렇지 않으면 중대한 실수를 저지를 수가 있다. 가정은 창조적 의미가 깊다. 세상 어디에서도 찾아볼 수 없는 창조적이고 강한 생산성이 가정에 풍부하다. 자녀를 생산하며, 사랑의 공동체가 형성되고, 안식이 유지되며, 정의와 윤리를 창출하고, 감사와 기쁨을 깊이 나누는 진정한 맑은 샘터라 할 수 있다. 루터는 "만일 결혼이라는 것이 없다면 세상은 황폐해지고 모든 피조물들이 무로 돌아갈 것이며, 하나님의 창조도 무의미한 것이 되고 말 것이다"라고 가정의 소중함을 말했다.

여섯째, 부부의 이혼을 금하셨다. 바리새인들이 예수님을 시험할 목적으로 이혼에 대해 물었다. 당시 바리새인들이 두 파로 나뉘어 이혼 가능 여부를 심각하게 논했고 마침 동생의 부인 헤로디아를 취한 헤롯의 문제도 있어(마14:3-4절) 이 질문은 아주 난감하고 민감했다. 이를 이용하여 이들은 예수님을 넘어뜨리고자 했다.

예수님은 창조 기사를 인용하며 원론적으로 하나님이 이혼을 금했다고 답했다(4-5절). 하나님이 남자와 여자를 창조했고 하나님의 중매에 의해 이들은 한 몸이 되어 가정을 세웠다(창2:18-25절). 이들이 한 몸이 되었다면 이혼은 불가능하다. 이혼은 몸과 가정에 죽음을 뜻하기 때문이다. 예수님의 답변 이면에는 더욱 중요한 신학적 의미가 감추어져 있다.

무엇을 위해 하나님은 남녀를 창조한 후 가정을 창설했는가? 타락 이전 인류의 번성(창1:26-28절)은 곧 하나님을 닮은 인류가 세상 곳곳에 퍼져 살면서 자연스럽게 하나님의 통치 즉 하나님 나라가 이 세상에 세워지고 확장됨을 뜻했다. 이를 위해 이혼은 절대로 금물이었다. 가정의 파괴는 곧 하나님 나라가 파괴됨을 의미하기 때문이다. 이혼은 윤리적 문제만이 아니었다.

인류 사회의 뿌리는 늘 가정에 있다. 인류 사회의 최소 단위는 바로 가정이다. 가정의 붕괴는 서서히 인류 사회의 붕괴로 나타날 것이다. 왜냐하면 가정은 하나님 나라의 일군들을 배출하고 양육시키는 교회이며 학교 역할을 하기 때문이다. 이를 책임질 부부가 나뉜다면 교회와 학교 역할을 하는 가정도 무너진다. 이혼은 사회적 문제로 발전한다. 당연히 하나님은 이혼을 금했다.

가정은 남자와 여자 즉 서로 완전히 다른 존재들로 구성된다. 그리고 출생할 자녀들도 다 다르다. 그러나 이들은 모두 한 가정에 속해 마치 한 몸 같다. 지체들이 다 달라도 동일한 몸을 위하듯이 아버지와 어머니 그리고 자녀들은 서로 다 달라도 가정을 위해 희생하고 헌신해야 한다. 그 목적은 하나님 나라의 건설과 확장에 있다. 다양성과 통일성이 공존하는 곳이 바로 교회, 가정이 하나님 나라가 아닌가? 모든 신자들은 이를 잘 이해하고 다름을 존중하며 교회와 하나님 나라를 세우기 위해 협력해야 한다.

이 때 인류 사회도 평화로운 가운데 다양성과 통일성을 보이며 아름답게 성장하고 발전한다. 이것은 바로 하나님이 원하는 바로써 서로 다른 존재들로 가정을 구성한 이유와 목적이다. 이 때문에 간음죄는 하나님 앞에 실로 큰 죄이다. 그리고 간음죄 이외의 다른 이유로 이혼은 절대로 불가하다. 다름을 사랑으로 품는 훈련으로 신자는 자신의 영적 성숙을 도모해야 한다. 이것이 바로 하나님 나라에 근거를 둔 신앙 삶과 기독교 윤리이다.

일곱째, 각방 사용을 금하셨다. "서로 분방하지 말라 다만 기도할 틈을 얻기 위하여 합의상 얼마 동안은 하되 다시 합하라 이는 너희의 절제 못함을 인하여 사단으로 너희를 시험하지 못하게 하려 함이라"(고전7:5). 부부간에 방을 따로 쓰지 말라고 한 것은 권유가 아닌 꼭 지켜야할 명령문이다. 그러므로 아내나 남편이 아프거나 병들었을 때에도 같이 하라는 것이다. 피곤하거나, 투정하고 조금 귀찮게 할지라도 항상 옆에서 도움을 주어야 한다는 것이다.

원수 같을지라도 십자가를 지는 심정으로 항상 같이 하라는 것이다. 설혹 그것이 힘든 십자가일지라도 순종하고 달게 받아야 한다. 밤에 교회나 기도원에 기도하러 갈 때에 임의로 가지 말아야 한다. 남편과 아내의 동의가 없으면 가지 않는 것이 하나님의 뜻이다. 갔다면 최단의 기간에 돌아와야 한다. 돌아온 후 더욱 열심히 그 동안에 못 다한 남편과 아내의 의무를 다해야 한다. 남자는 절제하지 못한다. 그러므로 남편이 바람피우지 못하게 아내가 단서를 제공하지 말아야 한다. 그래서 분방하지 말고 즉시 합하라고 아내와 남편들에게 하나님이 가르쳐 주신 것이다. 지혜를 주시고 하나님이 명령조로 말씀하신 것이다.

4장 하나님께서 가정을 만드신 비밀

(창 2:18-24)"여호와 하나님이 이르시되 사람이 혼자 사는 것이 좋지 아니하니 내가 그를 위하여 돕는 배필을 지으리라 하시니라. 여호와 하나님이 흙으로 각종 들짐승과 공중의 각종 새를 지으시고 아담이 무엇이라고 부르나 보시려고 그것들을 그에게로 이끌어 가시니 아담이 각 생물을 부르는 것이 곧 그 이름이 되었더라. 아담이 모든 가축과 공중의 새와 들의 모든 짐승에게 이름을 주니라 아담이 돕는 배필이 없으므로 여호와 하나님이 아담을 깊이 잠들게 하시니 잠들매 그가 그 갈빗대 하나를 취하고 살로 대신 채우시고, 여호와 하나님이 아담에게서 취하신 그 갈빗대로 여자를 만드시고 그를 아담에게로 이끌어 오시니, 아담이 이르되 이는 내뼈 중의 뼈요 살 중의 살이라 이것을 남자에게서 취하였은즉 여자라 부르리라 하니라. 이러므로 남자가 부모를 떠나 그의 아내와 합하여 둘이 한 몸을 이룰지로다."

결혼제도와 가정은 하나님이 직접 만드신 것이다. 사람의 생각이나 사람의 뜻으로 지은 것이 아니다. 하늘과 땅을 지으신 하나님께서 에덴을 지으시고, 하나님의 형상과 모양대로 아담과 하와를 지으시고, 에덴에서부터 가정을 출발시켰다. 사람의 일생의 운명을 좌우하는 것은 만남에 있다. 인생에 있어서 만남이 굉장히 중요하다. 인간이 성장하여 결혼 전령기가 되면 남자와 여자가 만나서 결혼을 하여 가정을 이루게 된다. 한 국가와 사회의 시작은 가정이다. 가정의 시작은 부부이다. 부부가 행복하면 가정이 행복하고, 가정이 행복하면 교회, 사회, 국가가 평안하다. 부부가 병들면 가정이 병들고, 가정이 병들면 교회와 국가와 사회가 병드는 것이다. 그러므로 남녀가 가정을 이룬 부부가 행복하게 삶을 살아야 하는 책임은 막중한 것이다.

그런데 요즘 행복한 부부보다는 행복하지 못한 부부가 어쩌면 더 많을지도 모를 만큼 심각한 위험수위에 와 있다. 오늘날 예수를 믿고 성령으로 거듭나 교회에 다니는 부부가 이혼하고 싸우고 갈등하는 이유는 성경적인 원리를 받아들이지 않고 하나님이 없는 세상 사람들의 사고방식과 철학을 받아들였기 때문이다. 그러면 하나님이 의도하신 행복한 부부와 가정은 무엇일까?

첫째, 결혼(부부)은 하나님께서 짝지어 맺어준 배필이라는 것이다. 하나님은 이렇게 말씀하신다. "여호와 하나님이 이르시되 사람이 혼자 사는 것이 좋지 아니하니 내가 그를 위하여 돕는 배필을 지으리라 하시니라"(창2:18). "아담이 모든 가축과 공중의 새와 들의 모든 짐승에게 이름을 주니라 아담이 돕는 배필이 없으므로 여호와 하나님이 아담을 깊이 잠들게 하시니 잠들매 그가 그 갈빗대 하나를 취하고 살로 대신 채우시고"(창2:20-21). 하나님께서는 아담이 혼자 사는 것이 아름답게 보이지 않으므로 아담을 깊이 잠들게 하시고, 그의 갈비뼈 하나를 취하여 여자를 만들었다. 깊은 잠이란 완전한 무의식에 빠져 있는 상태를 말하는 것이다. 아담이 깊이 잠들어 아무 것도 모르는 상태에 있을 때, 하나님께서 그의 갈비뼈로 여자를 만드신 것이다. 여자가 창조 될 때 남자는 아무런 역할도 못했을 뿐만 아니라, 무의식 상태에 있었다.

하나님께서는 아담의 갈비뼈를 취하여 하와를 창조하여 아담의 돕는 배필로 창조하였다. 지금도 하나님께서는 하나님의 자녀들이 혼자 사는 것이 아름답게 보이지 않으므로 성년이 되면 배필을 만나게 하신다. 나 자신이 배필을 선택하고 결정하는 것 같아도 그 모든 것을 성사시키시는 분은 하나님이시다. "여호와 하나님이 아담에게서 취하신 그 갈빗대로 여자를 만드시고 그를 아담에게로 이끌어 오시니"(창2:22). 하나님께서 아담의 배필을 창조하시고, 하나님께서 하와를 아담의 배필로 인도하여 가정을 이루게 하셨다.

그러므로 부부는 하나님이 짝을 지어 주신 것이다. 예수님께서는 마태복음19장 6절에서 "그런즉 이제 둘이 아니요 한 몸이니 그러므로 하나님이 짝지어 주신 것을 사람이 나누지 못할지니라 하시니" 하셨고, 마가복음10장 8-9절에서는 "그 둘이 한 몸이 될지니라. 이러한즉 이제 둘이 아니요 한 몸이니, 그러므로 하나님이 짝지어 주신 것을 사람이 나누지 못할지니라. 하시더라." 말씀하셨다.

결혼(부부)는 하나님이 짝지어 주셨으므로 사람이 임으로 나주지 못한다는 것이다. 나 자신이 배필을 선택하고 결정하는 것 같아도 그 모든 것을 성사시키시는 분은 하나님이시다. 잠언 16장 1절에 보면 "마음의 경영은 사람에게 있어도 말의 응답은 여호와께로부터 나오느니라."하셨고, 잠언 16장 9절에서는 "사람이 마음으로 자기의 길을 계획할지라도 그의 걸음을 인도하시는 이는 여호와시니라"하셨다. 하나님이 돕는 배필로 짝지어서 결혼을 하게 하셨으므로 결혼을 귀히 여겨야 한다.

하나님은 히브리서 13장 4절에서 "모든 사람은 결혼을 귀히 여기고 침소를 더럽히지 않게 하라 음행하는 자들과 간음하는 자들을 하나님이 심판하시리라"하며 명령하셨다. 히브리서 기자는 모든 사람은 결혼을 귀히 여기라고 권고하고 있다. 결혼을 귀히 여기는 것은 하나님을 귀히 여기는 것이다. 부부는 하나님께서 짝지어 주신 자이므로 내 마음대로 기분 좋으면 살고, 기분 나쁘면 헤어지는 관계가 아니다. 하나님이 짝지어 준 배필이므로 사람이 임의로 나눌 수가 없다.

어떤 분들은 이혼의 조건을 성격이 맞지 않아서 라고 말하는 분들이 많다. 그런데 분명한 사실은 성격이 같으면 그것이 문제이다. 급한 성격을 가진 부부끼리 살면 날마다 싸워야 될 것이고, 성격이 느린 부부끼리 살면 무엇 하나 제대로 추진되는 것이 없을 것이고, 성격이 활달한 부부끼리 살면 날마다 시끌시끌할 것이고, 성격이 조용한 사람 사람끼리 살면 부부사이가 너무 삭막할 것이다.

서로 다른 성격이 만나 조화를 이룰 때 행복한 부부가 될 수 있다. 이 땅에 수많은 부부들을 보면 80-90%는 성격이 서로 다른데 그 이유는 하나님께서 그렇게 만나게 하였기 때문이다. 그러므로 서로 부족한 부분을 채워주고 맞추어서 살아야 한다. 그것이 하나님의 창조법칙이다. 하나님께서 성년이 되면 배필을 만나게 하여 짝을 지어 주신 것은 서로 도와 주도록 하기 위해서이다. 배필은 하나님께서 친히 지어주셨다. "여호와 하나님이 이르시되 사람이 혼자 사는 것이 좋지 아니하니 내가 그를 위하여 돕는 배필을 지으리라 하시니라"(창2:18). 배필은 하나님께서 맺어준 짝(mate)이라는 뜻이다. 그래서 임의로 나눌 수가 없다.

여기 배필에는 두 가지 기본적인 뜻이 있다. 첫째는 동등한 관계라는 것이다. 손과 발은 근본적으로 역할이 다르기 때문에 짝이 될 수 없지만, 손과 손은 짝이 될 수 있다. 부부는 누가 낫고 못한 것이 아니라, 하나의 짝으로서 동등한 관계라는 것이다. 둘째는 위치와 역할이 다르다는 것이다. 오른손과 왼손의 위치와 역할이 다르듯이, 아내와 남편도 그 위치와 역할이 다르다는 것이다. 부부는 위치와 역할이 다르기 때문에 서로 돕는 배필이 되어야 한다. 돕는 배필은 서로 모자라는 것을 돕고 살아가는 짝이기 때문에 도와주는 데에서 보람을 느끼며. 기쁨을 느끼는 것이다

도와주는 배필이 아니라, 바라는 배필로 결혼을 하게 되면 바라는 기대와 현실은 큰 간격이 있으므로 결혼하는 그날부터 문제가 생긴다. 바라는 배필로 결혼하면 자신도 불행하고 배우자까지도

불행하게 만드는 것이다. 하나님께서 짝지어준 배필은 그 사람에게 가장 합당한 사람인 것이다. 서로 맞추어서 희로애락을 같이해야 한다.

둘째, 결혼(부부)은 한 몸(일심동체)이라는 것을 인식해야 한다.
창세기 2장 21-22절에 보면 "여호와 하나님이 아담을 깊이 잠들게 하시니 잠들매 그가 그 갈빗대 하나를 취하고 살로 대신 채우시고, 여호와 하나님이 아담에게서 취하신 그 갈빗대로 여자를 만드시고 그를 아담에게로 이끌어 오시니"라고 말씀하신다. 하나님께서는 아담을 먼저 창조하시고 아담의 갈비뼈로 하와를 창조 하셨다. 하나님께서 아담의 갈비뼈로 여자를 만들었다는 것은 여자를 만든 재료가 남자와 다르다는 것이다. 남자는 흙으로 여자는 남자의 갈비뼈로 만드셨다. 하나님은 남자와 여자를 다르게 창조했다. 다르게 창조했기 때문에 맞는 부분이 거의 없는 것이다.

아담은 자신의 갈비뼈로 하와를 만들었기 때문에 하와가 내 몸의 일부라고 말했다. "아담이 이르되 이는 내 뼈 중의 뼈요 살 중의 살이라 이것을 남자에게서 취하였은즉 여자라 부르리라 하니라" (창2:23). "내 뼈 중의 뼈요 살 중의 살 이라"고 하는 말은 한 몸이라는 선언이며, 하나 됨의 고백이다. 이 말은 "남이 아니라 내 몸이다." 라는 말이다. 이런 의미에서 결혼(부부)은 본질적으로 한 몸이다. 예수님은 마태복음 19장 4-6절에서 "예수께서 대답하여 이르시되 사람을 지으신 이가 본래 그들을 남자와 여자로 지으시고 말씀하시기를 그러므로 사람이 그 부모를 떠나서 아내에게 합하여 그 둘이한 몸이 될지니라. 하신 것을 읽지 못하였느냐, 그런즉 이제 둘이 아니요 한 몸이니" 하셨고, 마가복음 10장 8절에서는 "그 둘이 한 몸이 될지니라. 이러한즉 이제 둘이 아니요 한 몸이니"라고 말씀하셨다. 부부된 남자와 여자는 한 몸이다. 이에 대하여 에베소서 5장 31절에서 "그러므로 사람이 부모를 떠나 그의 아내와 합하여 그 둘이 한 육체가 될지니"라고 말씀하고 있다. 결혼이라는 것은 이렇게 각자가 미완성으로 살다가 한 몸이 되기 위해서 만나는 행위인 것이다

부부는 한 몸이므로 아내는 남편에게 복종해야 한다. "아내들아 남편에게 복종하라 이는 주 안에서 마땅하니라."(골3:18). "아내들이여 자기 남편에게 복종하기를 주께 하듯 하라. 이는 남편이 아내의 머리됨이 그리스도께서 교회의 머리됨과 같음이니 그가 바로 몸의 구주시니라. 그러므로 교회가 그리스도에게 하듯 아내들도 범사에 자기 남편에게 복종할지니라."(엡5:22-24). "아내들아 이와 같이 자기 남편에게 순종하라"(벧전3:1). 아내가 가정에서 아무리 중요하고 중심을 이루고 있다 할지라고 가정의 머리는 남편이다. 아내들은 남편의 갈비뼈로 창조한 한 몸이기 때문에 아내들은 남편에게 순종해야 한다. 하나님은 질서의 하나님이시다. 가정의 질서의 차원에서 아내는 가정의 머리인 남편에게 순종해야 한다.

그리고 부부는 한 몸이므로 남편은 아내를 괴롭히지 말고 사랑하며 귀하게 여기고 돌보아주고 보호해 주어야 한다. "남편들아 아내를 사랑하며 괴롭게 하지 말라"(골3:19). 남편들은 아내를 지배하는 것이 아니라한 몸이므로 자기 몸처럼 사랑해야 한다. 아내의 마음에 상처를 주거나 괴롭게 하지 말아야 한다. "남편들아 이와 같이 지식을 따라 너희 아내와 동거하고 그를 더 연약한 그릇이요 또 생명의 은혜를 함께 이어받을 자로 알아 귀히 여기라 이는 너희 기도가 막히지 아니하게 하려 함이라"(벧전3:7).

한 몸이므로 아내를 귀히 여겨야 한다. 아내를 귀히 여기지 않고 함부로 대하거나 무시하면 하나님께서 그의 기도를 들어 주지 않는다. 기도가 막힌 다는 것은 하나님과 관계가 막힌다는 것이다. 하나님은 이렇게 아내를 귀하게 여기기를 원하시는 것이다.

그리고 부부는 한 몸이므로 남편은 아내에게 "당신은 내 뼈 중의 뼈요, 살 중의 살이다"라고 사랑을 고백해야 한다. 같이 사는 것이 부부가 아니라, 사랑한다고 고백하는 것이 부부이다. 이 고백을 계속하는 동안 절대로 이혼하거나 싸울 수 없다. 하나이기 때문이다. 하나이기 때문에 서로 합력하여 선을 이루면서 살아야 한다. 사랑을 고백하면 사랑스럽지 않던 여자도 사랑스럽게 된다. 사랑을 고백하면 사랑스럽지 않던 남자도 사랑스럽게 된다. 계속 좋은 점을 격려해주고, 칭찬해주고, 축복해주는 것, 이것이 부부가 행복하게 사는 비결이다.

셋째, 결혼(부부)은 부모를 떠나야 한다. "이러므로 남자가 부모를 떠나"(창2:24상). 남자가 부모를 떠나라는 말에는 여자도 부모를 떠나라는 말이 내포되어 있다. 예수님은 마가복음 10장 6-7절에서 "창조 때로부터 사람을 남자와 여자로 지으셨으니 이러므로 사람이 그 부모를 떠나서" 라고 말씀하셨으며, 에베소서 5장 31절에서는 "사람이 부모를 떠나 그 아내와 합하여 그들이 한 육체가 될지니"라고 말씀하셨다. 결혼(부부)은 '부모님을 떠나라(leave)'는 것이다. 새로운 가정을 이루라는 것이다.

부모님을 떠나라는 말은 부모님으로부터 독립을 하라는 말이다. 육체적으로 독립하고, 경제적으로 독립하고, 정신적으로 독립하고, 삶이 독립되어야 함을 의미한다. 결혼 전에는 모든 것을 부모님과 상의하였지만, 결혼한 후에는 모든 것을 부부끼리 의논하여 결정을 할 정도로 부모님에게서 독립을 하여야 한다.

많은 부부들이 부모님으로부터 독립하지 못하기 때문에 갈등이 있는 것이다. 부부의 불행은 부모를 떠나지 못하는데 부터 시작되는 것이다. 많은 젊은이들이 부모를 떠나 분가하기를 원하면서도 경제적으로는 도움을 받기 원한다. 이것은 잘못된 것이다. 가족의 독립성은 진정한 새로운 가정의 출발이다. 중요한 것은 부모님들도 자식이 결혼하면 독립할 수 있도록 도와주어야 한다는 것이다. 개입하거나 간섭하거나 중간에 끼어들지 말아야 한다. 부모가 간섭하거나 개입하게 되면 부부는 갈등이 생길 수밖에 없다.

넷째, 결혼(부부)은 부모를 떠난 남녀가 서로 연합해야 한다. 하나님은 창세기 2장 24절에서 "이러므로 남자가 부모를 떠나 그의 아내와 합하여 둘이 한 몸을 이룰지로다." 하셨고, 예수님은 마가복음 10장 8절에서 "그 둘이 한 몸이 될지니라. 이러한즉 이제 둘이 아니요 한 몸이니"라고 말씀하셨다. 그리고 에베소서 5장 31절에서는 "그러므로 사람이 부모를 떠나 그의 아내와 합하여 그 둘이 한 육체가 될지니"라고 명령하셨다.

결혼(부부)은 남녀가 서로 연합해야 한다. 연합한다는 것은 아교풀로 두 물체를 붙인다는 뜻이다. '연합되었다'는 말은 떨어질 수 없고 헤어질 수 없다는 말이다. 남편이 어려운 문제가 있을 때 아내와 의논하지 않고, 자기 어머니와 의논하는 이유는 부부가 연합되지 않았기 때문이다. 결혼은 했지만 연합되지 않았기 때문에, 다른 사람이 들어올 수 있는 빈 공간을 열어 준 것이다.

따라서 진정한 결혼은 부부가 아교로 붙이는 것처럼 하나 되어, 어떤 누구도 들어올 수 없도록 밀착해야 한다. 양가 가족이 들어오면 안 된다. 두 사람이 서로 연합하기 위해서는 첫 번째는 갑이라는 물체와 을이라는 물체가 잘 접촉하기 위해서는 좋은 아교풀이 있어야 한다. 다시 말하면 예수 그리스도라는 접착제가 있을 때 남자와 여자는 연합된다. 예수님의 성품을 닮은 사랑과 용서라는 접착제가 필요하다. 뼈는 부러진 후에 다시 봉합을 하면 더욱 튼튼한 뼈가 되고, 나무를 아교로 붙이면 보통 나무보다 더욱 견고하게 되듯이 미완성인 남녀가 만났지만, 예수로 온전히 연합이 될 때, 이 세상에 어떤 시험도 두 사람 사이를 나눌 수 없게 된다.

두 사람이 서로 연합하기 위해서는 두 번째는 부부는 서로 맞추어야 한다. 맞추는 방법은 자기의 것을 포기하는 것이다. 그러나 사람들은 포기하지 않고 서로를 이기려고 한다. 이런 부부는 죽을 때까지 서로 싸우다 만다. 내 것을 포기해야 상대방의 것을 받아들일 수 있다. 자기의 꿈을 포기하고, 두 사람이 서로 동의한 새로운 꿈을 만들어가야 한다. 이렇게 할 때 이것은 아교처럼 잘 붙는다. 상대를 이기려고 하거나 상대방을 이용하지 말아야 한다. 대부분의 사람들이 결혼할 때 상대방의 학벌과 가문을 따지는 이유는 이용하려고 하기 때문이다. 이용하기 때문에 연합이 되지 않는 것이다.

두 사람이 서로 연합하기 위해서는 세 번째는 갑이라는 물체와 을이라는 물체를 붙이려면 그 접촉부분을 깨끗이 닦아야 한다. 그곳에 물기가 있다거나 녹이 슬었다거나 먼지가 있다면 아무리 좋은 접착제로 붙였다고 해도 곧 떨어지고 만다. 마찬가지로 남자와 여자와 잘 연합하기 위해서는 상처와 잘못된 부분을 깨끗이 치유해야 한다. 많은 부부들의 문제는 서로가 치유되지 않은 채 결혼하기 때문에 일어난다. 결혼하기 전에 후에 말씀과 성령으로 잠재의식에 숨겨진 미움, 분노, 시기, 질투, 교만, 탐욕 같은 쓰레기더미의 원인을 찾아내고 양심의 고통스런 죄책을 다 회개하고 성령의 역사로 씻어야 마음을 다스릴 수가 있는 것이다. 내면의 치유에 대하여는 "내적치유 쉽게 하는 법"과 "가계저주와 영원히 이별하는 길"을 참고하시기를 바란다.

우리는 태아기와 유아기와 소년기와 사춘기와 대학생활을 거치면서 나름대로 모두 상처를 받고 살아간다. 세상을 살아가는 것이 상처이기 때문이다. 이 상처들이 예수의 이름으로 성령의 역사로 치유되어야 한다. 성령의 임재가운데 상처가 고백되고, 공개되고, 그 아픔들이 치유되어 이기적인 자기 동기와 개성을 포기해야 한다. 상처 난 부분들이 예수의 이름과 성령의 역사로 깨끗이 치유돼야 한다. 그러나 치유는 갑자기 이루어지지 않는다. 상처는 잠재의식에 형성되어 있으므로 자신이 성령으로 장악되어 치유되는 시간이 걸리므로 기다려야 한다. 결혼 초에 상대방의 기선을 제압하는 싸움을 한다는데 이런 싸움은 끝이 없음을 아시기 바란다.

다섯째, 결혼(부부)은 부모를 떠난 남녀가 연합하여 둘이 한 몸을 이루어야 한다. 하나님께서 창세기 2장 24-25절에서 "이러므로 남자가 부모를 떠나 그의 아내와 합하여 둘이 한 몸을 이룰지로다. 아담과 그의 아내 두 사람이 벌거벗었으나"라고 하셨으며, 예수님은 마가복음 10장 8절에서 "그 둘이 한 몸이 될지니라. 이러한즉 이제 둘이 아니요 한 몸이니"하셨다. 에베소서 5장 31절에서는 "그러므로 사람이 부모를 떠나 그의 아내와 합하여 그 둘이 한 육체가 될지니"라고 명령하셨다.

결혼(부부)은 둘이 한 몸을 이루어야 한다. 성은 비속하거나 속된 것이 아니다. 인간에게는 식욕, 수면욕, 성욕이 있다. 식욕은 배가 고프면 밥을 먹어야 합니다. 밥을 먹지 않으면 죽는다. 수면욕을 졸리면 잠을 자야 한다. 잠을 자지 않으면 피곤이 풀리지 않는다. 성욕은 하나님이 인간에게 주신 선물이다. 성을 통해서 쾌락을 누리며 즐거움과 기쁨을 누린다. 성욕을 해결하는 유일한 방법은 결혼이다. 결혼이 성적 유혹에 대한 하나님의 근본적인 해결책이다.

　하나님은 고린도전서 7장 1-5절에서 "너희가 쓴 문제에 대하여 말하면 남자가 여자를 가까이 아니함이 좋으나 음행을 피하기 위하여 남자마다 자기 아내를 두고 여자마다 자기 남편을 두라. 남편은 그 아내에 대한 의무를 다하고 아내도 그 남편에게 그렇게 할지라. 아내는 자기 몸을 주장하지 못하고 오직 그 남편이 하며 남편도 그와 같이 자기 몸을 주장하지 못하고 오직 그 아내가 하나니 서로 분방하지 말라. 다만 기도할 틈을 얻기 위하여 합의 상 얼마 동안은 하되 다시 합하라. 이는 너희가 절제 못함으로 말미암아 사탄이 너희를 시험하지 못하게 하려 함이라" 말씀하셨다. 부부는 서로 존귀하게 여겨 남편은 남편의 의무를 다해야 하고 아내는 아내의 의무를 다해야 한다. 아내는 자기 몸을 주장하지 못하고 오직 그 남편이 하며 남편도 자기 몸을 주장하지 못하고 오직 그 아내가 주장한다.

그러므로 남편이 원하면 아내는 거부하지 말아야 한다. 아내가 원하면 남편도 거부하지 말아야 한다. 성에 대해서 거부하면 엄청난 자존심과 상처를 받는다. 결혼하려고 준비하는 미혼자들은 성문제에 대하여 심각하게 생각하고 바르게 알고 결혼을 하려고 해야 한다. 그리고 기도 외에는 서로 분방하지 말아야 한다. 하나님은 고린도전서 7장 7절에서 "만일 절제할 수 없거든 결혼하라 정욕이 불같이 타는 것보다 결혼하는 것이 나으니라." 말씀하셨다. 부부간에 성적인 것으로 인해 고통을 주거나 아픔을 주지 말아야 한다.

인간은 포유류 가운데 언제나 성행위를 즐길 수 있는 유일한 존재이다. 동물의 경우, 번식기 외에는 성행위를 거의 하지 않는다. 신체적인 구조도 그렇다. 인간은 남녀 사이에 언제나 성을 자극할 수 있는 신체의 여러 부분을 갖고 있다. 이런 구조는 어떤 동물에게도 없는 것이다. 왜 인간은 언제나 성행위를 즐길 수 있는가? 세상 박사들은 이를 명확하게 설명하지 못한다. 하나님의 창조섭리이기 때문이다.

하나님은 부부의 금실을 위해서 남자와 여자가 성관계를 좋아하도록 만드셨다. 부부가 성관계로 맺어질 때에 강력한 유대 관계가 생긴다. 그리고 이는 좀처럼 깨지지 않는 가족 공동체의 기반이 된다. 남자와 여자가 서로 호감을 가지는 것, 결혼하는 것, 성행위를 갖는 것, 그 어떤 것도 죄가 아니다. 이것은 하나님이 인간에게만 주신 가장 귀한 선물이다. 성의 목적은 ①남녀 사이의 호감이다.

②자녀 생산이다. ③부부 사이를 돈독히 하는 수단이다. ④가족 체제를 유지시키는 큰 힘이다. 즉 성은 결혼 생활과 가정을 위한 아주 중요한 수단이다. 하나님의 귀한 선물인 성을 부부간에 잘 애용해야 한다.

여섯째, 부부는 부끄러움이 없어야 한다. 창세기 2장 25절에 보면 "아담과 그의 아내 두 사람이 벌거벗었으나 부끄러워 아니하니라." 하였다. 부부는 두 사람이 벌거벗었으나 부끄러움이 없어야 한다. 여기서 벌거벗었다는 의미는 육적인 의미만이 아닌 혼과 영적인 벌거벗음을 의미한다. 에덴동산에서 아담과 하와는 벌거벗었으나 부끄러워하지 않았다. 서로를 있는 모습 그대로 보면서 비밀이 없었다. 서로 투명했다.

그런데 범죄 한 후 그들은 부끄러움과 두려움을 느꼈다. 감추고 싶은 비밀이 생겨난 것이다. 부부는 숨길 것이 없는 관계여야 한다. 서로를 향해서 투명해져야 한다. 부부 사이에 체면이나 자존심을 내세우지 말아야 한다. 부부는 서로에게 숨기지 않고 솔직하고 정직해야 한다. 벌거벗음을 부끄러워 할 때, 자신의 약점과 자신의 부족함을 서로에게 숨기려고 할 때 가정에는 죄악이 찾아드는 것이다. 인간은 불완전한 존재이기에 허물없는 부부는 없다. 서로 허물이 있어도 허물로 보지 않고 덮어주는 곳이 가정이다. 가정은 모든 허물을 덮어주면서 서로 받아 드리는 곳이다. 사랑은 허물을 덮어 주는 것이다. "무엇보다도 뜨겁게 서로 사랑할지니 사랑은 허다한 죄를 덮느니라."(벧전4:8). 부부가 되면 허물을 보지 말고 덮어 주며 살아야 한다는 것이다. 남편은 아내의 허물을 보지 말고 덮어 주어야 한다. 아내도 남편의 허물을 보지 말고 덮어 주어야 한다. 어떤 경우에도 부부의 허물을 보지 말아야 한다. 이것이 행복한 가정을 이루는 비결이다. 세상의 모든 사람이 죄인이라고 심판하고 저주해도 축복과 위로를 해주는 곳이 가정이다. 가정은 생명이 있는 곳이요, 행복이 있는 곳이요, 영생이 있는 곳이요, 하나님의 은혜가 넘치는 지상의 천국이다.

결혼은 신중해야 한다. 결혼 적령기의 청년은 물론 중고등학생까지 하나님의 결혼 개념을 잘 알고 행해야 행복한 인생을 설계할 수 있다. 행복이란 단순히 잘 먹고 잘 사는 것이 아니고, 지지고 볶아도 하나님 안에서 몸부림치는 것이다. 그래야 해답을 찾아갈 수 있다. 이 험한 세상을 하나님도 없이 어떻게 지나겠다는 것인가?

결혼은 둘이 마주 보는 것이 아니라 한 곳을 바라보는 것이라 하고, 한 배를 탔다고도 표현한다. 그런데 같은 배를 타고 다른 곳을 보며 어떻게 정상적으로 살 수 있을까…. 그런 부부는 결국 하나님이 아닌 다른 것을 함께 볼 수밖에 없을 것이다. 이 문제로 고민하고 기도하는 기혼, 미혼의 모든 이들에게 하나님의 위로와 함께 말씀 안에서의 해답이 있기를 바란다.

5장 연애와 결혼에 숨겨진 비밀

(엡5:31)"그러므로 사람이 부모를 떠나 그의 아내와 합하여
그 둘이 한 육체가 될지니"

하나님은 하나님이 짝지어준 부부들이 행복하게 세상을 살아가기를 원하신다. 나는 십년 이상을 성령 내적치유 사역을 하고 있다. 치유 사역을 하다가 보면 미리 알고 준비된 결혼을 하여 행복하게 가정을 꾸려가는 부부도 많이 있다. 그런데 결혼에 대하여 잘 알지 못하고 준비 없이 결혼한 일부 부부들이 하나님이 원하시는 것 같은 부부생활을 하지 못하고 있는 사람들이 다수가 있다. 내가 이 책을 쓰게 된 동기는 지금 잘못된 결혼으로 많은 크리스천의 가정들이 깨어지고 있다.

그리기 때문에 조금이나마 결혼을 앞둔 젊은 자녀들을 둔 부모님들이나 청년에게 결혼에 대하여 도움을 주기 위하여 이 글을 쓰는 것이다. 내가 치유 사역을 하면서 경험한 결론은 많은 분들이 알지 못하고 준비되지 못한 결혼으로 인하여 고통을 당하고 있다. 그리고 가정이 깨어지고 있다. 그분들의 이세인 자녀들이 동일한 고통을 당하고 있다. 기독교 신앙은 예방 신앙이어야 한다. 그래서 결혼하기 전에 상대를 잘 만나야 한다는 것이다. 만날 때부터 잘 만나야 하나님이 원하시는 결혼 생활이 될 수가 있다. 그런데 많은 분들의 만남이 잘못되어 결혼 당시부터 문제를 가지

고 부부 생활을 시작하는 것이다. 그래서 성경적인 결혼에 대한 사전지식을 가지고 결혼을 해야 하는 것이다.

결혼을 하다가 보면 자신도 생각하지 못한 배우자를 만나 고생하는 사람도 있다. 반대로 자신에게 과분한 배우자를 만나 고생하는 사람도 있다. 서로 처지를 잘 알고 상당한 기간 연애를 하다가 결혼하여 행복한 가정을 이루는 부부들도 있다. 우리 예수를 믿는 성도들의 결혼은 전적으로 하나님의 뜻을 따라야 한다. 결혼은 하나님의 뜻이다. 그러니 하나님이 예비한 배우자를 만나도록 기도해야 한다. 하나님이 예배한 배우자를 만났다고 다 평안하고 행복한 가정을 이루는 것은 아니라는 것을 알아야 한다.

하나님은 우리가 하나님을 찾게 하기 위해서 적당한 고난은 허락하시기 때문이다. 사람은 원래 평안하면 하나님을 찾지 않는 기질이 다 분히 있다. 그래서 하나님은 우리를 사랑하시기 때문에 하나님을 찾게 하신다. 하나님을 찾게 하기 위하여 적당한 고난을 허락하신다는 것이다. 우리가 하나님을 찾게 하기 위하여 부부의 만남도 조정하신다는 것이다. 이 장에서 우리는 연애와 결혼의 사례를 보면서 하나님의 뜻을 아는 시간이 되기를 바란다.

첫째, 연애와 결혼의 제일 좋은 방법, 크리스천의 연애와 결혼의 제일 좋은 방법은 교회 내에서 만나는 것이다. 내가 전도사 시절 청년부를 맡아서 목회를 했다. 그때 교회 반주와 청년부 반주를 하는 자매가 있었다. 그런데 가정에 상당한 재력도 있었다. 아버지는 장로이고, 어머니는 권사였다. 이 자매가 청년부에 다니는 남자 청년하고 사귀었다. 그런데 남자 청년의 가정은 어려웠다. 집이 없어서 목사님과 같이 아파트를 얻어서 살았다. 남자 청년의 어머니는 집사 이였다. 청년의 아버지는 일찍이 세상을 떠났다고 한다. 남동생이 하나있었는데 당시 군대에 가 있었다. 그러나 이 여자 청년은 그런 물질적인 것에 신경을 쓰지 않고 사귀었다.

그런데 결혼을 하려니 여자 청년의 부모가 반대를 했다. 그러나 여자 청년이 설득을 하니 자신이 좋다고 하는데 말릴 수가 없다고 하면서 승인을 해서 승인을 받아 얼마 있지 않아 결혼을 했다. 결혼하여 여자 청년은 피아노 학원을 경영하며 지냈다. 남자 청년은 공인 중개사 시험에 합격하여 부동산 중개소 사원으로 취직하여 다녔다. 아이를 세 명이나 낳았다. 내가 청년부 설교할 때 하나님이 왜 남자와 여자를 창조했느냐고 물어보면 꼭 이 여자 청년이 생육하고 번성하라고 남녀를 창조했다고 대답을 했다. 피아노 학원을 하려니 육아를 할 시간이 없으니 시어머니가 아이를 돌보아 준다고 한다. 우리 교회 개척 예배 때에 피아노 반주할 사람이 없어서 전화를 했더니 흔쾌히 승낙을 하여 반주를 해주었다. 그 때 시어머니도 함께 왔는데 얼굴에 은혜가 넘친다. 남자 청년도 만났는데 세상사는 재미를 느끼면서 열심히 하나님을 섬기며 산다고 대답을 했다. 그래서 자매에게 내가 질문을 했다.

그 때가 결혼하고 칠년이 지난 시기이다. 결혼해서 살아가니 어떠냐고 물어보았다. 아주 좋다는 것이다. 나는 사람의 얼굴을 보면 대략 거짓을 말하는지 진실을 말하는지 거의 안다. 그러나 얼굴에 화색이 돌고 웃으면서 너무 좋다는 것이다. 시어머니가 가정을 돌보아주니 마음대로 자신의 재능을 발휘할 수가 있으니 좋다는 것이다. 이렇게 교회 내에서 서로 사정을 알고 믿는 사람끼리 결혼하는 것이 제일로 좋다.

둘째, 교회 내에서 서로 알고 결혼한 불행한 사례. 교회 내에서 서로알고 만나 결혼을 한다고 모두 행복한 것은 아니다. 내가 잘 아는 부부의 이야기 이다. 이 자매는 피아노 반주에다가 성가대 지휘까지 하는 자매이다. 아버지는 장로이고, 어머니는 권사이다. 이 자매가 한 교회에 다니는 청년하고 사랑에 빠졌다. 남자 청년의 아버지는 장로이고, 어머니 역사 권사였다. 그런데 한 가지 문제가 있었다. 항상 이 남자 청년의 부모가 앞장을 서서 교회 목사님들을 몰아내는 고약한 일에 일조를 담당하는 분들이라고 한다. 그러나 영적인 눈이 열리지를 않아서 이것이 잘못된 일인지 모르고 서로 좋아서 결혼을 했다. 결혼을 하고 첫아이를 가졌다. 그런데 첫아이를 가졌을 때, 또 교회에 문제가 생겨서 자신의 시부모가 앞장을 서서 담임목사를 몰아냈다.

임신 중에 자매가 상처를 받은 것이다. 그러나 달수가 차서 나이를 출산하는데 난산이라, 열 한 시간을 진통을 해도 출산을 못하다 아이를 기계로 끄집어냈다. 그때 아이가 중추 신경에 충격을 받은 것이다. 아이가 고개를 바로 세우지를 못하고 28개월이 지나도록 걷지도 못하고 누워서 산다고 한다. 그래서 이곳저곳 용하게 치유한다는 곳을 다 다녀도 치유가 되지 않으니 나를 찾아왔다. 그래서 내가 손을 얹고 안수를 하니 성령께서 이렇게 감동하신다. "사람노릇을 못할 것이다. 석 달 후면 세상을 떠난다" 즉, 치유되어 살지를 못한다는 것이다. 그래도 안수를 해보니 한쪽이 마비되어 있었다. 경추에 문제가 생겨서 나타나는 증상이다.

나는 뼈 신경의 질병에 대하여도 조금은 안다. 웬만한 목 디스크와 허리디스크, 어깨통증, 요통, 오십견 등은 성령의 임재 하에 기도하면 그 자리에서 잘 낫는다. 하도 많은 환자를 치유하여 보고 이 분야에 집중하며 연구하다가 보니까 자연히 터득이 된 것이다. 그래서 아이를 안고 기도를 해보니 이미 치유시기가 지난 것이었다. 성령님이 감동하신대로 아이가 삼 개월 후에 세상을 떠났다. 문제는 주변에 사는 불신자들이 당신 부부는 처가 친가 모든 양친이 장로이고 권사인데 왜 그런 아이를 낳아 고생하느냐고 비꼰다는 것이다. 그 다음은 당신이 판단하기를 바란다. 그래서 지금 남편은 무엇을 하느냐고 물어보니 직장에서 퇴사당하여 논다는 것이다. 백수라는 것이다. 그럼 앞으로 어떻게 하겠다고 하더냐고 물어보니 전문적으로 무엇을 준비한 것이 없어서 참으로 막막하다는 것이다. 이렇게 부모의 잘못된 신앙으로 자녀들이 고통을 당한다. 이런 이야기를 목사님들이 설교시간에 해야 한다. 내가 친정어머니 권사에게 그 교회 목사님은 성도들을 어떻게 영적인 교육을 하는 것인지 모르겠다고 했다.

그러니까 자매의 어머니가 이렇게 대답하는 것이다. 자기 네 교회에서는 목사님이 그런 영적인 설교를 하면 그날부로 장로님들이 나서서 그런 설교를 못하도록 한다고 한다. 그래도 계속하면 영락없이 몰아낸다고 한다. 그래서 자매에게 남편의 아버지 장로님이 잘 계시냐고 물었다. 그랬더니 이렇게 대답을 했다. 이년 전에 갑자기 뇌졸중이 와서 고생을 하다가 작년에 세상을 떠났다는 것이다. 우리는 교회 안에서 결혼을 하되 부모의 신앙에 대해서도 알아보아야 한다.

이 자매는 시부모의 죄악으로 고통을 당하고 있는 것이다. 교회 내에서 만나 연애하여 결혼해도 이런 함정이 있다. 그래서 영안을 열고 기도하고 또 기도하여 하나님이 예비한 배우자를 만나야 한다. 영육의 문제가 있으면 사전에 치유하고 결혼을 해야 불필요한 고통을 당하지 않는 다는 것을 알고 행해야 한다.

셋째, 남편은 믿으나 시어머니의 우상숭배. 어느 여 집사의 이야기이다. 이분이 우울증으로 고생을 하다가 필자에게 치유를 받으러 왔다. 우울증이 심하여 밤에 잠을 잘자지 못하고 전문적인 직업을 가지고 있는데 일을 제대로 하지 못하겠다는 것이다. 그래서 치유 기도를 해주다가 성령께서 남편에 대하여 질문하라는 감동을 주었다. 그래서 남편의 신앙에 대하여 물어보았다. 그러니까, 이렇게 대답을 했다. 남편이 교회를 다니기는 하는데 시어머니가 제사라는 제사는 다 지낸다는 것이다.

그리고 그렇게 이야기를 해도 절에 나간다는 것이다. 그래서 멀리 떨어져있으면 대화나 전화통화 할 때라도 성령의 임재 하에 하라고 했다. 그러니 이렇게 대답을 하는 것이다. 시어머니와 함께 산다는 것이다. 왜 그러냐고 물었더니 시아버지가 일찍 대장암으로 돌아가셔서 무녀 독남인 자신의 현재 남편하고 함께 살았다는 것이다. 그래서 그러면 시어머니가 제사를 지내면 집사님은 어떻게 하느냐고 물었다. 제사 음식을 다 준비해준다는 것이다. 그러면 아들인 남편하고 제사를 지낸다는 것이다. 은연중에 제사에 참여하는 것이다. 그래서 남편이 교회를 다니는데 제사를 지내느냐고 했더니 지낸다는 것이다. 그러면서 성령의 역사가 일어나니 이 여 집사에게서 향을 태우는 향냄새가 말로 표현못할 정도로 나오는 것이다. 그러면서 치유가 되었다.

그래서 이제 부터는 제사에 참석하지 말라고 했다. 그러니까, 자신도 그렇게 하고 싶은데 남편이 싫어한다는 것이다. 만약에 제사지내는데 등한시 하면 남편하고 관계가 험악하게 된다는 것이다. 그래서 내가 질문을 했다. "결혼은 어떻게 했습니까?" "연애결혼을 했습니다." "그러면 집사님은 연애 당시 교회에 안 다녔습니까?" "다녔습니다. 저는 모태신앙입니다. 지금 아버지는 장로님이시고, 어머니는 권사님이십니다." "그런데 어떻게 그런 분하고 결혼을 했습니까?"

그러니까, "연애기간을 한 8개월 정도 가졌습니다. 남편이 연애 시절에 교회를 착실히 잘 다녔습니다. 그리고 남편이 외과 의사입니다. 그래서 여러 조건도 좋고 해서 결혼을 결심하고 결혼을 하게 되었습니다. 부모님들도 그렇게 반대하지 않아서 결혼을 한 것입니다. 그런데 결혼해서 시어머니의 우상숭배를 알게 되었습니다. 분명히 결혼 전에 남편이 어머니도 전도하여 예수를 믿도록 하겠다고 했습니다. 그런데 지금 십 삼년이 지났는데 아직도 예수를 믿지 않고 절에 다닙니다." 그래서 내가 그러면 집사님이 시어머니에게 이렇게 말해보라고 했다. 만약에 시어머니가 계속하여 우상을 숭배하면 분가하여 살겠다고 해보라고 말이다. 그러니 이렇게 말하는 것이다. 남편이 어머니하고 절대로 분가하면 안 된다고 한다는 것이다. 자기 어머니가 자기만 보고 청춘에 혼자되어 살았는데 절대로 그럴 수가 없다는 것이다. 그래서 어쩔 수 없이 지금까지 지내왔다는 것이다.

이 집사에게 한 가지 걱정이 있었다. 자기의 시아버지가 사십대 중반에 대장암으로 세상을 떠났는데 남편이 걱정이 된다는 것이다. 연애와 결혼은 이렇게 중요하다. 모태 신앙인 집사가 불신의 가정에 시집을 가서 제사를 지내고 살게 되는 것이다. 그러니 우울증이 찾아와서 고생을 하는 것이다. 참으로 답답한 현실이다. 결혼은 장난이 아니다.

넷째, 불신 결혼하여 환란 풍파의 문제. 몇 년 전에 고등학교 일학년인 아들이 정신적인 문제가 생겨서 아들을 치유하려고 온

여 집사의 예이다. "목사님! 저는 미용사라 미장원을 하고 있습니다. 남편은 사업을 합니다. 그런데 미장원도 안 되고 남편의 사업도 안 됩니다. 거기다가 아들까지 저렇게 되었으니 어떻게 하면 좋겠습니까?" 그러면서 나에게 이런 말을 했다. "목사님! 저는 교회를 십년이상 다녔고, 집사직분을 받은 지가 팔년이나 되었는데 지금까지 성령세례를 받지 못했습니다. 우리 교회가 성령 충만한 교회라 예수 믿고 얼마 되지 않은 성도들도 다 성령으로 세례를 받고 방언으로 기도를 합니다. 그런데 저는 지금까지 방언을 하지 못합니다." 그래서 내가 머리에 손을 얹고 성령님 이유가 무엇입니까? 하고 질문을 했더니 성령께서 감동하시기를 예수를 영접했는지 물어보라고 하시는 것이다.

그래서 그 여 집사에게 혹시 예수님을 나의 주인으로 모시는 영접기도를 했느냐고 물었다. 여 집사가 이렇게 대답을 하는 것이다. "자신이 시집오기 전에 남묘호랭객교를 3년을 믿었습니다. 남편을 만나서 연애를 하다가 결혼을 했습니다. 시집을 와서 보니 시댁이 전부 기독교를 믿고 교회를 나갔습니다. 남편역시 독실한 기독교 신자였습니다. 그런데 나와 같은 여자하고 연애를 한 것입니다. 지금 생각하면 남편의 신앙도 알만합니다. 권사인 시어머니도 마찬가지입니다. 그런데 시 어머니가 시집을 왔으면 시댁의 종교를 믿어야 되지 않겠느냐고 성화를 했습니다. 그래서 가정의 평화를 위해서 교회를 다녔습니다."

그렇게 교회를 다니다 보니 집사도 되고 이렇게 시간이 흘렀다는 것이다. 그러면서 영접기도를 하지를 않았다는 것이다. 그래서 내가 예수를 영접시키고 기도를 했더니 성령세례가 임하고 방언이 터지고 치유가 되기 시작했다. 그러자 이 여 집사가 목사님 마음이 정말 편안하고 좋습니다. 감사합니다. 그러는 것이다. 이와 같이 예수를 영접해야 성령이 우리 안에 오셔서 치유를 하신다. 예수님은 우리 마음을 먼저 열어야 들어오신다. 예수를 마음 중심으로 모시지 않으면 성령의 역사가 일어나지 않는다. 이글을 읽고 깨달아야 한다. 이렇게 불신의 결혼을 하면 이유모를 문제로 환란과 풍파를 당한다는 것이다. 이 여 집사의 처녀시절의 우상숭배로 인하여 아들이 정신적인 문제가 온 것이다. 남편이 영적인 것을 바로 알고 결혼을 한 후 바로 성령으로 세례를 받고 치유를 했으면 그런 문제를 당하지 않았을 것이다. 그러나 너무나 영적인 것을 모르고 방임하여 자녀가 고통을 당하게 된 것이다.

거기다가 사업도 되지를 않는 것이다. 그래서 나는 결혼 전에 내적치유를 3번을 받으라고 권면 한다. 그리고 만약에 불신자와 결혼하려거든 2년 이상을 성령이 충만한 교회에 직접 데리고 다니면서 성령을 체험하게 해야 한다. 그리고 변화되는 모습을 보고 그 때부터 연애를 시작해야 한다는 것이다. 그래서 안 되겠다 싶으면 과감하게 돌아서야 한다. 그렇지 않으면 반드시 이 여 집사의 문제와 같은 문제를 당하게 되어있다. 이런 고통을 평생 당하면서 살아가려면 그 냥 불신자와 결혼하시고, 아니면 필자가 하라는 대로 순종하기를 바란다.

순종이란 결혼하기 전에 성령으로 세례 받고 내적치유를 세 번 받는 것이다. 나는 결혼 생활 33년을 했다. 그리고 성령내적 치유 사역을 십년 이상을 했다. 그러기 때문에 이런 영적인 조언을 하는 것이다.

다섯째, 서원의 죄책으로 발생한 문제. 필자가 몇 년 전에 이런 목사님을 만났다. 자신이 어려서 결혼을 하지 않겠다는 서원을 했다는 것이다. 바울과 같이 독신으로 살면서 하나님의 일을 하겠다고 서원을 했단다. 그런데 청년 시절에 믿음이 좋고 얌전한 자매를 만나 결혼을 했다. 그런데 이분이 아들을 하나 낳았는데 아들이 중학교 이학년 다닐 때 질병으로 천국을 갔다. 그래서 혼자 목회를 하려니 할 수가 없어서 자신과 처지가 비슷한 여인하고 재혼을 했다. 그런데 결혼 생활이 순탄하지 못했다. 아들이 새로 들어온 어머니에게 행패를 부리는 것이다. 하도 당하다가 보니까, 이분이 악해져서 목사님에게 화풀이를 하는데 손톱으로 얼굴에 상처를 낸다는 것이다.

그래서 필자를 만났을 때도 얼굴에 상처가 나있었다. 그것뿐만이 아니라 아들이 당시 고등학교 삼학년을 다녀야 하는데 학교에 가지 않고 유흥업소에서 일을 한다는 것이다. 그런데 툭하면 사람들과 싸워서 경찰서 유치장에 여러 번 들어갔다가 왔다는 것이다. 아버지가 아무리 설득을 해도 집에 들어오지도 않고 문제만 일으킨다는 것이다. 그래서 이제 지금 재혼한 사모하고 헤어지려고 한다는 것이다. 그러면서 이러는 것이다.

자신이 청년 때 결혼하지 않고 하나님의 일을 하겠다고 서원을 해놓고 지키지를 않아서 그런 일이 생긴다는 것이다. 이제 지금 사모하고 이혼을 하고 혼자 살면서 하나님의 일을 하겠다는 것이다. 그래서 필자가 이렇게 대답을 해주었다. "절대로 독신으로 하나님의 일을 하겠다고 서원하고 결혼하여 그런 일이 생기는 것이 아닙니다. 목사님이 성령으로 충만하지 못하니 악한 마귀의 역사로 그런 일이 생기는 것입니다. 그리고 결혼하는 것이 하나님의 뜻입니다. 결혼하지 않는 것은 절대로 하나님의 뜻이 아닙니다. 하나님은 분명하게 인간들에게 생육하고 번성하라고 말씀했습니다." "하나님이 그들에게 복을 주시며 하나님이 그들에게 이르시되 생육하고 번성하여 땅에 충만하라, 땅을 정복하라, 바다의 물고기와 하늘의 새와 땅에 움직이는 모든 생물을 다스리라 하시니라."(창1:28).

그러니 그렇게 단순하게 생각을 하시지 말고 영적으로 깊게 생각을 하여 해결을 하라고 조언을 했다. 이 목사님은 자신이 한 말을 지키지 못한 죄책감을 통하여 마귀가 역사하는 것이다. 동방의 의인 욥이 이렇게 한탄한다. "내가 두려워하는 그것이 내게 임하고 내가 무서워하는 그것이 내 몸에 미쳤구나."(욥3:25).

욥과 같이 자신이 두려워하니까 그것이 자기에게 미친 것이다. 그리고 자신이 한 말에 자신이 얽히고 잡힌 것이다. "네 입의 말로 네가 얽혔으며 네 입의 말로 인하여 잡히게 되었느니라."

(잠6:2). 그러므로 서원의 말은 함부로 하는 것이 아니다. 지키지 못할 말은 하지 않는 것이 좋다. 이 목사님은 회개하고 자신의 가정에 역사하는 마귀를 몰아내야 한다. 그래야 해방을 받을 수가 있다. 우리는 이렇게 서원의 말을 함부로 하여 스스로 자신을 얽매지 말자.

여섯째, 상처로 인한 불행한 결혼. 몇 년 전에 나는 이런 사람을 치유한 경험이 있다. 아버지, 어머니 모두 교육자인 가정에서 자란 자매였다. 이 자매가 스트레스로 인하여 상처가 드러나 영적인 문제로 발전한 것이다. 그때 나이가 32살 이었다. 나는 이 자매를 치유하면서 많은 것을 체험했다. 장녀였다. 어려서 상처를 많이 받았다. 내가 치유 하면서 알아낸 사실은 이렇다. 어머니가 시어머니에게 스트레스를 받으면 이 자매에게 화풀이를 한 것이다. 왜냐하면 이 자매가 시어머니를 닮았기 때문이다. 어느 날은 성령의 임재가 되니까, 자매가 소리를 지르는 것이다. "목사님! 지금 엄마가 저보고 코가 작고 못생긴 것이 꼭 할머니 닮았다고 합니다. 어찌 키도 꼭 할머니는 닮았느냐고 질책을 합니다." 다른 날은 "목사님! 지금 엄마가 저의 머리채를 잡아 흔들고 있어요." 좌우지간 어머니가 시어미니에게 스트레스를 받으면 딸에게 그대로 투사를 한 것이다. 어느 날은 자매가 오그라드는데 꼭 지체부자유자와 같은 모습으로 오그라드는 것이다. 순간 내가 두려워서 성령님에게 물어보았다. 성령님! 왜 이 자매가 갑자기

지체부자유자가 됩니까? 지체부자유자들이 있는 곳에 가서 자원봉사를 해서 그때 영의 전이가 되었단다. 나중에 자매에게 물어보아라.

성령의 임재가 풀어지고 완전하게 정상으로 회복된 다음에 자매에게 물어보았다. 왜 이렇게 흉측하게 오그라드는지 아느냐고 말이다. 그랬더니 미국에 있을 때 지체 부자유 자들이 수용되어 있는 곳에 가서 자원봉사를 이틀 했다는 것이다. 꼭 자기가 그 아이들 같아서 놀랐다는 것이다. 내가 앞으로는 그런 아이들이 있는 것에 가서 봉사할 때 주의하라고 했다. 여기서 우리가 바르게 알아야 할 것은 상처가 많은 사람이 이런 영적으로 깨끗하지 못한 곳에 가면 잘못된 영들의 전이가 될 수 있다는 것이다.

그래서 조심하고 주의해야 한다. 이 상처가 치유되지 않아 31살에 나타나서 고통을 당한 것이다. 상황을 설명하면 이렇다. 고등학교를 졸업하고 미국으로 유학을 떠났다. 유학을 가서 칠년을 있었다고 한다. 공부를 하는데 지금 남편을 만난 것이다. 남편이 자기를 보고 하는 말이 코가 작고 아주 예쁘다. 키도 작고 아담하고 예쁘다. 자기는 자라면서 코가 작고 못생긴 것이 꼭 할머니 닮았다. 어찌 키도 작은 것이 꼭 할머니를 닮았다. 이런 소리만 들었는데 이 미국청년이 자기 코도 예쁘고 키도 작아서 예쁘다고 하니 그만 마음이 열린것이다. 가까이 지내다가 보니 넘지 못할 선을 넘어버린 것이다. 그래서 결혼을 한 것이다. 결혼을 하고 나서 알아보니 이 청년의 어머니가 세 명이나 되었다고 한다. 아버지가 세 번을 이혼하여 다른 새로운 어머니를 본 것이다.

이렇게 상처가 많으니 자기 여자로 만든 다음에 말로 표현 못하는 스트레스를 가했다는 것이다. 공부를 마치고 한국에 돌아올 때 남편도 같이 왔다고 한다. 분당에서 집을 얻어서 사는 데 이 남자가 돈만 안다는 것이다. 낮에는 아버지가 경영하는 영어 학원에 강사를 했다는 것이다. 영어를 잘하여 수강생들이 많았다고 한다. 낮에는 학원에서 학생들에게 스트레스를 받고 밤에는 집에 가서 남편에게 강사료를 적게 받아온다고 스트레스를 받다가 보니까, 체력이 감당을 하지 못한 것이다. 그래서 정신 이상이 오고 영적인 문제가 발생한 것이다.

영적인 문제는 다름이 아니고 자꾸 눈에 악한 영들이 보이고, 밤에는 아예 잠을 자지 못할 정도로 불면증과 악한영의 괴롭힘에 일 년 반을 시달렸다. 그리고 심한 우울증으로 일 년을 고생을 하였다. 이분의 아버지가 나에게 하는 말이 아파트 문을 열고 들어가면 "아빠 여기 귀신이 있어요," 하고 놀라고, 또 "저기도 귀신이 있어요," 하며 놀라고, 자다가도 귀신이 나타났다고 소리를 질렀다는 것이다. 그러면서 저에게 하는 말이 목사님 한번 생각해 보세요. 잘 길러서 미국 유학을 7년이나 다녀와 영어를 그렇게 잘하던 딸이 연속적으로 스트레스를 많이 받다가 그만 스트레스가 쌓여서 저렇게 순간적으로 변해 버리니 아버지의 마음이 찢어집니다. 지난 일 년 반 동안 못 해본 것 없이 다해보았습니다. 목사님 저희 딸을 예수 이름으로 치유하여 종전같이 회복 되도록 도와주세요.

그래서 필자가 이렇게 대답을 했다. 예수님은 못하시는 것이 없습니다. 의지를 가지고 제가 하라는 대로 순종하고 연속적으로 집회에 참석하여 말씀 듣고 불같은 성령을 체험하고 안수기도 받으면 정상으로 회복이 될 것입니다. 하고 안심을 시켰다.

본인의 말로는 무당 옷을 입은 귀신은 밤에 많이 나타나고, 흉측하게 생긴 귀신은 낮에도 아파트 문을 열면 나타나 놀라게 했다는 것이다. 그래서 이곳저곳을 헤매며 돌아다니면서 치유 받으려고 하다가 도저히 해결 받지 못하고 국민일보 광고와 어느 분의 소개를 받고 충만한 교회에 다니면서 치유를 받게 되었다.

치유 안수를 받으면서 악한 영들이 때로는 울면서 떠나가고, 어떤 때는 악을 쓰면서 떠나가고, 어떤 때는 얼굴과 몸이 뒤틀리다가 떠나가고, 그리고 떠나가면서 각각 형상으로 보여주면서 떠나갔다. 그렇게 한 달 정도 치유를 받으니까, 눈에 그렇게 보여서 자매를 놀라게 하고 괴롭히던 악한 영들이 서서히 보이지를 않았다. 영적인 깊은 말씀을 듣는 중에도 하품을 통해서 말도 못하게 떠나갔다. 석 달이 지나서 정상이 되었다. 이제 남편이 문제였다. 자매의 아버지가 필자에게 설득을 하여 이혼을 하게 해달라는 것이다. 그 사람하고 살다가는 또 그와 같은 일이 발생한다는 것이다. 그래서 어머니와 아버지, 내가 설득하여 이혼을 했다. 자매가 나보고 이런다. 목사님! 내 나이 32두 살입니다. 이 나이에 이혼까지 했으니 누가 저를 데려가겠습니까? 상처 때문에 저의 인생이 꼬였습니다. 아니 망가져 버렸습니다. 나는 항상 말한다. 치유되지 않은 상처는 인생을 꼬이게 한다고 말이다. 이 일은 남의 일이 아니다. 알고 대비해야 한다. 상처를 치유 받아야 한다.

이렇게 주변에는 결혼생활을 파탄으로 끌고 간 사례들이 많이 있다. 그래서 연애와 결혼은 신중해야 한다. 내가 지금까지 33년을 결혼생활을 하고 목회하면서 체험한 결론은 하나님은 모든 것을 예비하여 두셨다는 것이다. 그러므로 기도해야 한다. 그래야 하나님이 예비하신 배우자를 만날 수가 있다. 하나님은 절대로 하나님의 자녀를 망하게 하지 않는다. 하나님은 자녀들을 잘 되게 하시는 하나님이시다. 하나님은 우리를 통하여 이 땅에 하나님의 나라를 만들어야 하기 때문에 우리를 잘되게 하신다. 그래서 당신의 배우자도 하나님이 예비하고 계시다는 것이다. 우리가 배우자를 잘 만나서 가정이 살아야 하나님의 나라도 건설할 수가 있다.

그렇기 때문에 하나님은 우리의 배우자도 잘 만나게 하신다. 아직 결혼을 하지 않은 분들은 믿음을 가지기를 바란다. 그리고 기도하기를 바란다. 배우자를 놓고 구체적으로 기도해야 한다. 당신이 기도하는 대로 배우자를 만나게 될 것이다. 절대로 불신앙은 금물이다. 하나님은 우리를 절대로 떠나시지 않는다. 나의 체험으로 볼 때 사람은 다 떠나나 하나님은 나를 떠나지 않으시고 기도에 응답하여 주셨다는 것이다. 하나님은 때로는 꿈으로 감동으로 보증의 역사로 저를 인도하시며 목회를 하고 계신다.

나는 항상 하나님에게 물어본다. 그리고 보증의 역사(환경으로 나타나는 보이는 현상)를 기다린다. 그럴 때마다 하나님은 해결하여 주셨다.

당신도 주님을 찾고 기도하기를 바란다. 절대로 인간적인 방법을 동원하지 말기를 바란다. 겉모습만 보고 판단하지 말기를 바란다. 하나님의 섭리 뜻을 찾고 따라야 한다. 하나님은 우리를 한 걸음 한 걸음 인도하며 하나님의 사람으로 만들어 가신다. 하나님의 사람은 하나님이 만들어 가신다. 그러므로 그분과 영의 통로를 열고 성령의 음성을 듣고 교통하며 따라가기만 하면 하나님이 하신다. 성도는 하나님의 자녀이다. 하나님의 뜻을 알고 하나님이 안내하는 길을 따라가노라면 인생은 성공한다. 그러나 마귀는 성도가 가는 길을 어떻게 해서든지 훼방을 놓는다.

그래서 우리는 성령의 충만함으로 기도해야 한다. 성령이 충만해야 영이신 하나님과 통할 수 있다. "성령님 나의 앞길을 인도 하소서. 저는 성령님만 믿습니다."하고 주님만 바라보고 따라가기를 바란다. 그래서 주님이 예비한 배우자를 만나서 인생을 성공하기를 바란다.

6장 연애와 결혼의 때에 숨은 비밀

(전도서 3:1-9)"범사에 기한이 있고 천하만사가 다 때가 있나니 날 때가 있고 죽을 때가 있으며 심을 때가 있고 심은 것을 뽑을 때가 있으며 죽일 때가 있고 치료할 때가 있으며 헐 때가 있고 세울 때가 있으며 울 때가 있고 웃을 때가 있으며 슬퍼할 때가 있고 춤출 때가 있으며 돌을 던져 버릴 때가 있고 돌을 거둘 때가 있으며 안을 때가 있고 안는 일을 멀리 할 때가 있으며 찾을 때가 있고 잃을 때가 있으며 지킬 때가 있고 버릴 때가 있으며 찢을 때가 있고 꿰맬 때가 있으며 잠잠할 때가 있고 말할 때가 있으며 사랑할 때가 있고 미워할 때가 있으며 전쟁할 때가 있고 평화할 때가 있느니라. 일하는 자가 그의 수고로 말미암아 무슨 이익이 있으랴"

우리가 알아야 할 것은 하나님은 때를 따라 모든 일을 역사하신 다는 것이다. 그래서 연애와 결혼도 때가 있다는 것이다. 연애와 결혼도 하나님의 때를 맞추어야 한다는 것이다. 온대지방에 사는 우리들은 때의 중요성을 잘 안다. 봄에 심고 여름에 가꾸고 가을에 거두고 겨울에 준비한다. 이 온대지방에 사는 사람들은 이때를 놓쳐 버리면 그 해 농사를 망치고 일에 실패한다는 것을 잘 알고 있는 것이다. 이와 같이 하나님께서는 굉장히 때를 강조하신다. 그러므로 연애도 결혼도 때를 맞추어야 한다.

예수님께서 가나의 혼인잔치에 가셨을 때 거기에 포도주가 떨어졌을 때도 그 어머니 마리아가 와서 포도주가 떨어졌다고 말하니깐 "여자여 나와 무슨 상관이 있나이까? 내 때가 아직 이르지 아니하였나이다."라고 말한 것이다. 예수님께선 때가 오지 아니하면 절대로 움직이지 않으신다. 이러므로 성경은 이때를 굉장히 강조하고 있다. 때를 얻지 못하고 사람이 아무리 일을 많이 해도 일한다고 해서 결실이 맺히지 않는 것이다. 겨울에 나가서 아무리 수고를 하고 파종을 해본들 그것이 싹이 날 턱이 없다.

때를 맞추어서 수고해야지 결실을 얻는 것이다. 때를 맞추지 못하고 아무리 수고해봤자 소용이 없는 것이다. 그러므로 하나님께서 우리에게 가르치기를 원하시는 것은 우리는 마치 베데스다의 연못 물가의 행각 밑에서 물이 동하기를 기다린 것처럼, 하나님 앞에 연애와 결혼을 위하여 기도한 사람은 하나님의 때가 오기를 기다리라고 말씀하는 것이다.

그래서 연애와 결혼도 하나님의 때가 있다. 연애와 결혼도 때가 오기도 전에 하나님 앞서서 뛰면 실패하는 것이다. 때를 만나기 위하여 자신을 준비하며 기다려야 한다. 반대로 연애와 결혼의 때가 왔는데도 불구하고 앉아서 기다리기만 한다면 안 된다는 것이다. 우리는 때를 따라야 하는 것이다. 바람 불 때 돛을 달아야 배가 앞으로 나가지 바람도 불지 않는데 아무리 노를 저어봤자 힘만 들고 마는 것이다. 이러므로 하나님은 인생에게 반드시 하나님이 때를 만들어 주기를 원하는 것이다. 우리가 하나님 중심에 서서 결혼을 위하여 간절히 기도하며 준비하고 기다리면 하나님께서는 그때로부터 시작해서 우리를 위하여 때를 만들기 시작하는 것이다.

첫째, 준비할 때가 있다. 본문에 보면 모든 것이 때가 있다고 강조를 한다. 범사에 기한이 있고 천하만사가 다 때가 있다. 날 때가 있고 죽을 때가 있다. 심을 때가 있고 심은 것을 뽑을 때가 있다. 죽일 때가 있고 치료할 때가 있다. 헐 때가 있고 세울 때가 있다. 울 때가 있고 웃을 때가 있다. 슬퍼할 때가 있고 춤출 때가 있다. 돌을 던져 버릴 때가 있고 돌을 거둘 때가 있다. 안을 때가 있고 안는 일을 멀리 할 때가 있다. 찾을 때가 있고 잃을 때가 있다. 지킬 때가 있고 버릴 때가 있다. 찢을 때가 있고 꿰맬 때가 있다. 잠잠할 때가 있고 말할 때가 있다. 사랑할 때가 있고 미워할 때가 있다. 전쟁할 때가 있고 평화할 때가 있다. 그러므로 사람이 때가 되지 않았는데 자기의 힘으로 일한들 자기의 수고로 말미암아 아무 이익이 없다.

필자는 항상 이렇게 이야기를 한다. 자신의 부가가치를 높이면 높인 만큼의 배우자를 만나는 것이다. 부가가치는 영적인 면도 포함이 된다. 그렇기 때문에 지금 배우자를 잘못만나 고생하는 분들은 절대로 남의 탓을 하지 말아야 한다. 그때당시 자신의 수준이 그것밖에 되지 않았기 때문에 그런 사람을 만난 것이다. 그러므로 당신은 영육으로 자신의 부가가치를 높이기를 바란다. 자신을 준비하라는 말이다. 지식적으로도 높여야 한다. 공부도 때가 있는 것이다. 때를 놓치면 인생을 실패한다.

그리고 영적인 눈도 떠야 한다. 말씀과 성령으로 영안을 열어야 한다는 것이다. 배우자는 하나님이 정하여 주는 것이다. 하나님은 영이시다. 그러므로 당신이 성령으로 충만하여 영적인 상태가 되어야 하나님이 예비하신 배우자를 만날 수가 있는 것이다. 결혼에 대한 하나님의 뜻도 알아야 한다. 내적치유도 받아야 한다. 내적치유를 받으면 내면세계에 대하여 알게 된다. 그러면 배우자를 볼 수 있는 눈이 열리게 된다.

내면세계를 안다는 것은 개인에게 굉장한 축복이다. 될 수 있는 대로 하나님에 대하여 많이 아는 것이 좋다. 하나님을 안다는 것은 살아계시는 하나님을 체험하는 것이다. 영적인 지식을 많이 쌓기를 바란다. 영적인 지식은 평생 인생을 살아가면서 쓸 수 있는 재산이다. 영적으로 박식한 사람은 절대로 결혼에 실패하지 않는다. 왜냐하면 영안이 열려서 하나님이 예비한 배우자를 만나기 때문이다. 그러므로 영성을 준비하기를 바란다. 배우자를 볼 때 육의 눈으로 겉 모습만 보지 말고 영안으로 속사람을 보기를 바란다.

그런데 우리가 알아야 할 것은 영은 같은 영끼리 연합을 잘 한다는 것이다. 나에게 사기의 영이 역사하면 나에게 사기를 잘 치는 영을 가진 사람이 잘 찾아온다는 것이다. (딤후3:13)"악한 사람들과 속이는 자들은 더욱 악하여 져서 속이기도하고 속기도 하나니." 내가 혈기가 심하면 혈기가 심한 사람이 잘 붙어서 나에게 혈기로 상처를 받게 한다는 것이다.

그런데 꼭 이렇게 부정적으로만 보면 안 된다. 내가 성령으로 충만하고 말씀으로 영성이 잘 숙성 되어 있으면 성령 충만하고 영성이 깊은 사람이 나에게 접근하고 함께하기를 즐겨한다는 것이다. 그러므로 우리는 나에게 어떤 종류의 사람들이 잘 접근 하는가를 보면 자기 자신에게 역사하는 영을 알 수가 있는 것이다. 실로 영의 세계는 사람의 이론으로 감정으로 눈으로는 알 수도 볼 수도 없다. 그러므로 우리는 성령 하나님의 도우심이 없이는 이 세상을 살아갈 수가 없는 것이다.

그런데 영안이 열려 본다고 하면서 부정적인 면만 보려고 하면 안 된다. 우리가 예수를 마음중심으로 믿고 불같은 성령을 체험하고 심령이 말씀으로 숙성된 영의 사람이 되면 지금까지 말한 부정적인 악한 영들은 다 물러간다. 우리 부정적인 것만 보려고 하지 말기를 바란다. 그 그림자 즉 옛 사람 속에 숨어 있는 하나님의 형상을 볼 줄 아는 눈이 열리기를 바란다. 그래서 하나님은 사무엘상 16장 7절에서 "여호와께서 사무엘에게 이르시되 그의 용모와 키를 보지 말라 내가 이미 그를 버렸노라 내가 보는 것은 사람과 같지 아니하니 사람은 외모를 보거니와 나 여호와는 중심을 보느니라 하시더라."고 하신 말씀을 기억해야 한다. 다윗은 아버지에게는 별 볼일 없는 사람으로 취급을 당했지만 하나님에게는 귀한 존재로 선택받고 훈련받아 하나님의 일을 하면서 복을 받은 사람이 되었지 않는가? 그래서 우리는 겉 사람만 볼 것이 아니고, 그 속사람 안에 계시는 하나님의 형상을 볼 수 있는 영안이 열려야 한다. 그래서 창세기에 나오는 시위대장 보디발의 경우와 같이 그 사람 속에서 역사하는 하나님을 형상을 보는 눈이 열려야 한다. "여호와께서 요셉과 함께 하시므로 그가 형통한 자가 되어 그의 주인 애굽 사람의 집에 있으니 그의 주인이 여호와께서 그와 함께 하심을 보며 또 여호와께서 그의 범사에 형통하게 하심을 보았더라."(창39:2-3). 우리 이런 영안을 열기를 바란다. 그리하여 지금 밖으로 보이는 면에는 여러 가지 문제가 있을 지라도 속사람에게서 역사하는 하나님의 형상을 볼 줄 아는 영의 눈을 열어 가자. 하나님은 이런 눈이 열린 사람을 찾고 계시고 훈련하시어 사용하신다고 나는 믿는다.

그래서 결혼 적령기에 처하기 전에 배우자를 놓고 기도해야 한다. 구체적으로 기도해야 한다. 배우자의 인격을 놓고도 기도해야 한다. 배우자의 믿음을 놓고도 기도해야 한다. 배우자의 학력을 놓고도 기도해야 한다. 배우자의 능력을 놓고도 기도해야 한다. 배우자의 가정을 놓고도 기도해야 한다. 하나님을 두려워하는 자를 만나게 해달라고 기도해야 한다. 형통의 복을 받은 자를 만나게 해달라고 기도해야 한다. 하나님의 마음에 합한 자를 만나게 해달라고 기도해야 한다.

인내력이 있는 자를 만나게 해달라고 기도해야 한다. 하나님을 향한 믿음이 있고 긍정적인 마음을 가진 자를 만나게 해달라고 기도해야 한다. 자신이 바라고 원하는 배우자 상을 마음으로 그리면서 자세하게 구체적으로 바라보면서 기도해야 한다. 좌우지간 하나님이 예비하신 배우자를 만나기 위하여 준비가 필요하다. 그래야 그런 배우자를 만날 수가 있는 것이다. 배우자에 대하여 아무런 꿈이 없으니, 보이는 겉 보습만 보고 판단하여 결혼을 하므로 일생을 고통하며 사는 것이다.

둘째, 연애할 때가 있다. 나의 경험으로 보면 결혼할 시기가 되니 여기서 저기서 소개가 많이 들어왔다는 것이다. 주변에 많은 사람들이 소개를 하는 것이다. 주변에서 나를 아는 여성들이 접근을 했다. 비를 맞고 걸어가면 우산을 받쳐 들고 누구시지요. 하며 접근을 하기도 했다. 사촌 누나가 아는 여성을 만나도록 주선을 하기도 했다. 자신이 소개해준 여성과 결혼하지 않았다고 우리 사모를 은근히 괴롭히기도 했다. 시골에 사는 외숙모에게 좋은 사람 있으면 소개시켜 달라고 이야기도 했다. 그래서 지금 사모도 만났다. 우리 사모 외에도 여러 사람이 주변에 자매들을 소개하려고 했다. 내가 부대 근무를 성실하게 하니 동료들의 부인들이 자기 친구들을 소개하려고 한 것이다. 참으로 많은 사람들이 나를 중매 서려고 관심을 가졌다고 생각한다. 은근 슬쩍 자리를 만들어서 만나도록 주선한 경우도 많이 있다. 결혼한 동료 집에 초청을 하여 가면 영락없이 친구 부인의 여자 친구가 와있었다. 그러나 나는 그 당시 그렇게 여자들이나 만나는 한가한 사람이 되지 못했다. 여러 가지 부대에 일이 많아서 그런 것에까지 관심을 두지 못한 것이 사실이다. 만약에 그때 내가 소개해준 여성들을 다 만나고 다녔더라면 아무것도 되지 않았을 것이라고 생각한다. 아마 바람둥이가 되었을 것이다. 나는 오로지 부대 근무 잘해서 윗사람들에게 잘 보이는 것에만 관심을 가졌다. 그때 당시 나의 생각은 내가 잘되어야 결혼도 잘할 수 있다고 생각을 했다. 좌우지간 지금 생각하면 결혼할 적령기가 되니 여기저기서 소개가 많이 들어왔다고 생각한다. 정말로 많은 소개가 들어왔다. 그 시기가 바로 배우자를 선택할 때라는 것이다. 이때를 놓치면 결혼이 어려워진다는 것이다. 나는 이 시기를 놓치지 않았다. 그래서 당시 결혼 적령기에 결혼을 하게 된 것이다. 정말 나는 하나님에게 감사한다. 그렇게 주변에 여성들이 많이 접근 했어도 절대로 책임지지 못할 일은 하지 않았다는 것이다. 오로지 지금 사모만 자주 만났다. 만나면 무엇인지 몰라도 좋았다.

사모도 좋으니까, 전주에서 서울까지 와서 저를 만난 것이 아니겠는가? 나의 사모의 말이다. 나를 보는 순간 나의 배필이다 절대로 놓치지 말아야 하겠다는 감동이 왔다는 것이다. 그리고 만나면 만날수록 마음이 끌렸다고 한다. 하나님이 정해준 배필이라 달랐나 보다. 나의 사모 역시도 혼기가 되어 여기저기서 중매가 들어와 남자를 만났다는데 한 사람도 눈에 들어오는 사람이 없었다고 한다. 내가 뒤를 돌아보면 남자나 여자나 할 것이 없이 이렇게 결혼 적령기가 되면 소개가 많이 들어온다는 것이다. 이것을 영적으로 해석하자면 하나님이 배우자를 선택하게 하기위해서 그렇게 역사하시는 것이다. 이때를 놓치면 안 된다는 것이다. 그래서 연애도 때가 있는 것이다. 이때를 잘 잡아야 한다. 망설이다가 때를 놓치면 안 된다.

셋째, 결혼할 때가 있다. 요즈음 그리스도인 가정을 영안으로 보기 바란다. 많은 수의 처녀 총각들이 혼기가 되어도 결혼을 하지 못하고 지낸다. 그래서 부모님들의 걱정이 보통이 아니다. 그럼 결혼을 못하는 원인은 무엇인가 한 예를 들어 보겠다.

결혼 문제로 상담을 한 상황의 "예"이다. 어느 60내 여인이 저희 교회에 딸과 같이 내방하여 자녀 결혼 문제를 상담한 사항이다. 자녀가 3명이 있다고 했다. 큰 아들은 34세 라고 했다. 아직 결혼을 하지 못한 상태라고 했다. 함께 온 딸은 둘째인데 33세인데 역시 미혼이라고 했다. 셋째는 아들인데 29살이라고 했다. 이 어머니가 15년 전 남편과 사별을 하고 혼자 자녀들을 기른 것이다. 그러면서 남편이 세상을 뜬 후부터 생계를 책임을 진 것이 아니라는 것이다. 남편이 살아있을 때에도 남편이 병약하여 자신이 생계를 책임졌다는 것이다.

그러면서 하소연하는 말이 이렇다."목사님 다른 친구들은 모두 손자들이 초등학교에 다니는데 자신만 이렇게 셋씩이나 결혼을 못하고 있어서 창피스럽습니다." 그래서 어떻게 오셨는가 물어보았더니 자신의 딸 배우자 문제로 왔다는 것이다.

대화를 하면서 이 어머니의 성격을 파악하니 혈기가 대단한 가부장적인 여인이다. 딸도 똑 같다. 어머니가 하는 모든 것을 보고 자라서 가부장적인 딸이다. 그 어머니에 그 딸 인 셈이다. 계속 이야기를 하는데 자기의 딸이 언제쯤 남자를 만나 결혼할 수 있겠느냐는 것이다. 그러니까 딸이 하는 말이 이렇다. 엄마 나는 지금 당장이라도 결혼 할 수 있다. 왜 자꾸 다른 생각을 가지고 쓸데 없는 걱정을 사서하느냐는 것이다. 그래서 딸에게 물어보았다. 그랬더니 현재 직장생활을 하는 데 남자를 만나 사귀고 있는 상황이라는 것이다. 지금 당장이라도 결혼할 수 있다는 것이다.

그런데 자신의 어머니가 그 남자가 마음에 들지 않는다고 반대한다는 것이다. 그래서 어머니에게 내가 물었다. "왜 그 남자와 결혼을 반대합니까?" 그러니까 하는 말이 "내가 약한 남자를 만나서 평생을 고생을 했습니다. 그런데 남편감이라고 데리고 온 사람이 옛날 저의 남편보다 더 약하게 생겼습니다. 그래서 그 남자는 하늘이 두 쪽이 나도 안 되겠습니다." 그래서 필자가 "아니 사위를 평생 데리고 살 것입니까? 당사자가 좋다고 하는데 그냥 결혼시키면 안 됩니까? 따님 나이도 있는데, 그렇게 하시는 것이 좋겠습니다." 그랬더니 나에게 막 화를 내는 것이다.

내가 그런 소리 들으려고 여기 오지 않았다는 것이다. 하나님이 예비하신 아주 건강하고 실력 있고 조건 좋은 남자가 있으니 기다리라는 소리를 들으려고 왔다는 것이다. 그러니까, 딸이 하는 말이 "엄마 내 나이가 얼마인지 압니까? 서른 하고도 세 살입니다.

어느 남자가 이렇게 나이 많은 나를 데려갈 수 있겠어요." 하는 것이다. "내 나이에 이제 연애도 할 수 없는 나이입니다. 엄마 승인해주세요." 안 된다. 그놈은 절대로 안 된다. 하면서 가자하고 데리고 가는 것이다. 그래서 내가 그 자매 귀에다가 대고 사고를 내버려! 사고를 내! 그렇게 이야기를 했다. 하도 어머니가 하는 말이 답답해서 말이다. 이 자매 말이 맞다. 여자 나이 서른 하고도 세 살인데 언제 남자를 다시 만나 연애를 하여 결혼을 하겠는가? 중매를 한들 정상적인 남자를 만날 수 있겠는가? 자매의 앞날이 심히 걱정이 되었다. 그런데 이야기 하는 중에 또 다른 문제가 있었다. 큰 아들이 시른 하고도 네 살인데 직장도 없이 집에서 논다는 것이다. 그래서 보기가 싫어서 잔소리를 좀 많이 했더니 집을 나가버렸다는 것이다.

일주일이 되었는데 소식이 없다는 것이다. 저보고 죽지는 않았느냐고 물어보는 것이다. 그래서 걱정하지 말라고 했다. 그러면서 "어머니에게 따님이 남자들에 대한 상처가 있겠습니다." 했더니, 막 화를 내면서 내 딸이 왜 남자에 대한 상처가 있느냐는 것이다. 그러니까 딸이 하는 말, "내가 왜 남자에 대한 상처가 없어요. 아버지도 그렇고, 오빠도 저렇게 백수로 지내는데 내가 남자에 대한 상처가 없겠어요." 그러니까 어머니가 아무소리도 못하는 것이다. 내가 그 사람들이 나간다음에 곰곰이 생각을 해보니 문제가 보통문제가 아니다.

문제를 하나하나 생각하여 보겠다. 현재 어머니는 남편의 나약함으로 인한 고생으로 상처가 남아있다. 그래서 딸을 좀 강하고 담대하고 남자답게 생활능력도 있게 생긴 남자에게 시집을 보내고 싶은 마음이 강한 것이다. 반면 딸은 남자들이 무능하여 여자가 고생하는 것을 보고 시집을 가지 않으려다가 보니까. 33세까지 세월이 지나가다가 보니 어머니의 성화도 있고, 자신도 남자를 만나서 시집을 가기는 가야겠는데, 어머니가 생각하는 강한 남자에게 가면 어머니 같이 자신이 마음대로 남자를 대할 수 없으니 생활능력도 있는 반면 나약한 남자를 선택한 것이다. 그러나 만약 어머니의 생각대로 강한 남자를 만나면 이 가정은 불화가 잦고 혼란스러울 것이다. 왜냐하면 딸은 자라면서 어머니가 아버지를 좌지우지 하는 것을 보고 배워왔기 때문이다.

딸과 어머니의 견해차가 너무나 크다. 딸이 결혼하기가 심히 어려운 상태이다. 고로 서로 생각 조정을 하여 맞추어야한다. 어머니가 사위를 데리고 살수는 없다. 딸의 나이도 있으니 욕심을 부리지 말고 딸에게 선택권을 주어야 딸이 결혼할 수가 있다. 그렇지 않고 지금같이 고집을 피우면 딸이 정상적으로 결혼하기가 심히 어려운 상황이다. 그래서 부모의 영향으로 자녀들이 연애도 못하고 결혼 적령기를 넘기는 경우가 많이 있다. 결혼은 부모의 조언을 받아 본인이 결정하게 해야 한다. 그래야 나중에 부모에게 원망하지 않는다.

이제 아들들이 문제이다. 어머니가 가부장적이니 아들들이 남자답게 자라지를 못한 것은 불을 보듯이 훤한 사실이다. 34살인 큰 아들이 현재 놀고 있다. 그래서 어머니는 아들들이 잘못되었을 때 자신 같이 가정을 이끌어갈 수 있는 가부장적인 며느리를 찾는 데, 그렇게 쉽겠는가? 결코 어머니의 생각과 같이 되지 않을 것이다.

아들들에게 발생할 수 있는 문제이다. 여자가 강하니까, 아버지가 어머니에게 꽉 쥐어 살았는데 어머니 같은 사람하고 결혼하려고 하겠는가? 또 은연중에 가정의 경제를 어머니가 꾸려 나가는 것을 보고자라서 자신들이 열심히 하지 않아도 여자가 다 알아서 하니, 가장으로 생활 능력에 지장을 초래할 수도 있다. 그래서 아들이 34살이 되어도 직장을 잡지 못하고 집에서 노는 것이다.

이분의 아들이 결혼을 하여도 결혼생활도 순탄하지 못할 수도 있다. 이들에게 시집오는 여자는 각오를 하고 와야 된다. 당신도 한번 잘 생각해보기를 바란다. 내가 한말이 틀린 말인가 말이다. 이 집안의 자녀 결혼 문제는 전부 어머니의 상처로 온 것이다. 어머니의 영향으로 자녀들을 전부 결혼 적령기를 넘게 한 것이다. 고로 어머니도 양보를 하여, 다른 눈으로 남녀를 바라보아야 한다. 자녀들 역시 바른 의견을 어머니에게 이야기해서 풀어야 가능하다. 한마디로 과거에 뭉쳐진 상처들을 치유해야한다.

이와 같이 상처는 인생에 많은 영향을 미치는 것이다. 이 가정의 자녀들은 어머니가 변하지 않는 한 절대로 결혼을 할 수가 없다. 이렇게 결혼도 때가 있는 것이다. 때가 지나니 결혼을 하고 싶어도 하지를 못하는 것이다. 딸이 하는 말과 같이 내 나이 삼십하고도 세 살인데 지금 누구를 만나서 사귀며 데이트를 하며 연애를 할 수가 있느냐고 하는 말이 맞다. 나도 그 때 과감하게 결정하고 결혼을 했으니까, 결혼 적령기에 결혼할 수가 있었다. 만약에 이것저것 다 따져보고 나와 100% 맞는 사람을 찾았더라면 노총각이 되었을 것이다. 그래서 결혼은 상대가 예수를 믿고 50%만 맞으면 하는 것이 맞다. 나머지는 살아가면서 맞추어가는 것이다. 우리가 수영을 배울 때 물 밖에서 완전하게 배우고 물속에 들어가는 사람은 없다. 물속에 들어가서 수영을 배워가는 것이다. 결혼도 마찬가지로 완벽하게 준비해서 하려면 머리가 백발이 되어도 못할 것이다. 결혼하여 부족한 것을 보완하여 가는 것이다. 그러므로 결혼의 때를 맞추는 것이 무엇보다도 중요한다. 세상말로 결혼 시기도 금값인 시기가 있다는 것이다. 이 금값인 결혼에 좋은 시기를 놓치면 헐값이 된다는 것이다. 기회는 항상 찾아오는 것이 아니다. 망설이지 말고 너무 따져보지 말고 적당한 사람이 나타나면 결혼을 하는 것이다. 자기 마음에 100% 맞는 사람이 나올때까지 기다리다가는 적령기를 놓치기 십상이다.

넷째, 가정을 이룰 때가 있다. 우리는 이세를 생각하지 않을 수가 없다. 결혼은 무엇인가? 생육하고 번성하기 위하여 결혼하는 것도 포함이 된다. 다른 친구들은 모두 학부형인데 지금 결혼한다고 생각을 해보기를 바란다. 참으로 걱정이 되는 것이다. 내가 결혼하여 첫 아이를 잃고, 둘째가 임신이 되지를 않아서 사모가 마음고생을 많이 했다. 그러다가 삼년이 지난 다음에 둘째를 낳았다. 그래서 필자의 부부는 다른 사람들보다 오년이 늦다. 다른 친구들은 지금 모두 손자를 보았는데 우리 아이들은 아직 결혼 적령기가 되지 않았다. 이를 보아도 가정을 이룰 때가 있는 것이다. 요즈음은 교육문제로 얼마나 물질이 많이 들어가는가? 한 살이라도 젊어서 자녀들의 학비를 조달하는 편이 훨씬 쉽다. 그래서 때라는 것이 중요한 것이다. 이 글을 읽는 당신도 다른 사람에게 하는 말로 읽지 말고 자신에게 하는 말로 읽어서 미리 준비하기를 바란다. 요즈음은 정년도 빨라서 사십대면 직장을 은퇴한다고 한다. 나도 사십대 초에 군대에서 명퇴하고 나왔다. 하나님의 은혜가 아니었더라면 아이들 교육 때문에 많은 애로를 느꼈을 것이다. 그래서 성경 고린도후서 6장 2절에"이르시되 내가 은혜 베풀 때에 너에게 듣고 구원의 날에 너를 도왔다 하셨으니 보라 지금은 은혜 받을 만한 때요 보라 지금은 구원의 날이로다." 말씀도 있는 것이다. 우리 하나님의 때를 놓치지 말자. 그래서 성경에서 때를 강조하는 것이다.

우리나라 속담에 행차 후 나팔이란 말도 있고, 사후 약방문이란 말이 있다. 이것은 모두다 때를 놓친 자의 비극에 대한 이야기인 것이다. 어떤 사람이 귀한 손님을 위해서 나팔을 불라고 나팔수 준비를 시켰다. 그런데 나팔수가 준비가 늦어서 이미 손님이 행차 해버리고 난 다음에 나팔수가 도착을 했다. 그래서 텅 빈 공간을 향하여 나팔을 불어봤자 무슨 소용이 있겠는가? 손님이 도착할 때 나팔을 불어야 효과가 나는 것이다.

아무리 사람의 병을 잘 치료하는 명의가 좋은 약을 가지고 있을 지라도 사람이 죽고 난 다음에 약을 가지고 방문 해봤자 무슨 소용이 있는가? 살아있을 때 약방문을 써야한다. 이러므로 우리의 선배들은 그런 지혜가 있었다. 그러므로 행차 후 나팔 불지 말고, 사후에 약방문 쓰지 말고, 때가 왔을 때, 그때를 포착하라는 것이다. 예수를 믿고 하나님께 기도하는 사람은 하나님께서 우리와 같이 하셔서 때를 포착하게 만들어 주시는 것이다. 이것이 믿는 자의 위대한 승리이다. 하나님의 성령이 함께 계셔서 우리의 마음을 붙잡아서 때를 얻게 만들어 주는 것이다. 결혼을 위하여 기도하고 준비하면 하나님이 예비한 배우자를 만나게 한다. 우리는 그 하나님의 때를 포착해야 한다.

결혼은 인생에 있어서 가장 큰 행사 중에 하나라, 옛날 부터 '일륜지대사(日倫之大事)' 라고 말한다. 세상에 태어난 남녀 누구나 한 번은 해야 하는 큰일인 것이다. 그래서 요즈음은 다른 나라에서 부인을 데리고 와서 결혼을 하는 사람들도 있다. 아마 얼마 지나지 않으면 우리나라도 다문화 시대가 올 것이다. 청년들이여 결혼을 위하여 기도하고 미리 준비하기를 바란다. 그리하여 하나님의 때인 적령기에 결혼을 하기를 바란다. 남녀가 만나 결혼하는 것은 하나님의 뜻이다. 그리고 무엇이든지 때가 있다는 것을 알기를 바란다.

7장 배우자를 선택하는 영적비밀

(잠31:10-12)"누가 현숙한 여인을 찾아 얻겠느냐 그의 값은 진주보다 더 하니라. 그런 자의 남편의 마음은 그를 믿나니 산업이 핍절하지 아니하겠으며 그런 자는 살아 있는 동안에 그의 남편에게 선을 행하고 악을 행하지 아니하느니라"

하나님은 우리 청년들에게 배우자를 영안을 열어 바르게 선택하라고 하신다. 우리가 배우자를 선택하려면 하나님이 찾는 택한 사람을 만나야 한다. 하나님이 찾으시는 사람이 있다. 하나님은 불신자 중에서도 하나님의 마음에 합한 사람을 찾는다. 하나님은 과연 어떤 사람을 찾고 계실까? 우리가 하나님의 마음을 알려면 성령으로 충만해야 한다.

그러므로 우리가 배우자를 선택할 때도 성령으로 충만한 상태에서 배우자를 선택해야 한다. 그래야 하나님의 눈으로 사람을 볼 수가 있는 것이다. 무엇보다도 영안이 열려야 한다. 영안이라고 하면 먼저는 자신의 영적인 상태를 바르게 보는 사람이다. 그리고 성경 말씀의 비밀을 깨닫는 사람이다.

다른 사람을 볼 때 하나님의 마음으로 보는 사람이 영안이 열린 사람이다. 이렇게 영안이 열리려면 먼저 성령을 체험해야 한다. 그리고 자신의 무의식의 상처를 치유해야 한다. 또 자신이 추구하는 인간적인 욕심을 버려야 한다. 여기에는 자신이 지금까지 배우고 터득한 세상적인 지식, 즉 자아도 포함이 된다. 이 모든 것을 주님에게 내려놓을 때 진정으로 주님이 세상을 바라보는 눈으로 변하는 것이다.

우리 모두 이 영의 눈이 열리기를 바란다. 많은 사람들이 그런다. 그 당시 내 눈에 안개가 끼어서 잘 못 보았다고 후회한다. 우리는 이런 분들과 같이 후회하지 않아야 한다. 내가 지금까지 부부들의 문제를 치유해오면서 체험적으로 느낀 것은 연애와 결혼이 한번 꼬이면 연속적으로 꼬인다는 것이다. 그래서 자신의 영적인 수준을 올려야 한다. 영적인 수준을 올리는 것은 말씀 묵상과 깊은 영의기도, 그리고 심령의 치유가 포함이 된다. 그래야 바르게 보고 판단하여 후회 없는 인생을 살게 되는 것이다.

첫째, 인생의 사명을 바르게 아는 자. 우리의 인생의 사명을 분명히 알아야만 하는 것이다. 그냥 바람 같이 왔다가 안개처럼 사라지는 그런 인생을 살아서는 안 된다. 무슨 이유로 내가 이 땅에 사는지 아무 이유도 목적도 가치도 없이 살아서는 안 된다. 성공적인 인생을 살기 위해서는 사명을 분명히 해야 한다. 어떠한 큰 성당을 짓는 공사장에서 돌을 다듬는 세 사람의 석공 이야기가 있다. 길을 가던 한 신부가 그 석공을 향해서 물었다.

첫째 석공에게 '지금 당신 무엇을 하고 있소' 그러니깐 '보시면 몰라요. 돌을 다듬고 있지 않아요.' '그래요?'

둘째 석공에서 물었다. '지금 무엇을 하고 있소' '목구멍이 포

도청이라 먹고살려고 이 고생을 한답니다.'

셋째 석공에게 물었다. '무엇을 하고 있소' '예! 저는 장엄하고 아름다운 새 성당을 짓고 있습니다. 얼마나 영광스러운 성당이 되겠는가?' 당신은 이 세 석공 중에 누가 가장 삶을 가치 있게 살았으며 성공적으로 일을 했다고 생각하는가? 첫째 사람도 아니요, 둘째 사람도 아니요, 셋째인 자기의 사명을 깨달은 사람이다. 자기의 사명은 장엄하고 아름답고 훌륭한 성당을 짓는 다는 것이 자기의 사명이다. 그냥 일만 하는 것이 아니고 먹고 살기 위해서만 하는 것이 아니다. 이 이야기는 비록 하찮은 일이라도 미래의 비전을 가지고 자신의 사명에 충실한 사람이 행복하고 성공적이라는 사명의 중요성을 깨닫게 해 주고 있는 것이다.

우리의 삶에 사명이 무엇인가? 분명하고 간단한 문장으로 기록할 수 있는가? 가장에게 물어 보겠다. 당신의 사명이 무엇인가? 왜? 애를 쓰고 일하고 있는가? "그냥 살자니깐 애를 쓰고 힘을 쓰고 일을 하지요." 그렇게 대답하는 가장이 있을 것이고, "또 어떤 가장은 가족을 먹여 살리자니 피땀을 흘리고 고생을 하지요." 그런 가장도 있을 것이다. 그러나 다른 가장은 "나는 우리의 처자를 행복하고 꿈을 가지고 성공적인 인생을 살기 위해서 내가 도와주고 있습니다." 이 세 가장 중에 마지막 이 말을 할 수 있는 사람은 자기의 진정한 인생의 사명을 발견한 사람이다. 이 사람은 지치지 않고 피곤치 않고 자기 일에 큰 행복과 즐거움을 느끼게 될 것이다. 그는 사명을 가진 사람이다. "또 어떤 주부에게 당신은 무엇을 하고 있습니까? 하니깐,"

"모르겠어요. 매일 같이 자고 깨고 일만 하고 있습니다. 또 그렇지 않으면 나는 뼈 빠지게 고생을 한답니다. 남편 돌보랴, 애 기르랴 집안 청소하랴 빨래하랴, 매일 같이 같은 일만 반복하니 몸서리가 쳐집니다." 그렇게 말하는 주부도 있을 것이다. 그러나 어떤 주부는 "나는요, 우리 남편을 도와주고, 자식들을 도와서, 꿈을 가지고 희망차고 행복하고 성공적인 인생을 살게 하기 위해서 그들을 도와주고 있습니다." 이 얼마나 멋있고 사명 있는 선언인 것인가? 이 주부는 어떠한 역경을 당하고 어려움을 당해도 낙심하지 않고 나아갈 것이다.

왜? 자기 사명을 알기 때문이다. 나는 남편을 도와 꿈을 가지고 행복하고 성공적인 인생을 살기 위해서 도와주는 사람이다. 나는 필요한 사람이다. 그러므로 그는 행복해 질 수가 있는 것이다. 성공한 사람들은 사명을 가진 사람들인 것이다. 왜? 무엇을 위해서 사는가? 거기에 대한 분명한 사명이 있었다.

미국 16대 대통령 링컨은 무엇 때문에 삽니까? 물었다면 "나는 노예 해방을 하기 위해서 대통령을 하고 삽니다." 분명한 사명이 있는 대통령이었다. 가난한 농부의 아들로 태어나 학교 교육은 거의 받지 못하고 독학을 했다. 어려서부터 허기진 노예들을 사고팔며 동물처럼 학대받는 것을 보고 너무나 마음이 아팠다. 대통령이 되자 노예문제로 남북이 대립한 국가적인 위기를 구하고 노예 제도를 없애려고 1862년 해방 선언을 하고 4년간

남북 전쟁을 거쳐 승리하고 노예를 해방했던 것이다. 노예 해방의 아버지였다. 그래서 그는 지금까지 전 세계적으로 추앙을 받고 있는 것은 그는 사명을 아는 사람이었다. "무엇 때문에 대통령이 되었습니까?" "나는 노예 해방을 위해서 대통령이 되었습니다."

미국의 유명한 강철 왕 카네기는 "무엇 때문에 당신은 거대한 강철 회사를 세웠습니까?" 하고 묻는 다면 "그는 말하기를 노동자들이 저금하며 살 수 있도록 하기 위해서 나는 사업을 합니다." 그렇게 말했을 것이다. 돈 벌기 위해서 사업한다는 말을 하지는 않았다. 어릴 때 교육도 못 받고 갖은 고생을 한 그는 먼저 남을 위해 베풀려고 애를 썼다. 많은 사람에게 직업을 주고 사원들마다 예금 통장을 갖게 하는 것이 소원이었고 철강업으로 번 돈을 하나님과 사회를 위해서 썼다. 그는 사명을 가진 사람으로 그 인생을 성공할 수가 있었다.

자동차 왕 헨리 포드는 "왜 당신은 자동차를 만듭니까?" 물었다면 그는 이렇게 대답을 할 것이다. "모든 사람의 발에 바퀴를 달아주기 위한 것입니다."

16살 때 견습공으로 일하다가 가솔린 기관 자동차를 제작을 하는데 성공을 했다. 가장 최고의 임금으로 가장 저렴한 제품을 생산하여 모든 사람들에게 자동차를 사서 그것을 타고 다닐 수 있게 하겠다는 것이 그의 사명에 있었다. 그래서 그는 싼 자동차를 만들어 모든 미국의 사람들이 자동차를 타도록 만들어 주는 것이다.

우리나라의 독립투사들에게 물어 보자. "당신은 무엇 때문에 인생을 삽니까?" "조국의 자유와 독립을 위하여 삽니다." 분명한 사명이 있다. 김구, 안창호, 안중근, 윤봉길, 유관순 이 모든 사람들은 사명을 가진 사람들이었다. 안중근 선생은 손가락을 끊어 피를 흘려 맹세를 했고 유언하기를 천국 가서도 대한민국 독립을 위해서 일할 것이라고 말했을 것이다.

성경에 기록한 위대한 선지자들도 모두다 사명을 가진 사람들이었다. 모세를 보고 당신 무엇 합니까? 라고 물었는데 "이스라엘의 해방을 위해서 나는 인생을 삽니다."라고 말할 것이다. 여호수아를 보고 물어 보자. "당신은 무엇 때문에 삽니다." "가나안 땅으로 이 백성을 인도하여 드리기 위해서 삽니다." 예수님께 물어 보자. "예수님, 예수님의 사명은 무엇입니까?" "나는 인류를 구원하기 위해서 세상에 왔다."

마가복음 10장 45절에 "인자가 온 것은 섬김을 받으려 함이 아니라 도리어 섬기려 하고 자기 목숨을 많은 사람의 대속물로 주려 함이니라"고 말씀하신 것이다. 예수님의 사도들에게 물어 보자. "당신은 왜 삽니까?" "예수님의 사도들은 온 천하만국에 복음을 전하기 위해서 산다고 말할 것입니다." 옛날에 지불생 무명지초란 말이 있다. 그것은 땅은 이름 없는 쓸모없는 풀을 내지 않았다는 말이다. 이 말처럼 이 세상에 태어나는 인생은 사명 없이 태어난 사람은 한 사람도 없다. 모두 다 크고 작은 사명을 가지고 태어나는 것이다.

그러므로 우리가 인생을 성공적으로 살기 위해서는 이 사명을 분명히 알아야 한다. 반드시 위대하고 장엄한 사명만 가진 것이 아니다. 조그마한 사명이라도 주부로써 남편으로써 직공으로써 혹은 사업가로써 자기의 사명을 한 줄로 분명하게 기록할 수 있도록 그런 사명이 마음속에 있어야한다. 그래야 그 사람은 인생을 가치 있게 살고 행복하게 살고 성공적으로 살 수 있다.

사명이 없이 그저 바람 부는 대로 물결치는 대로 할 수 없이 사는 사람은 결코 인생을 성공하고 살수가 없는 것이다. 하나님께서는 모든 사람에게 사명을 주셨다. 각 사람에게 나누어주신 믿음의 분량대로 지혜롭게 생각을 하라고 로마서 12장 3절은 말했다. 믿음대로 나눠준 믿음이라는 것은 바로 인생의 사명을 말한다. 모든 사람에게 하나님은 분량대로 사명을 주셨다.

우리는 그 사명을 깨닫고 인생을 살아야 한다. "하나님 나는 무엇 때문에 태어나서 삽니까?" "나의 인생의 사명은 무엇입니까?" 이 사명을 간단히 명료하게 당신의 마음속에 기록해 놓고 실천하는 것도 좋다.

둘째, 구체적인 비전(꿈)을 가진자. 성공적인 인생을 살기 위해서는 구체적인 소망(꿈)을 가져야만 한다. 사명이 삶의 의미를 말한다면 비전은 그것을 실현하는 것이다. 선진국들은 대개 위도상 북쪽 추운 지방 자본과 조건과 환경이 아주 어려운 곳에 있는 사람들이 선진국이 되었다. 저 위도 상 남쪽에 날이 덥고 자연 자원이 풍부하고 삶이 어렵지 않은 곳에 선진국이 된 나라가 별로 없다. 왜 그럴까? 춥고 척박하고 고통스러운 곳에 사는 사람들은 어찌 하든지 먹고살기 위해서는 성공해야 되겠다는 비전을 가지고 있다. 돈을 벌고 춥지 않은 집을 짓고 따뜻한 옷을 입고 살겠다는 분명한 비전을 가졌기 때문에 맹렬하게 노력을 했다. 그러므로 위도 상 북쪽에 있는 사람은 그 나라들은 대게 선진국이 되어 잘 산다.

그러나 남쪽에 있는 사람들은 그렇게 맹렬하게 노력을 안 해도 자연의 혜택을 통해서 편안하게 잘 살 수 있기 때문에 잘 살겠다는 그러한 비전을 갖고 있지 않다. 좋은 집을 짓고 튼튼한 집을 짓고 좋은 옷을 입고 좋은 신발을 신고 살아야겠다는 비전이 없기 때문에 노력을 하지 않는 것이다. 우리 한국에 자랑하는 일본 제일교포 3세 손정의씨를 보면 그는 소프트뱅크 사장으로써 일본에서 거대한 재벌이 되었다. 그는 자랄 때에 일본 아이들에게 한국 애라는 놀림을 받았고 가난과 설움으로 얼룩졌다. 그러나 할 수 있다는 신념을 가지고 미국 유학을 가서 학생 때에 타국어 번역기를 발명해 백만 달러를 벌었다. 일본에 돌아와 소프트뱅크 사를 설립해서 10년 만에 세계에 거대 기업으로 성장해서 94년 주식을 공개할 때에 2천억 엔이 되었다. 빌게이트가 780억 불인데 그는 700억불이다. 그에게 성공 비결을 물으니까 나는 비전과 자신감을 가졌기 때문에 성공했다고 말했다. 우리가 비전을 갖지 아니하면 결코 성공하지 못한다. 성경에는 비전이 없는 민족은 망한다고 말했다. 그러므로 우리가 배우자를 선택할 때 확고한 비전이 있는지를 확인해야 한다. 인생의 비전이 없으면 인생은 방황한다.

목표가 있어야 바로보고 갈수가 있는 것이다. 비전이 없는 남자가 어떻게 가장이 될 수가 있겠는가? 그 사람의 인생은 환하게 보이는 것이다. 여자도 마찬가지이다. 비전이 없는 여성이 어떻게 한 가정의 주보로서의 삶을 살수가 있겠는가? 우리가 구체적인 비전을 가지기 위해서는 당신의 삶에 현재 분명한 목표를 설정하고 살아야 한다는 것이다. 목표가 없으면 모든 것은 백일몽에 불가한 것이다.

빌립보서 3장 14절에 "푯대를 향하여 그리스도 예수 안에서 하나님이 위에서 부르신 부름의 상을 위하여 달려가노라"고 말했다. 바울 선생의 복음 사역도 분명한 푯대를 정해 놓고 그를 향하여 전력을 기울인 것이다. 그러므로 목표를 분명히 세우고 그 목표를 이룰 계획을 세워야 된다. 계획을 세워야 노력과 시간과 물질을 집중하여 전력투구할 수 있는 것이다. 그리고 그 목표를 계획을 세워서 그것을 기록하여 눈앞에 항상 두어야 되는 것이다. 언제나 눈앞에 두어서 자나 깨나 그것이 이루어지는 모습을 바라보아야 되는 것이다. 성취된 모습을 늘 바라본다는 것은 굉장히 중요한다. 우리가 항상 우리 마음속에 목표가 이루어진 모습을 상상하고 비전을 가지는 것은 대단히 중요한 것이다. 배우자가 비전이 없으면 안 된다. 그 가정은 얼마가지 않아서 침몰할 수도 있다. 뚜렷한 목표를 가지고 하나님만 바라보고 달려가는 자를 배우자로 선택해야 한다.

셋째, 뜨거운 소원과 기도를 하는 자. 우리가 배우자를 선택할 때 뜨거운 소원을 가지고 기도하는 자를 선택해야 한다. 뜨거운 소원이 없는 사람이 가장이 되면 식구들이 고생을 한다. 가장은 뜨거운 소원과 기도가 있어야 되는 것이다. 바라봄의 법칙이 소원을 뜨겁게 한다."나는 아무 소원이 없어요." 그것은 비전이 없기 때문에 그렇다. 내가 비전을 그리고 그것을 늘 바라보고 있으면 그 비전이 이루어지기를 간절히 소원하게 되는 것이다. 믿음은 바라는 것들의 실상이기 때문에 그 간절한 소원이 생기면 믿음이 생기는 것이다.

나는 우리가정을 세상에서 제일 행복한 가정을 이루겠다는 뜨거운 소원을 가지고 기도해야 이루어지는 것이다. 나는 우리의 가정 식구들을 세상에서 제일 행복한 사람들이 되도록 하겠다는 뜨거운 소원을 가진 사람이 가장이 되어야 하는 것이다. 여성도 나는 어떠한 일이 있더라도 우리 가정을 행복한 가정을 만들겠다는 뜨거운 소원이 있어야 주부로서의 사명을 감당할 수가 있는 것이다. 그러나 인생 되는 대로 살면 되지 하는 나약한 마음을 가지고 있는 사람하고는 결혼하면 안 된다.

아브라함도 나이 100세가 되고 사라의 나이 90세가 되었을 때에 그를 이끌어 밖으로 나가 가라사대 하늘을 우러러 별을 셀 수 있나 보라. 또 그에게 이루시되 네 자손이 이와 같으리라고 말한 것이다. 아브라함이 이제는 자기 몸의 죽음 같음과 사라의 태의 죽음 같음을 알고 자식을 가지겠다는 조금의 소원도 가질 수 없을 때에 하나님께서 비전을 보여 주셨다.

무수한 별들을 보여주시고 네 자손들이 저와 같을 것이라는 비전을 꾸게 해 주셨다. 그는 매일 밤마다 별을 볼 때마다 저와 같을 것이라는 비전을 갖자 마음의 소원이 일어났다. 믿음이 생겨났다. 하나님이 믿음을 통해서 그들 청춘을 새롭게 하여 이삭이라는 아름다운 아들을 낳을 수가 있었다.

빌립보서 2장 13절에 "너희 안에서 행하시는 이는 하나님이시니 자기의 기쁘신 뜻을 위하여 너희에게 소원을 두고 행하게 하시나니"라고 말한 것이다. 마음속에 뜨거운 소원이 있어야 우리가 비전을 가질 수가 있고 믿음을 가질 수가 있는 것이다. 바라봄의 법칙을 사용하라. 그러면 마음에 뜨거운 소원이 생기는 것이다. 그렇게 되면 우리가 기도를 하게 되는가. 어떤 사람이 최근에 말하기를 기도는 골방에서 하라고 했지 어디 교회에서 대중들 앞에서 기도하라고 했냐고 그렇게 말하는 것을 내가 들었다. 도대체 그 사람은 기도가 뭔지 전혀 모르는 사람이다. 예수님께서 골방에 들어가서 기도하라는 것은 의미가 다르다.

그러면 골방 없는 사람은 기도 못하지 않겠는가. 요사이 집에 골방이 어디에 있는가? 골방이 없으면 기도 못하는 것 아닌가. 골방이라는 것은 다른 사람에게 관심 기울이지 말고, 다른 사람 들으라고 하지 말고, 나와 하나님과 연결을 해서 마음속에 계신 하나님에게 기도하라는 그 말인 것이다. 마음의 골방을 의미하지 기도를 다른 사람 들으라고 하지 말고, 하나님께만 말하고 들으라는 의미를 말하는 것이다.

마음 깊은 곳에 영 안에 계신 하나님에게 기도를 하라는 것이다. 진짜로 집에 골방을 만들어 놓고 기도하라는 것은 아닌 것이다. 그리고 또 어떤 사람이 말하기를 기도는 조용히 하지 뭘 부르짖느냐고 한다. 간구하는 기도는 부르짖는 기도이다.

예레미야서 33장 3절에 "너는 내게 부르짖으라 내가 네게 응답하겠고 네가 알지 못하는 크고 은밀한 일을 네게 보이리라"고 했다. 주여! 주여! 주여! 그것이 부르짖는 기도인 것이다. 내 안에 계신 예수님을 부르면서 하는 기도가 부르짖는 기도이다.

시편 145편 19절에 "그는 자기를 경외하는 자들의 소원을 이루시며 또 그들의 부르짖음을 들으사 구원하시리로다" 부르짖음을 듣겠다고 했다. 그러므로 마음에 확신과 평안이 올 때까지 주님께 부르짖어 영으로 기도를 드려야 되는 것이다. 우리가 사명이 있는 사람이고 마음에 비전을 가졌으면 뜨거운 소원을 가지고 그것이 이루어지도록 부르짖어 영으로 기도해야 되는 것이다.

빌립보서 4장 6절로 7절에 "아무 것도 염려하지 말고 다만 모든 일에 기도와 간구로, 너희 구할 것을 감사함으로 하나님께 아뢰라 그리하면 모든 지각에 뛰어난 하나님의 평강이 그리스도 예수 안에서 너희 마음과 생각을 지키시리라" 그리스도의 평강이 우리의 마음속에 임하여서 우리 마음이 편안해질 때까지 우린 부르짖어 기도해야 되는 것이다. 그럴 때에 하나님은 "네 믿음대로 될지어다." 라고 말씀하는 것이다. 우리는 배우자를 선택할 때 하나님에게 기도하며 이루어진다는 뜨거운 소원을 가지고 기도할 줄 아는 배우자를 만나야 한다.

넷째, 믿고 인내할 줄 아는 자. 모든 일이 눈앞에서 순식간에 이루어지지 않는다고 불평하고 원망하고 뒤로 물러가면 안 된다. 이런 사람은 가장으로서 자격이 부족한 사람이다. 부부는 긍정적인 생각을 가지고 끊임없이 인내해야 하는 것이다. 눈에는 아무 증거 안보이고 귀에는 아무 소리 안 들리고 손에는 잡히는 것 없어도 믿었으면 하나님이 반드시 역사해 주실 것을 알고 희망을 가지고 긍정적인 생각과 말을 해야 되는 것이다. 할 수 있다. 하면 된다. 그러나 반대로 안 된다. 못한다. 절망이라는 말은 하지 말아야 하는 것이다. 부부가 한 팀이 되어서 아무리 어려워도 하나님이 함께 하시니 이루어진다는 믿음을 가지고 하나님을 바라보고 앞으로 가야 한다. 그런 가정은 종국에는 성공하는 가정이 될 수 있다. 인생은 살다가 보면 여러 가지 생각지도 못한 일들이 일어난다. 이때 인내할 줄 알아야 한다. 그래서 성경은 이렇게 말한다. "다만 이뿐 아니라 우리가 환난 중에도 즐거워하나니 이는 환난은 인내를, 인내는 연단을, 연단은 소망을 이루는 줄 앎이로

다."(롬5:3-4).

인내할 때 소망과 꿈을 이루는 것이다. 우리가 생각하는 것이나 구하는 것에 더 넘치도록 능히 하는 하나님이 우리 가운데 역사하고 계신 것이다. 기적이 일어 날 것을 항상 기대해야 한다. 그러면서 하나님을 찾아야 한다. 하나님은 찾는 자의 기도를 응답하여 주신다. 그러므로 자신의 배우자는 하나님이 함께 하신다는 믿음이 있어야 한다.

히브리서 11장 6절에 "믿음이 없이는 하나님을 기쁘시게 하지 못하나니 하나님께 나아가는 자는 반드시 그가 계신 것과 또한 그가 자기를 찾는 자들에게 상 주시는 이심을 믿어야 할지니라"고 말한 것이다.

하나님을 찾는 자는 하나님이 상을 주신다. 빈 손들고 돌아가지 않게 해 주는 것이다. "내게 능력 주시는 자 안에서 내가 모든 것을 할 수 있느니라"(빌4:13). 그렇기 때문에 못 한다. 안 된다. 좌절이다. 절망이라는 말은 하지 말아야 하는 것이다. 우리가 일단 기도하고 믿었으면 어떠한 환경이 다가올지라도 이미 응답 받은 줄 알고 믿고 나아가야 하는 것이다. "그러므로 내가 너희에게 말하노니 무엇이든지 기도하고 구하는 것은 받은 줄로 믿으라 그리하면 너희에게 그대로 되리라"(막11:24). 이미 내 마음속에 받은 줄 믿고 그리고 감사하고 찬미하고 나아가야 한다. 없는 것을 있는 것같이 생각하고 보고 말할 수가 있어야 한다. "기록된 바 내가 너를 많은 민족의 조상으로 세웠다 하심과 같으니 그가 믿은바 하나님은 죽은 자를 살리시며 없는 것을 있는 것으로 부르시는 이시니라"(롬4:17). 없는 것을 이미 있는 것 같이 생각하고 말하고 행동해야 될 것이다. 그리고는 우리가 오래 참을 줄 알아야 한다. 하나님께서 우리가운데 역사하실 때에 순식간에 하시는 일도 있지만은 시간이 걸려서 하시는 일도 있다. "보라 인내하는 자를 우리가 복되다 하나니 너희가 욥의 인내를 들었고 주께서 주신 결말을 보았거니와 주는 가장 자비하시고 긍휼히 여기시는 이시니라"(약5:11).

이러므로 끝까지 참아야 한다. 욥이 그 말로 다 할 수 없는 고통과 괴로움을 겪었음에도 불구하고, 그는 하나님의 선하심과 인자하심을 바라고 믿고 끝까지 참았다. 그러자 나중에 흑암은 광명으로 무질서는 질서로 죽음은 생명으로 무는 유로 추는 미로 변화되는 하나님의 기적이 일어났던 것이다. 부부가 만나서 살아가다가 보면 생각지도 못한 문제가 발생한다. 이때 서로 의지하며 격려하며 인내할 줄 아는 배우자를 만나야 한다.

다섯째, 하나님을 두려워하는 자. 하나님을 두려워하는 사람은 말씀에 벗어난 행동을 하지 않는다. 우리는 배우자를 만날 때 하나님을 두려워하는 사람인가를 보아야 한다. 예수를 믿는 많은 청년들이 체험이 없기 때문에 하나님을 두려워하지를 않는다. 하나님은 사랑의 하나님도 되지만 두려운 하나님도 되시는 것이다. 무조건 회개하면 용서하는 하나님이 아니다. 반드시 대가를 치르게 하시는 하나님이시다. 우리는 하나님에 대하여 바르게 알아야 한다. 하나님을 안다는 것은 하나님을 체험하는 것을 말한다. 절대로 이론적으로 아는 것이 아니다. 그래서 성령을 체험해야 한다.

성령을 체험하면 과연 하나님은 살아계신다는 것을 알게 되는 것이다. 내가 지금까지 부부치유 사역을 하면서 보면 하나님을 두려워하는 사람은 절대로 배우자를 힘들게 하지 않았다는 것이다. 어떠한 어려움이 오더라도 성령 하나님에게 기도하여 문제를 해결하더라는 것이다. 그래서 기독교는 체험의 종교라고 하는 것이다. 결혼을 앞두고 연애하며 사귀는 분들은 배우자를 성령체험하게 하는 것도 좋다. 많은 분들이 체험을 하지 못하니 배우자를 괴롭히고 다른 길로 가는 것이다. 성령을 체험하여 하나님이 살아계시는 것을 아는 성도는 무엇이 달라도 다르다. 우리 하나님을 두려워하는 배우자를 만나도록 기도하자.

여섯째, 예수 안에서 긍정적인 사람. 민수기 13장에 보면 이스라엘 백성들이 엄청난 가나안의 축복을 차지한 사람과 그 복을 잃은 사람의 두 갈림길에 선 사람들을 볼 수가 있다. 정탐꾼으로 택함을 받아 똑같은 시대에 똑같은 지역을 40일 동안 정탐하고 돌아와 이스라엘 백성들 앞에서 보고를 하는데 두 부류로 나누어졌다. 열 정탐꾼에게는 그들이 본 것이 다 부정적으로 보았다. 그래서 백성들에게 악평을 했다. 그러나 두 정탐꾼은 "우리가 곧 올라가서 그 땅을 취하자. 능히 이기리라."(민 13:30)고 보고했다. 하나님은 바로 이와 같이 긍정적인 사람을 찾으시고 들어 쓰신다. 왜 긍정의 사람인가? 긍정의 사람은 예수님 안에서 불가능이 없기 때문에 긍정인 것이다. 한마디로 믿음이 있다는 것이다. 당신의 배우자도 이렇게 긍정의 사람이 되어야 한다.

열 정탐꾼은 민수기 13:31이하에 보면 "우리는 능히 올라가서 그 백성을 치지 못하리라."하고 첫마디에 부정된 말부터 했다. 또 "그들은 우리보다 강하니라 하고, 이스라엘 자손 앞에서 그 정탐한 땅을 악평하여 이르되 우리가 두루 다니며 정탐한 땅은 그 거주민을 삼키는 땅이요 거기서 본 모든 백성은 신장이 장대한 자들이며, 거기서 네피림 후손인 아낙 자손의 거인들을 보았나니 우리는 스스로 보기에도 메뚜기 같으니 그들이 보기에도 그와 같았을 것이니라."라고 하면서 부정적인 말을 퍼뜨리고 다녔다. 하나님은 그것을 기뻐하시지 않았다.

이 말을 들은 이스라엘 백성들은 소리를 높여 부르짖으며 밤새도록 곡하고, 다 모세와 아론을 원망하며 "이스라엘 자손이 다 모세와 아론을 원망하며 온 회중이 그들에게 이르되 우리가 애굽 땅에서 죽었거나 이 광야에서 죽었으면 좋았을 것을 어찌하여 여호와가 우리를 그 땅으로 인도하여 칼에 쓰러지게 하려 하는가 우리 처자가 사로잡히리니, 애굽으로 돌아가는 것이 낫지 아니하랴"(민 14:2,3)라고 탄식하면서 원망과 불평을 하기 시작했다.

그러나 여호수아와 갈렙은 그렇지 않았다. 눈의 아들 여호수아와 여분네의 아들 갈렙이 그 옷을 찢고 "이스라엘 자손의 온 회중에게 말하여 이르되 우리가 두루 다니며 정탐한 땅은 심히 아름다운 땅이라"(민 14:7)고 이렇게 말했다. 열 정탐꾼이 악평한 땅과 여호수아와 갈렙이 아름답다고 한 땅은 서로 다른 것이 아니다. 긍정적인 눈으로 보면 아름답고 좋은 것도, 부정적인 자세로 보면 전부 다 악하게 보이는 것이다. 마치 검은 안경을 쓰고 보면 모든 것이 다 검게 보이고, 노란 안경을 쓰고 보면 모든 것이 다 노랗게 보이는 것과 마찬가지이다.

하나님께서 찾으시는 사람은 긍정적인 사람으로 안 되는 것도 하나님이 하시니 될 줄 믿고, 할 수 없는 것도 하나님이 하시면 될 줄 믿고, 하나님께서 역사하시면 능치 못함이 없다는 사실을 믿고 좌절하지 않고 전진하는 사람이다. 잠언 13:2에 보면 '사람은 입의 열매로 인하여 복록을 누리거니와 마음이 궤사한 자는 강포를 당하느니라'고 했다. 우리는 긍정의 사람을 배우자로 만나야 한다. 그래야 인생의 난관에 처해서도 낙심하지 않고 하나님을 믿고 능히 극복할 수 있는 것이다. 긍정의 사람을 만나게 해달라고 기도하기를 바란다.

8장 성경이 말하는 배우자 선택의 비밀

(창 24:7)"하늘의 하나님 여호와께서 나를 내 아버지의 집과
내 고향 땅에서 떠나게 하시고 내게 말씀하시며 내게 맹세하여
이르시기를 이 땅을 네 씨에게 주리라 하셨으니, 그가 그 사자
를 너보다 앞서 보내실지라. 네가 거기서 내 아들을 위하여 아
내를 택할지니라."

하나님께서 이삭의 신부를 구하도록 인도한다는 것이다. 창세기
24장 2절과 4절에 "자기 집 모든 소유를 맡은 늙은 종에게 이르되
내 고향 내 족속에게로 가서 내 아들 이삭을 위하여 아내를 택하
라"고 했었다. "하늘의 하나님 여호와께서 나를 내 아버지의 집과
내 본토에서 떠나게 하시고 내게 말씀하시며 내게 맹세하여 이르
시기를 이 땅을 네 씨에게 주리라 하셨으니 그가 그 사자를 네 앞
서 보내실찌라. 네가 거기서 내 아들을 위하여 아내를 택할찌니라"
고 말한 것이다.

크리스천 청년들도 성령의 인도를 받아 배우자를 구해야 한다.
하나님이 맺어준 배필을 만나도록 성령으로 기도하며 인도를 받아
야 한다. 반드시 하나님께서 자신을 위하여 배우자를 예비해 두셨
다는 것을 믿고 만나도록 기도해야 한다. 하나님은 하나님의 때에
반드시 배우지를 만나게 하실 것이다. 크리스천들이 배우자를 선
택할 때 고려해야 할 영적인 비밀은 이렇다.

첫째, 하나님께서 예비한 배우자가 있다.

① 하나님의 선택의 기준에 맞아야 한다. 절대로 자신의 선택 기준에 맞는 사람을 선택하지 말고 하나님의 선택기준에 맞아야 한다. 요즈음 젊은 사람들의 배우자 선택의 기준과 같이 나이, 가정의 배경, 재산의 정도, 경제력, 학력, 종교, 비전(꿈) 등을 보고 배우자를 결정한다면 하나님의 선택기준과 다를 수가 있다. 요즈음 젊은 크리스천들은 신앙(믿음)을 너무 가볍게 여기는 경향이 있다. 성경은 분명히 경고한다. "불신자와는 결혼하지 말라"(고후 6:14).

그런데도 사람들은 타협을 시도한다. "불신자도 전도하면 되잖아요? 그러면 누가 불신자를 전도해요" 대답이 그럴듯하다. 그런데 성경은 그런 '구제 결혼'을 하라고 하지 않는다. 결혼은 물건을 사는 것처럼 잘못 됐다고 바꿀 수 있는 정도가 아니다. 때문에 처어치 맨(church man)만 가지고도 어렵다. 처어지 맨(church man)이란 주일 신자로 교회를 다니는 사람을 말하는 것이다. 결혼은 그 이상의 문제다. 확실한 믿음의 체험이 있어야 한다. 하나님을 주인으로 모시고, 하나님을 뜨겁게 사랑하며, 하나님이 하라고 하면 목숨까지도 버릴 수 있는 믿음이 있어야 한다. 함께 사는 것도 길이 멀고 험한데, 신앙을 갈등하며 산다는 것 그 자체가 얼마나 고통스러운 일이지 모른다.

② 자신을 진정으로 사랑하는가이다. 사랑은 이렇게 고백된다. "나는 너를 원해 그래서 널 사랑한다." 이것을 선택하면 안 된다. "나는 널 사랑해 그러니까 너를 필요로 해" 이런 사람을 선택해야

한다. 한 차원 깊이 생각해보면 이 두 마디에는 엄청난 차이가 있다. 많은 사람들이 결혼관에 차이가 있다. 많은 사람들이 결혼하는 목적은 오직 한 가지다. "결혼한 사람"이 되기 위해 결혼을 시도한다. 그래서 결혼은 비극이다. 그가 나를 원하는 것이 단순히 액세서리나 훈장을 달기 위한 것이라면 피해야 한다.

내가 먹이 사냥하는 사랑의 사냥감이 될 필요는 없기 때문이다. 나를 사랑하기 때문에 필요한가? 아니면 나를 필요로 하니까 사랑한다고 하는가? 이것이야말로 제일 먼저 던져 보아야 할 질문이다. 그 사랑을 확인해라. "사랑은 오래 참고 사랑은 온유하며 투기하는 자가 되지 아니하며 사랑은 자랑하지 아니하며 교만하지 아니하며 무례히 행치 아니하며 자기의 유익을 구치 아니하며…." 이 가운데 50점만 줄 수 있어도 성공이다. 나머지 50점은 함께 답안지를 채워가라.

③ 참고 인내하며 기다릴 수 있어야 한다. 하나님이 아담에게 처음부터 짝을 주셨던 것은 아니다. 동물들이 이름을 부여하고 있는 동안 다들 짝이 있는데 자신에게만 짝이 없음을 알았다. 그리고 그 필요를 깊이 깨달았을 때 하나님은 아담이 그 필요를 발견하기까지 기다리고 계셨다. 그 기다림 후에는 상대방을 알기까지 적어도 교제의 4계절을 보내보아야 한다. 단순한 계절을 이야기하는 것이 아니다. 마음의 4계절을 지내 보내보아야 한다. 가을의 풍성함만이 아니라, 여름의 광란과 봄의 들뜸과 겨울의 황량함을 지켜보아라. 그런 다음에 비로소 선택해도 늦지 않다. 기다리며 차근차근

본 것이야말로 가장 확실한 시험법이다. 급하면 잘못 선택한다. 느긋하게 인내하며 기다리면서 이것저것 따져보아야 한다. 결혼하면 60-70년을 같이 살아야 한다는 것을 명심하라. 결혼은 장난이 아니다.

④ 환경에 보증의 역사가 일어나느냐 이다. "아브라함의 하나님 여호와여 원컨대 오늘날 나로 순전히 만나게 하사 나의 주인 아브라함에게 은혜를 베푸시옵서서"(창 24:12). 아브라함의 부탁을 따라 신부 감을 구하기 위해 떠나는 종은 이렇게 기도했다. 그리고 하나님의 인도를 요구했다. 만약 내가 우물곁에서 청년 여자가 물을 길러 올 때물을 달라고 부탁할 것이고 이때 그가 약대를 위하여도 물을 긷는 친절을 보여주면 하나님이 인도해주시는 '그 사람'이라고 믿겠다고 했다.

그런데 그가 기도하기를 마치기도 전에 리브가가 나타나 그대로 행동을 했다. 노종은 놀라 하나님을 찬송한다. 그리고 그들 부모에게 경과를 설명하고 확인한다. "내게 고하시고 그렇지 않을지라도 내게 고하여 나로 좌우간 행하게 하소서"(창 24:49). 하나님은 결혼에 관련된 대부분의 해당자들에게 그 만남을 확신하도록 환경적 인도를 하신다. 환경에 나타나는 증거가 있다는 것이다. 분명하게 환경에 나타나는 증거가 있다.

⑤ 상대와 결혼을 위하여 기도를 하면 마음이 편안해지는가. 하나님은 그 기쁘신 뜻을 위하여 우리에게 소원을 두고 행하신다(빌 2:13). 따라서 우리 속에 끊임없는 소원과 갈망이 있다면 소홀히

하지 말아야 한다. 그리고 그 일을 위해 지속적으로 기도해 보라. 그때 마음속에 평안이 있으며, 평안함이 오랫동안 지속된다면 확신해도 좋다.

그러나 여전히 확인 절차가 필요하다. 나에게 말씀해주시는 하나님은 상대방에게도 말해 주실 것이기 때문이다. 그러나 여전히 "육체가 편치 못하고 밖으로는 다툼이요, 사방으로 환난을 당하며 안으로는 두려움이 있다면"(고후 7:5). 다시 되돌아보아야 한다. 그리고 보다 성숙한 믿음의 선배들에게 상담을 구하라.

⑥ 성령께서 인도를 하는가. 하나님은 "사람의 줄 곧 사랑의 줄"(호 11:4)로 인도해 주신다. 하나님의 방법은 언제나 사람이다. 그 또한 그녀로 인하여 내가 하나님의 사랑을 느낄 수 있고 하나님의 메시지를 들을 수 있다면, 그래서 나의 성장과 성숙에 도움을 입고 있다면 하나님의 인도로 확신해도 좋다. 이렇게 우정을 나누며 서로에게 좋은 도전을 줄 수 있다면 하나의 연합체로서 이 세상을 향해 책임 있게 발걸음을 내디딜 수 있는 동반자라 할 수 있다.

⑦ 자신을 즐겁게 할 수 있는가. 웃음은 단순히 기분이 아니다. 웃음은 "관계건축가라고" 불린다. 웃음이 있다는 것은 사물을 객관적으로 볼 수 있는 안목이 있음을 의미한다. 만날 때마다 심각한 이야기만 나누고 있다면 무엇인가 정신적인 문제가 있다. 웃음은 고난을 헤쳐 나갈 수 있는 태도를 말한다. 그리고 가장 큰 자산이다. 정말 나를 웃길 수 있는가? 헤픈 웃음을 말하거나 경박한 웃음을 이야기하는 것이 아니다. 진정으로 웃을 수 있는가?

⑧ 자신과 눈높이의 조화를 이루는가. 결혼은 서로 눈높이 조화를 이루어야 한다. 한 부부는 이렇게 말한다. "도무지 수준이 안 맞아요." "결혼을 했으면 눈높이를 맞추어야 한다." 침대에서 자야 잠을 잔 것 같은 사람이 있는가 하면, 침대에서 자면 뜨거워서 잠을 잘 수가 없는 사람이 있다. 아침밥도 간단하게 샌드위치에 과일을 먹어야 속이 편안 하고 개운한 사람이 있는가 하면, 구수한 된장국에다가 밥을 말아서 머슴처럼 게걸스럽게 아침을 먹어야 하루가 든든한 사람이 있다.

또한 결혼을 신분상승의 기회나 열등감을 보상받기 위한 수단으로 보아 어느 한 면만으로 고집스레 보는 경우가 많다. 결혼은 지적으로 사회적으로 조화를 이루어야 한다. 그 조화는 경제적인 문제까지도 확대된다. 그렇게 해서 서로 눈높이, 귀 높이, 키 높이라고 생각할 때는 그다지 주저할 이유가 없다. 나머지는 두 사람이 개척해 나가면 될 일이다.

⑨ 상대의 결점이 눈에 보이는가. 낭만적 연정은 즉각적 사랑이다. 그것은 서두르는 사랑이다. 첫눈에 반한 사랑이다. 그리고 낭만적인 연정은 현실성이 결핍되어 있다. 사랑하는 사람의 좋고 매혹적인 면은 우상화하고, 부정적인 특성이나 분명한 약점이 눈에 보이지 않으면 이런 사랑은 바로 맹목적인 것이다. 이런 사람들은 결혼생활에서 첫 다툼이 생기기만 해도 벌써 큰 충격을 받을 것이다. 그러나 때는 이미 늦었다. 하지만 진정한 애정은 사랑하는 사람의 모든 것을 있는 그대로 인식한다. 부정적인 모습도 보인다는

것이다. 이런 사람은 상대가 어려움에 처했을 때 그것을 극복하도
록 돕는다. 상대의 장단점을 모두 보고 결정해야 살아가다가 문제
가 생겨도 후회를 하지 않는다.

⑩ 상대를 만나면 안기고 싶은가. 상대방이 얼마나 정서적으로
성숙해 있는가는 밥을 먹을 때, 길을 걸을 때, 전화를 걸 때, 등의
일상생활을 조금만 눈여겨보아도 알 수 있다. 항상 무엇인가 쫓기
고 불안한 기색이 보이거든 다시 생각해 볼일이다. 일에 쫓긴다든
지 업적을 자랑하는 일에 관심을 보인다면, 긴장과 조바심이 느껴
진다면 아서라. 더구나 바쁜 것을 성공쯤으로 착각하고 있다면 더
더욱 주의해야 한다. 이런 사람을 만나면 나도 함께 쫓길 수 있다.
반대로 상대방을 만나면 너무 편안하고 안기고 싶다면 그게 내 짝
이라고 여겨라.

⑪ 로맨스(ro·mance)를 놓치지 말아라. 로맨스(ro·mance)란
단숨에 타오르는 사랑을 말한다. 어떤 책은 로맨스에 대해 이렇게
말한다. '로맨스는 하나님의 해답이다' 왜 그런가? 하나님은 매우
인간적인 방법으로 우리를 자기중심에서 타인중심으로 이끌어 내
주신다. 하나님은 우리의 사랑이 서로의 행복을 견고히 하고 성장
시키는데 만족스런 경험이 되기를 원하신다. 그래서 로맨스는 하
나님이 우리 인간을 사랑한다는 것을 맛볼 수 있게 해준다. 우리는
서로를 깊이 사랑하므로 하나님께서 우리에게 내리신 하나님의 친
근함을 경험하고 깊이 느낄 수 있게 된다. 그러므로 로맨스는 결혼
으로 끝나지 않더라도 그 의미는 깊다. 로맨스가 찾아올 때는 기대

를 가지고 그 부름에 응하라. 로맨스를 통해 새로운 세상을 들여다 보아라. 그렇게 로맨스를 맞이하는 동안 위의 조건들이 부합되는 파트너가 나타나거든 꼭 찍어라. 너무 오랫동안 숨바꼭질을 하고 있을 필요는 없다.

둘째, 결혼 전에 피해야할 함정이 있다. 젊은이들이 부딪히는 함정들은 이렇다. 대부분 젊은이들은 언젠가는 결혼을 하여 행복한 가정을 이루는 꿈을 꾸면서 상당한 시간을 보내고 있다. 그러나 행복한 결혼으로 이어지는 길에는 많은 함정이 있다. 함정이란 주도 면밀하게 숨겨진 덫을 말한다. 표면적으로 보면 함정은 전혀 해가 없는 것처럼 보이다. 그러나 당신이 그 위로 발을 내딛는다면 깊은 구덩이에 빠질 것이다. 그것은 순간만을 위한 삶이다. 순간의 쾌락을 위한 삶이다. 기분 좋은 일만 하려는 삶이다. 인생을 살다가 보면 좋지 못한 일도 만나는 것이다.

성적인 방종이다. 요즈음은 속궁합을 본다고 한다. 이는 하나님 앞에 죄악 된 행동이다. 독신 생활이 안고 있는 문제들을 피하기 위해 결혼하는 것이다. 이런 결혼은 반드시 실패하게 되어 있다. 상대방을 변화시킬 수 있을 것이라는 기대를 갖고 결혼하는 것이다. 이것 같이 무모한 것은 없다. 사람은 오직 하나님만이 변화시킬 수가 있다. 사람은 사람을 절대로 변화시킬 수가 없다. 우리 안에 오신 성령으로 변하는 것이다. 오산하지 말아야 한다. 화장실 들어갈 때와 나올 때 다르다는 것을 알아야 한다.

결혼하기 전에 성을 시험하는 것이다. 이것은 씻을 수 없는 오점을 남기는 것이다. 하나님의 말씀에 벗어난 행동으로 반드시 이에 대한 대가를 치르게 될 것이다. 믿음의 사람은 절대로 혼전 동거는 안 된다. 약혼을 했어도 안 된다. 반드시 결혼식을 올린 다음에 동거해야 한다. 그리스도인이 불신자와 결혼은 하지 않는 것이 하나님의 뜻이다. 성경(바울)은 믿지 않는 자와 사귀지 말라고 한다. 여기서 바울이 설명하는 것도 같이 경영하지 말라는 뜻이다. 특히 삶의 부수적인 면은 같이 할 수 있겠지만 삶의 중심이 되는 것은 같이 하지 말라는 말이다.

교제와 관계해서는 어떻게 해석해야 할까? 믿지 않는 사람과의 교제는 자신이 그리스도 안에 있는 사람이라면 무방하다 할 것이다. 자신의 신앙이 불안전하다고 생각되는 분은 가능하면 신앙이 좋은 사람과 교제하면 더 좋을 것이다. 결론부터 말씀드리면 믿지 않는 자와의 교제는 가능하다. 하지만 결혼을 약속해서는 안 된다. 좀 더 시간을 가지고 예수를 영접시키고 치유와 영성훈련을 한 다음에 결혼을 약속해야 한다.

남녀 간의 이성교제는 사랑이라는 매개체가 전제된다. 크리스천의 사랑은 감정적 사랑이 아닌 인격적 사랑이어야 한다는 것이다. 자기의 마음을 다스리는 연습이 안 된 분은 성경에서 말하는 인격적 사랑을 할 자격이 아직 미비 된 것이다. 인격적 사랑은 지식과 감정과 의지가 조화된 사랑이다. 감정(친밀감)은 가장 쉽게 느끼는 사랑의 감정이다. 하지만 실제 삶이 동반되는 감정은 친밀감을 형성하는 노력과 지식 없이는 진정한 사랑이 되지 않고 깨어진다. 이혼률이 높은 이유가 여기에 있다. 결혼하자마다 3개월 안에 또는 3년 안에 이혼하는 커플의 문제가 여기 있다. 너무 사랑했기에 이혼하는 이유가 여기 있다.

간단히 설명하자면 상대의 성장과정의 아픔과 기쁨의 모든 것을 알아가고 비전을 공유하는 것이 지식적 사랑이다. 서로 보고 싶고 같이 있고 싶고 느끼고 싶은 마음은 감정적 사랑이다. 언약과 신뢰 속에서 어떤 상황에서도 흔들리지 않고 믿고 노력하는 것이 의지적 사랑이다.

믿지 않는 자와의 교제는 이러한 사랑의 원리를 적용해야 한다. 이는 하나님과 크리스천이 가져야할 사랑의 원리이다. 하나님은 인격적 영이기에 서로 커뮤니케이션을 해야 하는데 이 커뮤니케이션의 통로가 사랑이다. 믿지 않는 형제, 자매에게 크리스천의 사랑 원리를 공유하고 설명함으로써 하나님의 사랑을 발견하게 해야 할 것이다. 여기서 의지적 사랑은 하나님과 인간의 입장에서는 언약적 사랑, 말씀과 믿음에 근거한 사랑이다.

믿지 않는 이성이 인격적인 사랑을 함께 하지 못한다면 이는 자신을 사랑하지 못하고 있다고 말할 수도 있다. 왜냐하면 미래적 상황에서 감정은 쉽게 변하기 때문이다. 감정적인 열정적 사랑은 같이 삶을 나눌 경우 3개월에서 10개월이 그 한계라는 것이 연구결과 밝혀져 있다. 오늘의 진실이 내일의 거짓이 될 수도 있다는 것이다. 하나님은 사랑의 진정한 의미인 인격적 사랑을 하기를 그래서 하나님의 사랑을 깨닫길 바라고 계신다.

만약에 믿지 않는 자가 결혼을 하자고 계속 따라다닌다면 이런 조건을 제시하기를 바란다. 내가 다니는 교회에 일 년 이상 다니면서 성령체험을 하라. 그리고 세례를 받고 하나님이 누구인지를 바르게 안 다음에 결혼을 생각해보자. 이렇게 말하고 실천해야 한다. 반드시 성령체험하고 상처를 치유해야 한다. 영적으로 사람을 바꾼 다음에 연애와 결혼을 생각해보라는 것이다. 만약에 믿는 자가 믿지 않는 자와 너무나 육정에 끌려서 하는 결혼은 안 된다. 이 결혼은 반드시 불행이 찾아오게 된다. 이것을 감수하려면 결혼해도 될 것이다. 불신 결혼은 여러 가지 생각하지 못할 문제가 발생한다. 영적인 문제가 결부되기 때문이다. 마귀와의 싸움이다. 그래서 불신 결혼을 하지 말라는 것이다.

믿는 자매가 안 믿는 남자와 교제를 하고 있다면, 그에게 영향을 미치는 것이 아니라, 영향을 받기 쉽다. 몇 달, 몇 년을 이런 교제를 하다보면, 그렇게나 헌신적이고 열정적이던 자매의 신앙은 간데없고, 영적으로 거의 바닥에 이르게 된다. 이는 남자의 불신의 악한 영이 자매를 장악하고 있기 때문이다.

스펄젼 목사에게 한 자매가 자신이 교제하는 남자에 대해 상담하고 있었다. 자매는 자신이 교제하는 남자가 성격도 좋고, 경제적인 능력도 있고, 위트와 재치가 있으며, 책임감과 배려하는 마음을 갖고 있다는 등 모든 것을 다 갖춘 사람이라고 말하고는, 맨 끝에 가서 딱 한 가지 문제가 있는데 신앙이 없다는 것이었다. 스펄젼은 그 자매를 테이블 위로 올라가게 하고 테이블 위에서 목사님의 손을 잡아끌어 올려 보라고 했다. 아무리 힘을 써도 불가능했다. 그 후, 스펄젼은 자매의 손을 확 잡아서 순식간에 자매를 바닥으로 끌어내렸다. 그리고는 "지금 자매가 하려는 결혼이 이런 것이다" 라고 말해 주었다고 한다.

끌어올리는 것은 불가능하지만, 끌어내리기는 너무 쉽다. 남녀 관계에 있어 남자가 주도권을 가지고 관계를 끌어가기 때문에 믿지 않는 남자와 교제하는 믿는 자매의 어려움이 더 클 수밖에 없다. 그만큼 불신의 결혼은 피눈물이 나는 영적인 투쟁과 영육의 고통이 따르므로 주의하지 않으면 안 된다. 영적 전이는 관계에서 누가 주도권을 갖는가는 매우 중요한 문제이며, 내가 주도권을 가지고 영향력을 미칠 수 있는 관계가 아니라면 조심해야 한다. 그러므로 불신 결혼은 하지 않는 것이다.

겉모습만 보고 판단하지 말라는 것이다. 한 지역에 모든 지역 주민이 부러워하는 한 유지 댁이 있었다. 큰 농장과 또 바다같이 넓은 과수원이 있었고, 그 댁의 어른은 면장님이었다. 시골에서 면장님이라면 대단했다. 그리고 그 집안도 훌륭했다. 그러니 가난하고 어렵게 살던 그 시절에, 그 댁은 모든 주민의 큰 부러움의 대상이었다. 그 댁에 아주 잘 생기고 공부도 할만 큼 한 따님이 있었다. 그 따님이 한동안 서울의 친척집에 머물렀는데, 그때 아주 귀한 검사 청년을 만나 사랑에 깊이 빠졌다. 그래서 그 청년과 결혼을 했다. 신랑이 얼마나 잘 생겼고 당당하고 품위가 있었는지 모른다. 키도 저보다 크고, 인물도 잘 생겼다. 그러면 얼마나 잘 생겼는지 상상할 수 있을 것이다.

그런데 그 신랑이 신혼여행을 다녀와서도 출근을 하지 않았다. 한 달이 지나도 출근할 생각을 하지 않았다. 이상해서 뒷조사를 해보니, 검사가 아니라, 학력이 국졸인 전과가 복잡한 사기꾼이었다. 그런데 글씨도 아주 잘 썼다. 그 신랑이 쓴 한문을 보았는데, 속아 넘어가지 않을 수 없을 정도로 잘 썼다. 그러니 속을 수밖에 없었던 것이다.

그 집안사람들이 모여 고민했다. '같이 살 것인가? 이혼할 것인가?' 그러다 같이 살기로 결정하고 함께 살았다. 20 몇 년간 그 부부가 과수원을 경영하면서 같이 살았는데, 서로 맞지 않았다. 그 부인이 얼마나 고민하고 한숨을 쉬면서 살았는지, 얼굴이 쪼글쪼글한 쪼그랑박이 다 되었다. 그러다가 결국 이혼을 했다고 한다. 마음에 상처만 남기고 몸에 병만 남기고 이혼을 한 것이다.

된장을 잘못 담그면 1년간 고통스럽지만, 남편이나 아내를 잘못 만나면 한평생 고통이 되는 것이다. 잠언 18장 22절에 "아내를 얻는 자는 복을 얻고 여호와께 은총을 받는 자니라."고 말씀하신다. 좋은 아내, 좋은 남편을 만나는 것은 하나님의 복으로 된다는 말씀이다.

우리가 아무리 찾고 찾아서 결정해도 하나님께서 은혜를 주지 않으시면 배우자 때문에 고통을 당하게 된다. 이미 결혼을 한 분들이야 어떻게 하겠는가? 하지만, 앞으로 결혼할 청년들이나 결혼한 자녀를 두신 분들은 하나님께서 배우자를 정해 주시기를 기도하기 바란다. 부지런히 기도하기를 바란다. 하나님이 예비하신 배우자를 만나게 해달라고 부모님들도 기도하고, 자녀들도 기도하기를 바란다.

필자가 보니, 제일 좋은 결혼은 교회 내에서의 이성간의 만남인 것 같다. 교회 자체 해결인 것 같다. 교회에서 만나 결혼한 사람 중에 문제를 일으키는 사람을 별로 보지를 못했다. 모두 잘 산다. 그러나 오다가다 만나서 결혼한 사람들 중에는 이런 저런 일이 터지기도 한다. 그리고 처녀 총각을 두신 부모님들은 교회에서 만나게 해달라고 기도하기를 바란다.

오다가다 만났는데 마음에 들어서 사귀게 될 때는 사랑에 깊이 빠지기 전에 여러 방면을 조사해 보기를 바란다. 아주 무서운 사람은 아닌지, 사기꾼은 아닌지, 질병은 없는지, 대물림되는 영적인 문제는 없는지, 집안의 내력은 어떠한지 조사해 볼 필요가 있는 것이다. 그러나 불신 결혼은 신중에 신중을 기해야 할 것이다. 고통이 따르는 일이다.

셋째, 교제 시절에 필히 확인해야 할 사항이다. 이성교제는 그냥 아무런 생각 없이 흥미로 할 수 있는 것이 결코 아니다. 진정 미래의 행복을 원한다면 반드시 무엇인가 서로의 발전을 위해서 점검을 하며 수고하는 노력도 따라야 한다. 다음 사항을 꼼꼼하게 시간을 가지고 점검해 보라. 상당한 시간을 가지고 확인해야 한다. 결혼은 일생에서 제일 중요한 것이다. 쉽게 결정하지 말아야 한다.

평생의 동반자로서 과연 적합한가? 나를 향한 그의 관심과 사랑이 진실한가? 좋아함으로 만족하는가, 참된 애정이 깃들어져 있는가? 그의 가치 기준이 무엇이며 어디에 있는가? 그의 성격이 나에게 잘 어울리는가? 장점만 발견하고 단점은 발견하지 못하고 있지 않은가? 그의 결점과 단점을 충분히 이해하고 덮어 주며 보완해 줄 용의가 있는가? 그의 외면보다 내면을 제대로 보고 있는가? 그가 지닌 열정이 거품인가, 아니면 참된 비전이며 참된 사랑인가? 자기 중심적인가, 서로의 유익을 구하는가?

맹목적인 신뢰인가, 참된 신뢰인가? 그 사람의 겉모습과 속 모습이 동일한가? 그 사람의 말과 행위가 일치하는 가? 그는 내가 약한 부분을 어느 정도 채워 줄 수 있는 사람인가? 그의 말과 행실에서 존경심이 우러나오는가? 서로 심한 다툼이 없이 대화의 대상으로서 어느 정도 만족하고 있는가? 매사에 사물을 볼 때 긍정적인가, 부정적인가? 평소에 사람에 대해 이야기할 때 다른 사람의 장점을 많이 이야기하는가,

단점을 드러내어 많이 이야기하는가? 그 사람의 개성과 나의 개성에서 서로 어울리는 면이 있는가? 인생의 동반자로서 책임감과 의무감을 분명히 느끼고 있는가? 그의 인격과 사고와 행위에서 성숙도는 어느 정도인가? 영적인 일에 대해 좋은 대화를 나눌 수 있는 사람인가? 하나님을 두려워하는 사람인가? 결혼에 대한 환상적인 낭만만 추구하고 있지 않은가? 상대방의 관심도를 잘못 읽어 내

는 것이 아닌가? 폭넓은 교제가 아닌 한정된 하나의 공식에만 빠지지 않는가? 꼼꼼하게 보고 배우자를 결정해야 한다.

충만한 교회에서는 매주 토요일 10:00-12:30까지 각각 2시간 30분씩 개별 특별집중 기적치유 시간을 갖고 있습니다. 한번에 4-6명밖에 할 수 없으므로 1주일 전에 지정된 선교헌금을 입금하시고 예약을 합니다.

* 대상은 이렇습니다. 여기서도 저기서도 치유와 능력을 받지 못한 분/ 불치병, 귀신역사를 빨리 치유 받을 분/ 목과 허리디스크, 허리어깨통증, 근육통, 온몸이 아프고 무거움에서 치유해방 받고 싶은 분/ 자녀나 본인의 우울증, 공황장애, 조울증, 불면증을 빨리 치유 받을 분/ 가슴이 답답하고 기도하기가 힘이 드는 분/ 축복과 영의 통로를 뚫고 싶은 분/ 성령의 불세례를 체험하고 싶은 분/ 최단기간에 성령치유 능력 받고 싶은 분입니다.

믿음을 가지고 오시기만 하면 무슨 문제라도 치유되고 해결이 됩니다. 염려하시지 말고 성령께서 감동하시면 오셔서 빠른 시간에 치유받고 권능을 받아 쓰임을 받으시기를 바랍니다.

반드시 일주일 전에 선교헌금을 전화 확인하시고 입금 후 예약해야 합니다(전화 02-3474-0675)

9장 불신 결혼에 숨어있는 비밀

> (신7:3-5)"또 그들과 혼인하지도 말지니 네 딸을 그들의 아
> 들에게 주지 말 것이요 그들의 딸도 네 며느리로 삼지 말 것은
> 그가 네 아들을 유혹하여 그가 여호와를 떠나고 다른 신들을 섬
> 기게 하므로 여호와께서 너희에게 진노하사 갑자기 너희를 멸
> 하실 것임이니라."

결혼은 하나님이 정해준 배우자를 만나는 것이다. 그러나 하나
님의 뜻이 아닌 사람의 눈이나 생각으로 결혼하는 것은 성경적이
지 못하다. 특히 예수를 믿는 성도가 믿지 않는 사람과의 연애나
결혼은 신중해야 한다. 불신결혼으로 인하여 일어나는 여러 가지
부작용을 감수해야 한다. 그래서 나는 불신 결혼은 신중해야 한다
고 강조한다. 결혼은 양쪽 가문의 영육의 만남과 결속이다. 거기서
발생하는 여러 가지 보이지 않는 영적인 투쟁이 있다는 것이다. 고
통을 감수해야 한다는 것이다.

하나님은 불신 결혼을 하지 말라고 강조하신다. 예수를 믿는 우
리는 하나님의 자녀이다. 하나님은 이렇게 말씀하신다. 너희가 나
를 사랑하면 나의 계명을 지키리라(요14:15). 우리는 하나님의 말
씀에 순종해야 한다. 그러나 이미 말씀을 잘 모르고 불신결혼을 했
다면 이혼하라는 것이 아니다. 상대를 전도해야 한다. 이것이 하나
님의 뜻이다. 그러나 전도하는 것이 쉽지는 않을 것이다. 그러나

때를 얻든지 못 얻든지 눈물 흘리며 전도해야 한다.

첫째, 불신 결혼을 하지 말아야 하는 이유. 그리스도인과 불신자들과의 결혼에 대한 하나님의 말씀의 교훈에 대하여 아주 놀랄만한 냉담함이 그리스도교계에 있다. 하나님을 사랑하고 경외하노라고 공언하는 많은 사람들이 무한한 지혜를 가지신 하나님의 권면보다도 그들 자신의 마음의 경향을 따르기로 선택한다. 이생과 내세를 위하여 두 편의 행복과 안녕에 중대한 관련이 있는 문제에 있어서 이성과 판단과 경건한 마음은 제쳐놓고 맹목적인 충동과 고집스런 결심과 같은 것이 이를 조종하게 한다.

다른 일에는 민감하고 양심적인 남녀들이 이 일에는 충고에 귀를 막고 친구들과 친척들, 그리고 하나님의 종들의 호소와 탄원에 귀머거리가 된다. 경고와 경계의 표현은 주제넘은 간섭으로 여겨지고 충고를 할 만한 성실한 친구들은 원수로 취급된다. 이 모든 것은 사단이 원하는 바이다. 사단이 그의 마력으로 사랑의 심령을 얽어매면 사람은 매혹되고 정신이 빠져버린다. 이성은 욕망의 목에 매인 자제의 고삐를 푼다. 그리하여 너무 늦게 거기에 속은 사람이 불행과 노예의 생활에서 깨어나기까지 거룩하지 못한 정욕이 지배한다. 이것은 상상으로 그린 장면이 아니라 사실들에 대한 자상한 설명이다.

하나님께서 명백히 금지하신 그런 연합을 할 때에는 하나님의 윤허를 받을 수 없다. 여호와께서는 고대 이스라엘 사람들에게 그들 주변의 우상을 숭배하는 민족들로 더불어 잡혼하지 말라고 명령하셨다. "그들과 혼인하지 말지니 네 딸을 그 아들에게 주지 말 것이요, 그 딸로 네 며느리를 삼지 말 것이라." 거기에는 이유가 있다. 무한한 지혜를 가지신 하나님께서는 그런 연합의 결과를 미리 보시고 말씀하시기를 "그가 네 아들을 유혹하여 그로 여호와를 떠나고 다른 신들을 섬기게 함으로 여호와께서 너희에게 진노하사 갑자기 너희를 멸하실 것이라." "너는 여호와 네 하나님의 성민이라 네 하나님 여호와께서 지상 만민 중에서 너를 자기 기업의 백성으로 택하셨나니"라고 하셨다.

신약 성경에도 그리스도인이 경건하지 못한 자로 더불어 결혼하는 데 대하여 금지하는 이와 비슷한 말씀들이 있다. 사도 바울은 고린도에 보낸 그의 첫째 편지에서 "아내가 그 남편이 살 동안 매여 있다가 남편이 죽으면 자유 하여 자기 뜻대로 시집갈 것이나 주 안에서만 할 것이니라" 하였고, 다시 그의 둘째 편지에서는 "너희는 믿지 않는 자와 멍에를 같이 하지 말라 의와 불법이 어찌 함께 하며 빛과 어두움이 어찌 상관하며 하나님의 성전과 우상이 어찌 일치가 되리오 우리는 살아계신 하나님의 성전이라 이와 같이 하나님께서 가라사대 내가 너희 가운데 거하며 두루 행하여 나는 저희 하나님이 되고 저희는 나의 백성이 되리라 하셨느니라. 그러므로 주께서 말씀하시기를 너희는 저희 중에서 나와서 따로 있고 부정한 것을 만지지 말라 내가 너희를 영접하여 너희에게 아버지가 되고 너희는 내게 자녀가 되리라 전능하신 주의 말씀이니라 하셨느니라."고 기록하였다.

하나님의 백성들은 결코 금지된 지역에서 모험을 해서는 안 된다. 신자와 불신자 사이의 결혼은 하나님께서 금지하시는 것이다. 그러나 변화되지 못한 마음이 그 욕망을 따라 하나님께서 재가하시지 않는 결혼을 하는 일이 너무 많다. 이 까닭으로 많은 남녀들이 희망도 하나님도 없이 이 세상에 산다. 그들의 고상한 포부는 죽고 그들은 환경의 사슬로 사단의 그물에 붙잡힌다. 정열과 충동으로 지배된 자들은 이생에서 불행한 수확을 거둘 것이요. 그들의 행로는 영혼을 잃는 결과를 가져올 것이다.

진리를 공언하는 자들이 불신자로 더불어 결혼함으로써 하나님의 뜻을 짓밟는다. 그들은 하나님의 총애를 잃고 회개하기에 쓰라린 일을 저지른다. 불신자가 훌륭한 덕성을 가질 수도 있을 것이다. 그러나 남자나 여자가 하나님의 요구에 응하지 않고 그렇듯 큰 구원을 등한히 하였다는 사실이 그런 결합은 이상적인 것이 될 수 없다는 충분한 이유가 되는 것이다.

믿지 않는 자의 품성은 예수께서 "한 가지 부족한 것이 있으니" 하고 말씀하셨던 청년과 비슷할 것이다. 바로 그것이 필요한 한 가지이다. 청년들은 대체로 너무 충동에 의존한다. 그들은 너무 쉽게 본심을 드러내지도 말 것이며 애인의 매력적인 외관에 너무 쉽사리 홀리지도 말 것이다.

이 시대에 계속되고 있는 구혼은 하나님보다 영혼의 원수가 훨씬 더 많이 관여하는 기만과 위선의 책략이 되고 있다. 상식은 다른 어느 곳에서보다 여기에 필요하다. 그러나 실상 이 문제에 있어서는 상식을 거의 활용하지 않는다. 공상과 사랑에 병든 감상주의는 마치 문둥병을 대하듯이 경계되어야 한다. 세상에는 도덕적 덕행이 결여된 많은 결혼기의 청년 남녀들이 있으니 그들은 크게 경계를 받아야 한다. 오늘날 세상 청년들의 종교적인 경험에는 다분히 이 저급한 감상주의가 혼합되어 있다.

　내 사랑하는 청년이여, 하나님께서는 그대에게 변화되기를 요구하신다. 내가 간원하노니 그대의 애정을 고상하게 하라. 그대의 체력과 정신력을 그대를 사신 구주의 사업을 위하여 바쳐라. 그대의 생각과 감정을 성화시켜서 그대의 하는 모든 일이 하나님 안에서 이루어지게 하라. 사단의 천사들은 밤 시간의 많은 부분을 연애하는 일에 바치는 이들을 계속하여 주목하고 있다. 그들이 눈을 뜰 수 있다면, 그들은 한 천사가 그들이 하는 말과 행동을 기록하고 있는 것을 보았을 것이다. 건강의 법칙과 정숙은 침해를 받았다. 결혼하기 전에 사용되는 얼마의 구혼 시간들은 결혼 생활을 통하여 사용하는 것이 더욱 적절할 것이다. 그러나 구혼 기간에 나타나는 모든 정성은 결혼으로 끝이 나는 것이 예사이다. 사단은 그가 취급해야 할 바로 그 요소들을 안다. 그래서 그는 영혼들을 함정에 빠뜨려 파멸시키고자 여러 가지 방법으로 그의 극악한 지혜를 편다. 그는 각 단계들을 주목하고 많은 의견들을 제시하는데, 하나님의 말씀이 주는 권면보다는 오히려 이런 의견들이 흔히 지지를 받는다. 이 정교하게 짜인 위험한 그물은 젊고 부주의 하는 자들이 걸려들도록 교묘하게 준비된다. 이것은 흔히 빛으로 위장될 수 있으나 그것에 희생되는 자들은 많은 슬픔으로 사무치게 될 것이다. 우리 하나님의 말씀에 순종하여 불필요한 고난을 당하지 말자.

둘째, 불신결혼의 여러 문제. 불신자와의 결혼하는 문제를 상담한 사례이다.

*질문의 요지: "저는 24세의 여성으로 사랑하는 남자가 있어 결혼하려고 합니다. 그런데 남자 쪽은 불교집안 인데다 본인 또한 비신자이기 때문에 저희 부모님은 극구 반대하십니다. 기독교인인 제가 비기독교인인 남자와 결혼해도 좋겠습니까?"

*답변요지: "자매님, 사람에게 있어 가장 중요한 일이 두 가지가 있습니다. 첫째는 예수님을 믿는 일이고, 둘째는 결혼을 잘하는 일입니다. 이 두 가지 모두 하나님의 택하심과 섭리 속에서 스스로 올바른 결단을 내림으로써 이뤄집니다. 결혼 적령기에 있는 자매님으로서는 지금 결혼이라는 두 번째의 결단을 놓고 고민하고 있습니다. 먼저 자매님의 고민을 정리해 보면, 첫째로 자매님은 불신 청년(불교신자)을 사랑하고 있고 내심에선 이미 결혼대상으로 정했습니다.

둘째로 부모님은 이를 절대 반대하고 있다는 것입니다. 부모님만 허락하면 신앙과는 상관없이 그분과 결혼하고 싶은 것이 자매님의 솔직한 심정입니다. 이런 자매님의 고민에 대한 하나님의 뜻을 생각해 보기로 하겠습니다.

첫째, 자매님은 그 불신청년을 전도해야 합니다. 부부의 신앙이 서로 다를 때 그 가정은 예상치 못한 문제가 속속히 생기게 됩니다. 신앙이 다를 때 생기는 고통을 소홀히 넘겨선 안 됩니다. 그러므로 먼저 그분을 전도하도록 기도하며 최선을 다해야 합니다. 용기를 가지고 담대히 부딪치십시오(고전1:21,렘29:12).

둘째, 자매님이 생각해야 할 일이 있습니다. 불신자와의 결혼이 남편과 그 가정을 구원하는 기회가 될 수 있습니다. 고린도전서 7장 13절에서 14절의 말씀대로 믿지 아니하는 남편이 아내로 인하여 거룩하게 될 가능성도 있습니다. 그러나 13절 말씀대로 남편이 아내를 사랑한다는 전제조건이 있다는 것도 잊지 마십시오. 불신 결혼으로 시작해 그 가정을 구원하는 일은 정말 보람 있는 일입니다. 그러나 매우 험하고 힘든 일임엔 틀림없습니다."

나는 아직 결혼하지 않은 청년들에게 이렇게 강조한다. 만일 믿지 아니하는 자가 자신이 좋아서 어찌할 줄 모르고 결혼하자고 하면 이렇게 하라고 한다. 예수를 믿고 교회에 다니면서 성령을 체험하고, 내적치유를 세 번 이상 받아야 한다. 그리고 교회를 적어도 이년 이상을 성령이 충만한 교회에 다니고 난 다음에 교제를 하라고 강조한다. 그러나 믿는 청년이 믿지 않는 사람의 외모에 끌려서 결혼은 하지 말라고 한다. 믿는 청년이 믿지 않는 사람의 외모에 끌려서 하는 결혼하면 백발백중 믿음에서 떠나게 된다. 먼저 성경 밖에서 그 이유를 찾아보자면 다음과 같다. 문화인류학적으로 보더라도 인종, 언어, 문화, 풍습, 종교가 다른 이들 간에 하나의 국가, 가정, 공동체를 형성하게 되는 경우 이렇다. 이들은 "과거의 배경을 잊고 새로운 공동체를 창조하여 새로운 문화를 개척해 나간다."는 모토를 걸고 새로운 문화 창조에 초창기에는 힘을 쓰게 된다. 그러나 시간이 흐름에 따라 점점 과거의 배경에 의존을 하게 되고, 타인의 문화를 받아들이기를 거부하는 현상을 보이게 된다.

결국은 새로운 문화를 만들어 나가는 것이 아니라, 어느 하나가 포기해야만 그것을 이룰 수 있다는 말이다. 쉽게 말해보자면, 최근 들어 국제결혼을 하는 분들이 늘어가고 있다. 인종의 순수 혈통 론을 떠나서 논하더라도 이에는 약간의 문제의 소지를 안고 있는 것이 분명하다. 우선 언어가 통하지 않는다. 또한 지금까지 지켜온 관습과 문화가 서로 다르다. 그래서 국제결혼을 하게 되면 대화와 타협을 통해 언어와 문화를 지혜롭게 배합하는 것이 중요하다. 그러나 대개의 경우 일방이 다른 일방에게 포기를 강요하게 되는 경우가 다반사이다.

또한 종족결합의 법칙에 의거한다면, 종족의 결합을 통해 새로운 종족을 형성하게 될 경우 이들은 언어는 부계의 언어를 사용하며, 종교나 신화는 모계의 종교, 신화를 따르게 된다. 유대인의 경우 이들의 혈통을 따지는 방법은 우리 상식과는 약간 다르다. 물론 이들은 어떤 사람의 부모 양가가 모두 유대인이면 그 자녀는 유대인으로 본다. 그러나 부계만 유대인이고 모계가 이방인인 경우, 그 자녀는 유대인으로 간주하지 않는다. 오히려 모계만 유대인일 경우 그 자녀는 유대인으로 간주한다. 설령 부계가 이방인이라 하더라도 말이다. 왜냐하면 이들은 신앙은 어머니를 통해 전수된다는 사실을 알기 때문이다.

유명한 학살자 아돌프 히틀러의 부친은 원래 유대인이고 모친은 독일인이었다고 한다. 그러나 그는 어려서 유대인 마을에서 자라나면서 주변 사람들로 부터 잡종, 혼혈아라는 저주가 섞인 조롱과 멸시를 받으며 자라나서 유대인에 대한 악감정을 키워나갔다는 설이 있는데, 나름대로 근거가 있다고 본다.

성경으로 돌아가서 본다면 이렇다. 북 왕국 이스라엘에는 단 한 명도 여호와 하나님을 섬기는 왕이 없었고, 남 왕국 유다에는 5명만이 있었을 뿐인데, 이들의 공통점은 이러하다. 이방신을 숭배하는 왕들은 한 명도 예외 없이 이방인 출신 어머니를 두었다는 것이다. 반면 히스기야, 요시야 같이 하나님을 경외하는 군주들은 믿음이 좋은 어머니를 두었다는 사실이다. 그렇기 때문에 구약성경에서는 창세기부터 시작해서 이방인 며느리를 들이지 말라고 경고하고 있는 것이다.

오늘날에도 이는 똑같이 적용된다. 훌륭한 신앙인에게는 기도하는 어머니가 있다. 반면 아버지만 믿고 어머니는 불신자 출신인 경우, 어머니는 교회는 비록 다닐지라도 믿음이 깊이 뿌리를 내리지 못하기 때문에 자녀들에게 신앙을 전수해 주기가 매우 힘든 것이다. 그런 면에서 특히 청년부에 있는 형제들은 믿음의 아내를 얻기를 자매들에 비해 몇 배 더 구해야 할 것이다. 리브가 같은 아내, 잠언 31장의 주인공 같은 아내를 얻기 위하여 노력하고 기도하고 말씀으로 무장해야 할 것이다. 불신 아내를 얻게 되는 경우 물론 남편이 가자니 교회를 따라갈 수는 있지만, 진심으로 예수를 영접하기가 어렵다. 혹여 부부간에 문제라도 생길지라면 교회를 떠나는 것으로 그 대답을 대신하게 된다.

자매들도 마찬가지이다. 다른 외적 조건을 보기에 앞서 먼저 하나님을 경외하는 청년을 만나기를 간구해야 할 것이다. 불신결혼을 하게 된다면 불신 배우자가 음주, 외도, 가정폭력 정도는 아무런 문제도 아니다. 제사, 점치는 행위, 택일(擇日), 작명 등에서 이방신의 풍습을 따르게 되고, 치욕스럽게도 자신들의 자녀는 불교의 스님이 지어준 이름을 평생 사용하는 문제에 직면할 수도 있다. 거기다가 악한 영들과 보이지 않는 전쟁을 강하게 해야 한다.

그러나 무엇보다도 믿음의 배우자를 얻게 되면 설사 이들에게 문제가 있을지라도 이 집의 진정한 주인이고 가장이신 예수 그리스도를 의지하며, 기도로서 하나가 될 수 있기 때문에 더더욱 믿음의 가정을 만들어 나가야 하는 것이 기독청년들과, 이들을 자녀로 둔 부모들의 사명인 것이다. 자매들도 믿음의 남편을 얻기 위해 노력해야 하지만, 이보다 더 시급한 문제는 형제들이다. 아내의 기도로 불신 남편이 크리스천이 되는 사례는 흔치는 않으나 꽤 많이 있다.

하지만 남편의 기도로 불신 아내가 예수님 영접했다는 사례는 적어도 본인은 듣지도 보지도 못한 사례이다. 요즈음 교회에는 미혼 남성들 보다 미혼 여성들이 더 많다. 자매들도 마찬가지이나,

형제들은 절대로 불신결혼을 해서는 안 된다. 가급적이면 한 교회에서 섬기는 지체를 배우자로 맞이하는 것이 가장 하나님의 축복을 받는 가정을 만드는 지름길 중 하나인 것이다.

어느 교회 발전 위원회에서 있었던 이야기다. 수석 장로가 이렇게 말했다고 한다. "불신결혼을 하지 말아야 합니다. 지금 한창 결혼시즌인데 우리교회 안에 불신결혼이 너무 많습니다. 불신결혼은 죄입니다, 악입니다. 성경에 보면 불신결혼을 엄히 금하고 있습니다. 그럼에도 불구하고 지금 교회 안에서 이 틀이 무너지고 있습니다. 우리 교단헌법에 보면, 자녀를 불신 결혼시키면 그 부모가 1년간 수찬정지의 벌을 받게 되어있습니다.

하지만, 지금은 이런 벌이 있는지도 모르고, 그것을 말해주는 사람도 없습니다. 자녀가 불신결혼을 꼭 해야 되면, 교회에서 광고도 하지 못하고 알음알음으로 알려야만 합니다. 그런데, 지금의 현실은 어떻습니까. 버젓이 교회에서 광고를 하고, 게다가 목사님에게 주례까지 부탁하고 있지 않습니까. 불신 결혼하는 데에는 목사님도 주례를 서시면 안 됩니다."가정아 기뻐하라" 에 보면, 불신결혼은 부모의 인생결론이라 했습니다. 평생을 하나님보다 세상, 환경, 외모, 학벌을 중시하고 살아온 부모의 인생결론이라 했습니다.

평생 그렇게 살아온 부모를 봐왔기에 자녀가 그대로 따라하는 것이라는 것입니다. 그래서 불신결혼은 자녀의 탓이 아니라, 부모의 탓이라고 그분은 잘라서 말합니다. 성경에 보면, 모든 악의 근원이 불신결혼에서 나왔습니다. 하나님이 왜 그토록 싫어하시는

지, 성경에서 그 위험성을 그토록 경고하고 있지만 그래도 도무지 순종하지 않고 버젓이 불신결혼을 시켜대는 이 현실이 너무 안타 깝습니다. 저도 아직 결혼하지 않은 자식들 셋이나 두고 있습니다. 저 역시 큰소리칠 형편은 아닙니다만, 우린 자녀들의 결혼을 위해 서 기도해야 합니다. 특히 불신결혼하지 않도록, 그 하나만이라도 꼭 기도해야 합니다. 다시 한 번 주의를 환기시킵니다. 불신 결혼 시키지 맙시다. 부모로서 자식들에게 그것 하나만은 확실하게 알 게 해줍시다.”

이 이야기는 현재 교회에 일어나고 있는 대표적인 예를 든 것이 다. 언제부터인가 허물어지기 시작한 룰, 옛날 같았으면 생각도 못 했을 일들이 교회 안에서 아무런 거리낌도 없이 이루어지고 있음 이 너무 가슴이 아프다. 통계를 보면, 여자가 안 믿는 경우가 더 심 각하다고 한다. 남자가 아무리 잘 믿어도 여자가 믿음이 없으면 그 남자는 십중팔구 그 여자를 따라서 믿음을 잃게 된다고 한다. 여자 는 잘 믿는데 남자가 안 믿는 경우는 그래도 사랑하는 아내를 따라 서 남편이 교회를 기웃거리기도 하고, 간혹 한 번씩 남편도 믿음을 갖게 되기도 하지만 말이다.

그런데 생각해보면 본인만의 문제로 그칠 일이 아니다. 시댁이 나 처가가 믿음의 가정이 아니라면 일마다 때마다 닥치는 영적인 전쟁 때문에 곤혹스런 일이 이만저만이 아닐 것이다. 돌아가신 선 조들의 제사문제, 그리고 집안의 각종 경조사 때 의식문제 등등 이 런 것들 때문에 영적전쟁이 끊이질 않을 것이다. 불신결혼을 하려면 그것 다 계산해야 한다. 결혼은 그런 것 다 보고 해야 한다. 그래서 성경은 말한다. 불신결혼을 하지 말라고 하는 것이다.

불신결혼 판단기준이야 물론 신랑신부 당사자의 믿음만을 말하는 것이긴 하지만, 사실은 가문까지도 보아야 한다. 그 가족이, 그 가문이 믿는 가정인가 불신가정인가 하는 것 말이다. 굳이 세상의 조건이나 환경을 따지자는 것은 아니다. 그와 같은 보이는 면 대신에 믿음의 가정인가 아닌가, 예수님의 가족인가 아닌가 하는 정도만은 따져야 하지 않을까 싶다.

셋째, 불신 결혼도 하나님의 섭리일 수 있다. 우리는 하나님이 역사하시면 예수를 잘 믿던 자매가 불신 남자를 만나 결혼할 수도 있다고 보아야 맞다. 그런데 단서가 있다. 대상자가 예수님을 믿겠다고 호의적으로 받아들인 사람일 경우다. 아예 예수님을 믿지 않겠다고 한다면 애당초 불가능하다. 필자는 예수를 믿겠다고 약속하고 결혼을 했다. 우리 사모는 정말 대단한 여인이라고 생각한다. 특별한 경우라고 생각한다. 그러나 불신 결혼을 하기로 결심한 당사자는 혹독한 시련을 감수해야 한다. 내가 몇 년 전에 극동방송에서 불신결혼에 대하여 상담하는 이야기를 들었다. 어느 자매가 자기가 남자를 사귀었는데 불신자라는 것이다. 정이 들대로 들었으니, 헤어지기 힘이 들어서 상담을 요청한 것이다. 상담을 진행하던 목사가 서로 좋아하면 결혼하여 예수를 믿게 하면 된다고 했다. 그러자, 진행을 돕던 아나운서가 하는 말이 불신 결혼은 절대로 안 된다는 것이다.

왜냐하면 배우자가 예수를 믿고 정상적인 믿음생활을 하기까지 상당한 시간이 흘러야 한다는 것이다. 그 기간 동안 정말로 피눈물이 흐르는 고통이 따른 다는 것이다. 이것은 자기와 같이 불신 결혼을 해서 고통을 당해본 사람만이 안다는 것이다. 그러면서 목사님이 모르셔서 하시는 말씀이라는 것이다. 말이 영혼 구원이지 배우자가 영적인 사람으로 바뀌는 대는 수많은 고통의 세월이 흘러야 한다는 것이다. 정말 감당하기 힘든 세월이 하루 이틀이 아니라는 것이다. 그 고통은 말로 표현할 수가 없다는 것이다. 자기가 결정했으니 누구에게 이야기 하지도 못하고 감당해야 한다는 것이다.

그러나 불신자 즉, 예수를 믿지 않는 사람과 결혼했다고 '정죄' 하는 것은 문제가 있다. 대개 교회에서는 같은 신앙을 가진 사람끼리의 결혼을 권장한다. 나는 예수를 믿는 사람끼리 결혼하는 것이 가장 바람직하고 성경적인 현상이라고 생각한다. 그러나 문제는 교회가 불신자와의 결혼에 대해 민감한 정도를 넘어서 '불신앙' 내지는 '비 성경적' 심하게는 '주님을 욕되게 하는 짓' 이라는 험한 말까지 하는 경우가 있다. 이렇게 언행을 함으로서 이미 불신 결혼을 해버린 당사자들이 설 곳이 없게 만들려고 한다. 이들을 정죄하려한다. 이와 같은 현상은 한번 깊게 생각해 볼 문제이다. 우리는 한 가지 실수를 가지고 정죄를 해서는 안 된다. 이렇게 정죄하는 것이 취미인 사람들이 항상 들이대는 성경 구절이 바로 고린도후서 6장 14절이다. 고린도후서 6장 14절의 믿지 않는 자와 멍에를 함께 하지 말라고 하는데, 이 멍에를 '결혼'이라고 단정하여 해석하는 경우가 있다.

그러나 이 말씀의 진정한 뜻은 당시의 시대적 배경은 바울이 직접 전파한 말씀 가운데서도 이단들이 출몰할 정도로 혼란이 극에 달한 시기였다. 그런 이들을 주의하고 그들과 어울려 악에 빠지지 말라는 의미로 쓰였다. 이 말씀을 '결혼'이라는 의미로 해석해버리면 고린도후서 6장 14절의 나머지 말씀과는 물론이요, 고린도서를 통 털어서 문맥이 맞질 않는다.

오히려 고린도전서 7장 14절에 "믿지 아니하는 남편이 아내로 인하여 거룩하게 되고 믿지 아니하는 아내가 남편으로 인하여 거룩하게 되나니"라고, 불신자와의 결혼에 대해 구체적으로 명시해 둔 구절이 있다. 그럼에도 그 말씀을 아예 모르거나 애써 외면하고, 룻, 솔로몬, 호세아 등과 같이 성경에 나온 수많은 위인들이 불신자와 결혼했다는 사실 역시 아예 모르거나 애써 외면하고 있다. 실제로 우리 주변에서 남편이나 아내 한 쪽이 믿지 않는 사람인데 배우자의 기도와 헌신으로 결국 은총을 받아 늦은 나이에 좋은 믿음을 가지는 사람들을 적지 않게 볼 수가 있다. 우리가 다 아는 유명인들 가운데서도 50이 넘는 나이에 열렬한 신앙을 가지게 된 유명 영어강사 정철이다. 또 아내의 헌신적인 기도와 노력으로 결국 집안 전체가 불교 집안에서 기독교 집안이 된 전 롯데 자이언츠 프로야구 선수 박정태이다.

그리고 '나는 워낙에 잘 나갔던 사람이라 예수라는 존재가 인생에서 필요 자체가 없었다.' 말했던 전 코메디언 김정식이다. 그 코메디언이던 아들이 벌어온 돈으로 절을 몇 채씩 지었던 김정식의 모친이다. 이들은 각각 김정식의 아내의 7년간의 새벽기도 덕택에 결국 김정식은 목사안수를 받고 목사까지 되었다. 김정식 목사의 모친은 며느리의 기도로 권사가 되었다는 것이다. 김정식 목사의 모친은 지금도 열성적으로 예수를 전도하고 있다고 한다. 최근 젊은 네티즌들로부터 많은 호감과 호응을 받고 있는 션과 정혜영 부부 등이 바로 이러한 예이다.

하지만 반대로 결혼 당사자들은 물론 양쪽 집안마저 기독교 집안임에도 결국 이혼으로 끝을 내는 경우, 역시 우리는 적지 않게 볼 수가 있다. 부부가 아무런 사전 통보 없이 갑자기 교회에 나오지 않는 경우는 거의 십중팔구 별거 내지 이혼이라고 보면 된다. 지금까지 내가 하는 이야기들은 불신자와의 결혼을 이러이러한 이유로 문제가 없다고 하는 것이 절대로 아니다. 첫머리에서도 밝혔듯이 불신자와의 결혼은 결코 권장할 만한 것은 아니다.

그러나 불신자와의 결혼이라는 이유로 그들을 주님의 뜻 인양, 이미 불신 결혼한 부부들을 '정죄'하는 사람들의 태도가 잘못되었다는 것이다. 위의 예들로 미루어보건대 그 가운데서 하나님의 섭리가 있을 수도 있다는 생각을 해 보아야 한다는 것이다. 그래서 어떠한 견해를 피력함에 있어서 당사자들의 인격을 존중하는 가운데 생각해 봐야지 결코 자신이 주님의 대리인이라도 된 양 정죄해서는 안 된다는 말이다.

어쩌면 하나님께서 그 불신자를 구원의 반열에 세워두고 있을지 혹은 그를 통해 특별한 하나님의 계획이 있을지 알 수 없기 때문이다. 나는 불신자와 결혼하여 혹독한 시련을 겪는 것은 하나님의 섭리라고 말하기도 한다. 혹독한 시련을 통하여 믿음이 더 견고하여질 수가 있고, 불신 가정을 구원할 수 있기 때문이다. 이러할 때 기도해야할 제목은 방법을 결정하는 것이 아니라, 그것을 통한 하나님의 뜻을 바라보는 것이다. 이미 불신 결혼한 당사자를 무조건 정죄하거나 부담을 줄 것이 아니라, 하나님의 뜻을 겸손하게 생각해 보도록 하는 것이다.

물론 자기합리화나 이왕 그렇게 되었으니 좋게 받아들여야 하지 않느냐는 식의 나약한 수용은 금물이다. 왜냐하면 불신 결혼을 하면 그만큼 혹독한 시련을 겪어야 하기 때문이다. 불신결혼을 하려거든 혹독한 시련을 감당할 능력이 있으면 해도 된다. 그러나 그 혹독한 영적인 시련을 겪지 않으려면 불신결혼을 하지 말아야 한다. 아직 결혼하지 않은 자녀들은 기도해야 한다. 하나님이 예비한 배우자를 만나게 해달라고 구체적으로 기도해야 한다. 모두 하나님이 예비한 배우자를 만나서 행복한 가정을 이루기를 바란다.

10장 믿기로 약속하고 하는 결혼의 비밀

(고전7:13-14)"어떤 여자에게 믿지 아니하는 남편이 있어 아내와 함께 살기를 좋아하거든 그 남편을 버리지 말라. 믿지 아니하는 남편이 아내로 말미암아 거룩하게 되고 믿지 아니하는 아내가 남편으로 말미암아 거룩하게 되나니 그렇지 아니하면 너희 자녀도 깨끗하지 못하니라 그러나 이제 거룩하니라"

하나님은 불신 결혼을 반대하신다. 결혼은 한 낯선 남자와 여자가 만나서, 일생을 같이 하기로 하는 것이다. 그런 면에서 결혼은 인생 최대의 모험이라고 할 수 있다. 그런데 이 두 사람이 처음부터 다른 인생관과 삶의 목표를 가지고 출발한다는 것은 얼마나 위험스런 일일까. 기독교 신앙이란 단순히 한 '종교'를 갖는 것이 아니라, 자신의 생의 방향과 목적을 새롭게 설정하는 것이다. 결혼 문제에 대한 성경의 원리는 분명하다. "믿지 않는 자와 멍에를 같이 하지 말라"(고후 6:14-15)는 것이다. 빌리 그래함(Billy Graham)은 불신자와 결혼을 가리켜 "마귀를 장인으로 모시는 격"이라고 말한 적이 있다. 신자가 불신자와 결혼하게 되면 수많은 마음의 고생이 뒤따르게 된다.

어떤 신자들은 결혼 후에 상대방을 회개시킬 수 있을 것이라 생각하면서 불신자와 결혼해 버리기도 한다. 그러나 그 배우자가 하나님이 진정 택하신 사람이면 하나님은 그를 결혼 전에 개종시킬 수 있다. 그러나 그가 기피하면, 이는 그 결혼을 하나님이 기뻐하지 않으신다는 충분한 표시가 된다. 우리 그리스도인은 때로 하나님의 때를 기다리며 무엇이 옳은가를 기다리는 법을 배워야 한다. 그렇지 않으면 중대한 실수를 저지를 수가 있다. 결혼은 인륜지대사(人倫之大事)라고 한다. 결혼을 하면 3가지의 결합이 이루어진다. 첫째, 육적인 연합이다. 둘째, 정신적인 연합이다. 셋째, 영적인 연합이다. 이렇게 중요한 결혼을 잘못하여 크리스천들의 가정이 깨어지거나 불행한 인생을 살아가는 경우가 많다.

예수를 믿는 성도이기 때문에 자신의 자녀들 역시 그리스도의 교양과 훈계로 양육하기를 원할 것이다. 믿지 않는 상대방이 호의적이라고 할지라도 이 문제는 결코 교양과 훈계로 양육하기에 용이한 일이 아님을 느낄 것이다. 자신이 좋아하든 싫어하든 자신의 자녀들은 무엇을 본받아야 할지 혼동하게 될 것이다. 자신이 정말로 주님과 가까이 지내기를 추구하고, 하나님의 길을 가도록 자신의 자녀들을 양육하기를 애쓸지라도, 자녀들은 믿지 않는 배우자의 중립적인 영향을 받으며 자라게 되는 것이다.

자신의 자녀들에게 훈육이 필요할 때마다 성경적인 훈육에 관한 자신의 견해를 동의하지 않는다면 일관성 있는 훈육은 거의 불가능할 것이다. 아버지와 어머니 사이에 서로 다른 잣대를 가지고 자녀들을 판단할 때에 자신의 자녀들은 혼란에 빠질 것이다. 자신이 주 하나님을 기쁘시게 하려고 애쓰기 때문에 자신의 배우자와 자신 사이에 다툼이 끊이지 않을 것이다. 자신의 배우자는 자신을 기쁘게 하는 외에는 그 어떤 고상한 생각도 가지지 못하는 것이다. 참으로 어려운 문제가 발생할 것이다. 하루 이틀도 아닌 평생당하고 살아야 한다.

예수님을 믿기로 약속하고 결혼하여 어려움을 당하고 살던 분들을 소개한다. 예수를 믿기로 약속하고 결혼을 했으나 이혼의 위기에 처한 자매의 사정이다. "목사님! 저는 모태신앙으로 부모님은 장로님, 권사님이시고 33년을 살면서 굴곡 없이 큰 시련 없이 주님 은혜로 바르게 살아왔습니다. 작년에 몸이 많이 아픈 와중에 회사 동료 소개로 불신자인 현재 남편을 만났습니다. 남편의 지극정성 보살핌으로 인해 몸도 좋아지고 남편이 제가 믿는 예수님을 본인도 믿어보겠다 약속했습니다. 8주 새 신자 교육을 빠짐없이 받고 세례를 받았습니다. 저희 부모님 허락을 득한 후 만난 지 6개월 만에 결혼을 했습니다.

남편은 결혼 후 ○○○교회에서 15주 동안 양육자님과 일대일 교육을 빠짐없이 받았는데 교육이 끝나자마자 강퍅한 사람으로 돌변했습니다. 본인은 선택적 구원에 대해 절대 믿지 못하겠다는 것입니다(착한일 만 하다가 예수님 안 믿으면 지옥가고, 나쁜 짓만 하다가 죽기 전에 예수님 믿으면 천국 간다는 것). 기독교가 너무 배타적이어서 싫고, 모든 걸 예비해놓으신 하나님은 내일 당장 교통사고로 내가 죽게 되면 그것도 예비해 놓으신 거냐고…. 자유의 지대로 살아가고 싶고, 본인이 추구하는 방향대로 살고 싶은데, 기독교 교리가 본인과는 너무 맞지 않는다며 교회 나가기를 거부하기 시작했습니다. 매주 교회문제로 싸우다가 결국 제가 기독교인이어서 싫고 자식도 기독교인으로 만들고 싶지 않고, 애 낳기 전에 지금 당장 헤어지자고 한 상태입니다.

지금 결혼한 지 10개월 됐습니다. 남편은 위로 누나 셋에 아들 하나 장손이며 결혼 전에는 무교라고 했지만, 시집가보니 시댁은 불교였고 제사를 엄청나게 중요하게 생각하는 집이었습니다. 결혼 후 첫 시제를 드린다고 시골에 따라갔는데 30명이 머리에 갓을 쓰고 돼지머리를 올려놓고 절을 하는데 태어나서 처음 보는 광경에 놀라 기절할 뻔했습니다. 결혼 전에 제사 음식 차리는 건 도와드리지만 절은 안 하겠다고 약속하고 결혼했는데 어머님이 산소에 계속 절하라고 요구하셔서 그런 문제로 다툼이 끊이질 않았습니다.

또 남편의 누나 셋은 모두 결혼하고 얼마 되지 않아 모두 별거, 이혼한 상태입니다. 그걸 결혼식 얼마 전에 알게 되었습니다. 저희 부모님도 그 사실을 알고 기절할 뻔 했지만, 이미 결혼 날을 잡았고 우리 둘만 잘 살면 된다고 생각하여 결혼을 파하진 않았습니다. 저희 집은 대대로 이혼한 사람이 없고 독실한 크리스천집안이라 이혼하면 큰일 나는 줄 알고 도저히 생각할 수도 없는 문제입니다. 남편이 너무나 쉽게 결혼 10개월 만에 종교 제사문제가 이렇게 심각한 건지 몰랐다고 하면서 우린 근본적으로 생각하는 것이 다른 사람들이기 때문에 앞으로 미래를 행복하게 살려면 넌 독실한 크리스천 만나고, 자기는 진심으로 제사 드려주는 여자 만나야 행복할 것 같다고 헤어지자고 합니다.

종교 제사문제 말고는 부부관계도 좋았고, 다른 여자가 있다거나 문제가 될 만한 게 전혀 없었습니다. 지금 4월 말경에 한번 헤어지잔 말을 들었고, 제가 쓰러지는 바람에 몇 주 서로 그림자처럼 말 안하고 지내다가 5월 중순에 또 헤어지자는 말을 듣고 다음에 다시 이야기하자고 한 상태입니다. 목사님! 처음 남편을 만났을 때는 "누가 알아? 내가 너보다 더 신실해질지?"라고 말했던 사람이었는데, 이렇게 사람이 확 바뀔지 몰랐어요. 꿈에도 생각하지 않았어요. 제가 영적으로 무지했던 것입니다. 너무나 순진하게 생각했던 것 같습니다. 남편이 무서운 얼굴을 하면서 사람 취급 안하는 모습을 보면 인내할 수가 없고, 헤어져야만 하는 건지 도통 갈피를 못 잡고 있습니다. 제발 도와주세요."

다른 사례입니다. 교회에서 피아노 반주를 하시는 여 집사가 우울증과 불면증, 영적인 문제로 치유를 받으러 오셨다. 상담을 한 결과 모태 신앙으로 아버지는 장로님이시고, 어머니는 권사시라고 했다. 그런데 친구들의 소개로 지금 남편을 만났다. 한번 만나고 두 번 만나고 하다가 보니까, 정이 들어 결혼하게 된 것이다. 결혼 전에 남편에게 예수를 믿고 교회를 다니겠다고 해서 부모님의 승인을 받아 결혼을 했다는 것이다. 결혼을 하고 보니 여러 가지 생각하지 못한 영적인 문제가 드러나게 된 것이다.

결혼하여 시댁에 가니 시어머니가 제사라는 제사는 다 지낸다는 것이다. 제사 때가 되면 꼭 와서 제사에 동참하라고 며칠 전부터 전화를 한다는 것이다. 직접 제사에 참여하지는 않지만 제사음식을 모두 준비한다는 것이다. 어느 날은 시어머니가 제사상에 절하라고 해서 하지 않아 상황이 험악하게 되기도 했다는 것이다. 시어머니가 지독한 불교 신자라는 것이다. 시댁에 가서 그렇게 설득을 해도 절에 나간다는 것이다. 그래서 남편이 교회를 다니는데 제사를 지내느냐고 했더니 지낸다는 것이다. 남편이 교회를 다니기는 하는데 제사를 지낸 다는 것이다. 그런데 문제는 결혼 한지 5년이 지났는데 임신이 되지를 않는 것이다. 제사문제와 임신이 되지 않아 스트레스를 받아 우울증이 생겼다는 것이다. 밤에 잠이 오지를 않아 수면제를 먹고서야 잠을 조금 잘 수가 있다는 것이다. 거기다가 남편이 직장 생활을 제대로 하지 못하여 자신이 교회 피아노 반주를 해서 먹고 산다는 것이다.

고통이 이만 저만이 아니다. 그래서 제가 안수를 했다. 성령의 역사가 일어나니 이 여 집사에게서 향을 태우는 향냄새가 말도 못하게 나오는 것이다. 시어머니가 절에 나가고 제사를 지낼 때 전이된 영들이 이 여 집사를 괴롭히는 것이다. 우울증, 불면증, 영적인 문제 모두 시가에서 전이된 영들의 역사로 당하는 고통이다. 연애와 결혼은 이렇게 중요하다. 모태 신앙인 집사가 불신의 가정에 시집을 가서 제사를 지내고 살게 되는 것이다.

그러니 우울증이 찾아와서 고생을 하는 것이다. 참으로 답답한 현실이다. 결혼은 장난이 아니다. 참으로 안타깝다. 사람이 영적으로 바뀌는 것에는 살아있는 성령의 역사가 있어야 한다. 이분들이 처음 남편을 사귈 때 잘못했다. 교회의 이론(예정론)과 말씀 공부만 받게하지 말고 성령으로 세례를 받게 하고 영육의 치유를 받게 했어야 한다. 자신이 어떤 상태인지를 알게 했어야 한다. 성령으로 세례를 받게 하여 내면의 상처를 치유하고 가계에 흐르는 이혼의 영을 축귀했어야 했다.

이론을 안다고 불신자가 갑자기 성도가 되는 것은 아니다. 성령의 역사가 일어나야 자신의 상태를 알 수가 있고, 하나님이 살아계신다는 것을 체험할 수가 있다. 살아있는 생명의 말씀과 성령의 역사가 강하게 일어나서 혈통에 역사하는 귀신들을 몰아내야 한다. 거두절미하고 우선, 당사자들이 먼저 말씀과 성령으로 바로서야 한다. 쉽게 말해서 영육의 건강을 회복해야 한다는 말이다. 말씀과 성령으로 치유가 되어야 한다. 영적권능을 받아 어찌하든지 남편과 시어머니의 구원을 위해서 노력을 해야 한다. 그렇기 위해서는 본인들이 영적인 면을 바르게 알고 성령세례를 받고 치유 받아야 한다. 먼저 체험하고 남편들을 치유 받게 해야 한다. 그렇지 않으면 두 명이 모두 인생이 꼬여서 평생 고통을 당할 수가 있다. 이분들은 영적인 일에 무지해서 당하는 고통이다.

다른 사례이다. "톰소와의 모험"의 작가 마크 트웨인은 불신자인데 실은 무신론자였다. 그리고 올리비아 레인지던이라는 처녀는 신앙인이었는데 마크 트웨인을 사랑하게 되었다. 올리비아는 마크 트웨인에 대한 자신의 사랑은 지고한 것이고, 어떤 난관도 헤쳐 나갈 수 있으며, 더욱이 마크 트웨인을 개종시킬 수 있다고까지 자신만만하였던 것이다. 그래서 그들은 결혼하였다.

그들의 결혼은 처음에는 그런 대로 행복해 보였다. 그러나 한 해가 가고 두 해가 가고 세월이 가면 갈수록 마크 트웨인은 올리비아의 신앙에 대해 적개심까지 갖게 되었다. 올리비아가 성경책을 크게 읽을라치면 마크 트웨인은 "나는 성경 따위는 안 믿어. 시끄러우니까 집어치워"하고 소리를 버럭 지르는 것이었다. 그들 사이는 신앙으로 맺어진 것이 아니었다. 그리고 올리비아는 마크 트웨인을 자기의 신앙으로 끌어 들이기는 커녕 오히려 자기 자신의 신앙을 버려야만 하였던 것이다. 올리비아는 그렇게 신앙생활을 포기한 채로 슬픔 속에서 몇 년간을 더 그와 함께 보냈다.

마침내 마크 트웨인도 자기 아내를 위로할 양으로 "여보! 기독교 신앙이 그렇게 좋으면 하고 싶은 대로 해"라고 마지못해 허락했지만, 올리비아는 다시 시작할 수가 없었다. 이제 그녀에게 남은 거라곤 아무 것도 없을 정도로 절망적인 상태에까지 이르고야 만 것이다. 불신자와의 결혼은 기독교인에게 있어서는 신앙의 포기를 의미할 뿐만이 아니고, 하늘에 계신 아버지의 사랑마저도 잃고 만다는 것을 의미하는 것이다. 하나님께서 인도하시는 길로 걷지 않으면 하나님께 가까이 다가갈 수가 없는 것이다.

기독교의 결혼은 마치 그리스도와 교회의 관계만큼이나 신성한 것이다. 한 쌍의 젊은 남녀가 결혼을 하였는데 부인은 신앙인이었고 남편은 불신자였지만 결혼 후에 남편도 예수를 믿기로 약속한 사이였다. 그런데 결혼하고 난 후에 그 약속은 지켜지지 않았고 오히려 부인이 교회에 가는 것까지도 반대하는 입장으로 변하고 말았다. 이로 인해 냉전이 계속되던 어느 날, 집에 돌아온 남편은 밥상을 치운 채 가방 속에서 이혼수속을 밟아온 서류를 꺼내 놓고는 도장과 인주까지 준비하여 내밀면서 "당신! 나를 택하겠소, 예수를 택하겠소? 만일에 예수를 택하겠다면 우리 서로 갈라섭시다."하고 말했다.

그러나 부인은 이성을 잃지 않고 침착하게 말을 했다. "나는 예수님 때문에 당신을 버릴 수가 없소, 예수님이 내게 한평생 동안 당신만을 섬기며 살라고 가르쳤기 때문입니다. 만일 이 예수님이 아니었더라면 내가 먼저 당신에게 이혼하자고 했을 것이오." 얼마의 시간이 지난 후 남편이 등 뒤에 와서 하는 말이 "정말 당신이 믿는 예수가 나를 버리지 말라고 하셨소? 여보, 내가 잘못했소. 그런 예수라면 나도 다음부터 교회에 나가겠소." 두 부부는 부둥켜안고 엉엉 울었다. 그 이후 이 가정은 진실 되게 신앙생활을 하며 지금껏 행복하게 살고 있습니다.

예수님 때문에 남편을 용서한 아내의 사랑이 남편을 녹였고, 예수님 때문에 이혼 직전에 이르렀던 가정에 행복이 찾아들었고, 예수님 때문에 고통스러웠던 부부의 마음이 평안을 누리게 된 것이다. 그러나 불신자와의 결혼은 하나님께서 기뻐하지 않는다. 성경에 "노를 품는 자와 사귀지 말며 울분한 자와 동행하지 말찌니 그 행위를 본받아서 네 영혼을 올무에 빠칠까 두려움이니라"(잠 22:24)하였다. 이 말씀은 믿지 않는 자와 깊이 사귀면 그들의 영향을 받아 믿음에서 떠날 수 있음을 경고하고 있다.

실제로 이스라엘 왕 솔로몬이 이방여인을 취하여 크게 범죄하였고, 에스라 10장과 느헤미야 13장 26절 이하에 보면 이방 여인과 결혼함으로 그들의 우상문화를 끌고 들어와서 하나님께 크게 범죄 하므로 그들을 용납지 않겠다는 것을 말씀하고 있다. 또 성경에 "너희는 믿지 않는 자와 멍에를 같이 하지 말라."(고후6:14)하였다. 이는 불신자와 결혼하지 말라는 말씀이다. 황소와 말을 함께 묶어 마차를 끌도록 해보라. 말은 다리가 길고 황소는 다리가 짧다. 그래서 마차가 앞으로 가지 못하고 제 자리에서 뱅뱅 돈다.

말과 소는 서로 물면서 싸우기 때문에 같이 마차를 끌 수 없다. 뿐만 아니라, 말과 소는 서로 다른 방향으로 마차를 끌려고 하기 때문에 같은 방향으로 갈 수가 없다. 불신자와의 결혼이 이와 같다. 또 이렇게 생각해 보라. 미끄럼틀 위로 사람을 끌어올리기가 쉽겠는가, 아니면 밑에서 끌어내리기가 쉽겠는가? 신자는 미끄럼틀 위에서 불신자인 상대를 위로 끌어올리려고 하고, 불신 상대는 밑으로 끌어내리려고 한다. 미끄럼틀 위로 끌어올리는 것보다, 밑으로 끌어내리기가 더 쉽다. 결혼을 위해서 교제할 때는 일단 결혼만 하면, 쉽게 예수 믿게 할 것이라고 생각하기 쉽다. 그러나 그렇지 않다.

어떤 여자 분은 믿지 않는 남성과 결혼하여, 십 수 년 간 새벽마다 기도를 드림으로 마침내 남편을 예수 믿게 하였다. 그동안 그 여자 분이 겪었던 고통은 말할 수 없다. 부부가 함께 해로한다 해도 40, 50년인데, 그 기간의 1/4를 갈등 속에서 산다고 가정해보

라. 그것도 결혼 후 깨가 쏟아져야 할 시기에 말과 소의 갈등처럼 집안에서 벌어진다고 가정해 보라. 끔찍하지 않나? 그러므로 지금 불신자와 교제하는 사람이 있다면, 그 교제를 당장 끊지 말고 결혼하기 전에 먼저 그(녀)를 주님께로 인도하는 것을 첫째 사명으로 삼아야 한다. 주님의 사람을 만들고 난 후에 결혼을 해야 한다.

하나님은 이렇게 말씀하신다. "유다는 거짓을 행하였고 이스라엘과 예루살렘 중에서는 가증한 일을 행하였으며 유다는 여호와께서 사랑하시는 그 성결을 욕되게 하여 이방 신의 딸과 결혼하였으니, 이 일을 행하는 사람에게 속한 자는 깨는 자나 응답하는 자는 물론이요 만군의 여호와께 제사를 드리는 자도 여호와께서 야곱의 장막 가운데에서 끊어 버리시리라"(말2:11-12).

혹시 책을 읽는 분 중에 이미 믿지 않는 사람과 결혼한 사람이 있습니까? 믿지 않는 형제를 주께로 인도하기 위해서는 성도님의 사랑과 헌신이 따라야 할 것이다. 또한 믿지 않는 형제를 따라 신앙을 저버리는 일이 생기지 않도록 하나님께 열심히 기도해야 한다. 성경은 "믿지 아니하는 남편이 아내로 인하여 거룩하게 되고 믿지 아니하는 아내가 남편으로 인하여 거룩하게 되나니"(고전 7:14)라고 말씀하고 있으므로 너무 실망하지 말기 바라며 형제와 그 가족의 구원을 위해 온가족이 마음을 합하여 하나님의 뜻 가운데 기도하고 하나님의 인도하심을 구하기를 바란다.

11장 이혼에 숨어있는 영적비밀

(막 10:6-12)"창조 때로부터 사람을 남자와 여자로 지으셨으니, 이러므로 사람이 그 부모를 떠나서, 그 둘이 한 몸이 될지니라 이러한즉 이제 둘이 아니요 한 몸이니, 그러므로 하나님이 짝지어 주신 것을 사람이 나누지 못할지니라 하시더라. 집에서 제자들이 다시 이 일을 물으니, 이르시되 누구든지 그 아내를 버리고 다른 데에 장가드는 자는 본처에게 간음을 행함이요. 또 아내가 남편을 버리고 다른 데로 시집가면 간음을 행함이니라."

하나님은 "하나님이 짝지어 주신 것을 사람이 나누지 못할지니라 하시더라"말씀하신다. 이혼은 이제 우리 삶의 중요한 문제가 되었다. 크리스천들도 이혼에 대해서 세상과 별 차이 없이 자연스럽게 받아들이는 추세이다. 그러나 오늘 말씀에서 보았듯이 이혼에 대한 주님의 태도는 단호하다. 마가복음 10장 6절에서 9절이다. "창조시로부터 저희를 남자와 여자로 만드셨으니 이러므로 사람이 그 부모를 떠나서 그 둘이 한 몸이 될지니라 이러한즉 이제 둘이 아니요 한 몸이니 그러므로 하나님이 짝지어 주신 것을 사람이 나누지 못할지니라 하시더라"

주님께서 이혼을 반대하시는 이유는 두 가지이다. 하나는 창조의 질서이다. 하나님은 본래 사람을 만들 때 한 남자와 한 여자로 만드셨다. 이 둘이 부모를 떠나 결혼하여 한 몸을 이루는 것이 하나님의 창조질서이다. 창조의 육 일째 만들어진 것은 인간이 아니라 가정이다. 한 남자와 한 여자이다. 그래서 창조의 완성은 한 남자와 한 여자가 만나 가정을 만들면서 이루어진다. 하나님은 가정이란 곳에서 인간들이 행복을 맛보며 살게 하셨다. 하나님이 원하시는 뜻은 일부일처제요, 한 남자와 한 여자의 헤어짐 없는 영원한 결합이었다.

결혼의 권위가 하나님으로부터 오기 때문이다. 주님은 결혼은 "하나님이 짝지어 주신 것"(9절)이라고 분명히 규정한다. 이 말씀의 의미가 무엇인가? 결혼은 실상 남녀가 눈이 맞아서 서로의 의지로 결정하고 하는 것 아닌가? 그러나 주님은 명백히 그렇지 않다고 말씀하신다. 우리 만남을 엮어 준 것은 바로 하나님이시다. 창세기 2장에서 아담이 하와를 만나는 과정이 그렇다. 하나님은 아담을 깊이 잠들게 한 후 갈빗대를 취하여 하와를 만들었다. 그리고 그 여자를 아담에게로 이끌어 왔다고 말씀한다.

결혼은 일생일대의 중요한 일이며, 하나님의 중요 관심사라 생각한다면 그렇게 가볍게 배우자를 선택하지 않을 것이다. 결혼이 가벼워지고 이혼이 많아지는 데는 이처럼 불신앙의 태도가 담겨 있다. 하나님에 대해서 심각히 고려하지 않는다는 점이다. 결혼은 사랑의 열매일 뿐만 아니라 사명이요 직분이다. 하나님은 결혼이라는 제도를 통해서 자신의 뜻을 성취하신다.

우리의 현실은 모세가 이혼에 관한 율법을 주던 때의 상황과 같다 할 것이다. 마가복음 10장 3절과 4절이다. "모세가 어떻게 너희에게 명하였느냐 가로되 모세는 이혼 증서를 써주어 내어 버리기를 허락하였나이다" 동일한 말씀이 신명기 24장 1절에 기록되어 있다. "사람이 아내를 맞이하여 데려온 후에 그에게 수치 되는 일이 있음을 발견하고 그를 기뻐하지 아니하면 이혼 증서를 써서 그의 손에 주고 그를 자기 집에서 내보낼 것이요" 모세의 이혼 율법에 대해서 주님은 5절에서 "예수께서 저희에게 이르시되 너희 마음의 완악함을 인하여 이 명령을 기록하였다"는 평가를 내린다. 원래 하나님의 뜻은 이혼하지 않고 사는 것이었는데, 너희 마음이 완악해서 부분적으로 허용해주었다는 뜻이다.

이혼 증서 제도는 사실 여자를 보호하기 위해서 만들어졌다. 가부장적인 시대에 남자들은 자기 아내와 살기 싫으면 여러 가지 핑계와 거짓 누명을 씌워 여자를 좇아냈다. 심지어 죽이기까지 했다. 이렇게 되면 남자는 마음대로 다시 결혼할 수 있지만, 여자는 평생 낙인이 찍힌 채 결혼도 못하고 살아야 한다. 이런 일이 비일비재하자, 하나님은 모세를 통하여 이혼 증서라는 것을 써주게 하셨다. 그러면 남자나 여자나 합법적으로 이혼할 수 있다. 이혼증서를 가진 여자는 다시 재혼할 수 있다. 이혼 증서의 내용은 다음과 같다. "○○시 출신 아무개의 딸인 아무개를 이혼하고 집으로 돌려보낸다. 당신은 자유이며 당신의 원하는 대로 당신의 소원에 따라 결혼할 수 있으며 누구도 그것을 방해할 수 없다. 이것은 모세와 이스라엘의 율법에 의한 이혼의 문서이며 이혼의 법률이며 이혼의 증서이다."

그런데 이 이혼증서는 자기가 싫다고 마음대로 쓸 수는 없고, 신명기 24장 1절에서는 "수치스러운 일이 그에게 발견되거든"이라는 조건을 달고 있다. 예수님 당시에 이 '수치스러운 일'이 무엇이냐를 두고 랍비 학파들 간에 논쟁이 벌어졌다. 이중 율법을 엄격하게 해석했던 샴마이 학파는 '음행'만이 유일하게 수치스러운 일이라고 해석했다. 반면에 율법을 보다 자유롭게 해석했던 힐렐 학파는 수치스러운 일로 여자가 음식을 태우거나, 여자가 지나치게 수다스럽다든지, 여자가 무례하고 다투기를 잘하며, 심지어 자기 아내보다 다른 여자가 더 매력적일 경우도 여기에 해당한다고 하였다. 당신은 어떤 학파가 옳은 것 같은가? 아마 대부분의 남자들은 힐렐 학파를 지지하고, 여자들은 샴마이 학파를 지지했을 것이다. 힐렐 학파처럼 해석하면 남자들 편한 대로 이혼증서를 써줄 수 있기 때문이다. 바리새인들은 지금 예수님께 나아와 어느 쪽을 지지하느냐고 시험하고 있는 것이다.

주님은 이에 대해서 모세의 권위가 아니라 창조질서를 주신 하나님의 권위에 의해서 해석을 내리셨다. 하나님은 뜻은 이혼에 반대하는 것이지만 너희의 완악함을 인하여 차선책으로 허락하신 것이라는 해석이다. 집에서 제자들과 나눈 대화에서는 더 엄격한 금지명령을 내리신다. 마가복음 10장 11-12절이다. "누구든지 그 아내를 내어 버리고 다른 데 장가드는 자는 본처에게 간음을 행함이요, 또 아내가 남편을 버리고 다른 데로 시집가면 간음을 행함이니라" 이혼뿐만 아니라, 이혼한 부부의 재혼 금지라는 더 강경한 모습을 보이는 듯하다. 그러나 이 말씀은 잘 해석해야 한다. 이 말씀은 재혼금지라는 새로운 규정에 대한 말씀이 아니라, 이혼하지 말라는 절대적인 명령을 강조하기 위한 설명의 차원에서 하신 말씀이다.

마가복음 외에 다른 복음서에 기록된 예수님의 말씀들을 보면 이것을 잘 이해할 수 있다. 마태복음 19장 9절에서 예수님은 "내가 너희에게 말하노니 누구든지 음행한 연고 외에 아내를 내어 버리고 다른 데 장가드는 자는 간음함이니라"고 말씀한다. 예수님은 오늘 마가복음에서와는 달리 이혼 가능한 사유로서 샴마이 학파처럼 "음행한 연고"를 첨가하고 있다. 또한 재혼금지 명령이 아니라, 타당하지 않은 이혼 후의 재혼은 간음과 같은 죄를 짓는 것이라는 설명식의 말씀을 덧붙이고 있다. 또 다른 데서는 "여자를 보고 음욕을 품는 자마다 마음에 이미 간음하였느니라"(마5:28)며 더 심하게 말씀하시기도 하셨다. 이럴 경우 합법적인 결혼관계에 있다할지라도 그는 실상 이혼과 같은 죄를 범하고 있는 것과 같다 할 것이다.

이 말씀들 중 어떤 말씀이 옳은가? 이 말씀들을 어떻게 조화시켜야 할까? 필자는 예수님이 공생애 기간 동안 여러 상황에서 다양한 말씀을 하셨다고 생각한다. 왜 그랬는지가 중요한데 그것은 인간의 죄성과 연약함을 잘 아셨기 때문이다. 형식상으로 깨끗한 것처럼 보이지만 보이지 않는 곳에서 또 마음속에서 온갖 더러운 것으로 끓고 있는 자들에게는 음란한 생각도 간음과 같다고 단호히 말씀하셨다. 어떻게든 이혼의 핑계를 대고 이를 합법화하려는 자들에게는 단호히 안 된다고 말씀하셨다. 오늘 마가복음의 상황인데 바리새인들에게는 충격이었을 것이다. 또 어느 때는 '음행한 연고'로까지 낮추시기도 하였다. 부부 간 한 쪽이 음행의 죄를 범했다는 것은 이미 부부관계가 파탄 났다는 것을 의미하고, 그것을 지속하는 것은 의미가 없다고 생각하셨다. 또 부활의 때를 언급하면서 하늘나라에서는 결혼제도조차 없다고 말씀하시기도 하였다. "사람이 죽은 자 가운데서 살아날 때에는 장가도 아니가고 시집도 아니가고 하늘에 있는 천사들과 같으니라"(막12:25) 결혼도 결코 영원한 것이 아니라는 것이다.

주님은 새로운 윤리로 우리를 정죄하시려는 것이 아니다. 예수님은 오늘 말씀을 통해서 우리에게 결혼과 이혼에 관한 새로운 율법을 주시려는 것이 아니다. 주님은 우리 모두가 하나님의 은혜가 필요한 존재임을 깨닫게 하고 십자가 앞에 내세운다. 하나님 나라라는 현실 앞에 회개하게 만들고, 겸손하게 만들고, 낙망한 자에게 다시 힘을 주어 그 동안의 삶에서 돌이켜 새롭게 변화할 것을 요구하신다.

하나님은 우리들처럼 완고한 분이 아니시다. 우리의 형편과 연약함을 아시고 때로는 채찍으로 때리시기도 하시지만 때로는 우리 수준에 맞추어 낮추시기도 하신다. 필자는 지금 우리 시대의 모습이 창조시의 이상을 실현할 수 없는 현실이 아닌가 그런 생각을 한다. 그래서 예수님의 윤리가 아니라 다시 모세의 윤리에 호소해야 하지 않나 하는 생각이 들기도 한다.

우리 인간들은 하나님의 뜻을 이루기에는 부족한 사람들이다. 우리 가정이 이혼하지 않고 살고 있다면 그것은 단지 하나님의 은혜라 할 것이다. 우리 한 사람 한 사람은 정상적인 가정을 이루기에는 얼마나 부족한 인격과 태도를 가지고 있는지 모른다. 우리가 말씀에 충실히 산 결과가 아니라 어쩌다 좋은 짝을 만나 이어진 행운일 뿐이다. 이혼에 이른 분들은 그들이 부족해서가 아니라 서로 맞지 않는 짝을 만났기에 일어난 불운이었을 뿐이다. 서구 사회는 모르겠지만 한국사회에서는 누구든 이혼하고 싶어 하는 사람은 없다. 도무지 참을 수 없고 지속될 수 없으니 서로 갈라서는 길을 택한 것이다.

불행한 결혼 유지와 이혼 중 어느 것이 최선일까? 정말 어떤 부부 중에는 이혼을 권하고 싶은 부부도 있다. 두 사람이 너무 싫어하여 원수처럼 된 부부이다. 서로 상대방을 끌어안을 애정도 부족하고, 한쪽의 무능력이나 폭력, 악한 습관으로 그 배우자가 견딜 수 없는 고통을 당할 때이다.

아마 요한 웨슬리의 경우가 대표적일 것이다. 요한 웨슬리는 감리교를 창시하고 영국 부흥운동을 이끈 경건한 사람이었지만, 그의 결혼 생활은 극히 불행했다. 요한 웨슬리의 부인은 성경 욥기에 나오는 욥의 아내와, 소크라테스의 아내 크산티페와 함께 3대 악처에 손꼽힐 정도의 여자였다. 요한 웨슬리는 47세라는 늦은 나이에 그 아내 몰리와 결혼을 했다. 그동안 요한 웨슬리 주위에는 많은 여인들도 있었고 결혼할 기회가 있었지만 웨슬리는 결정적인 순간에 미적미적하며 우유부단한 모습을 보였다. 그 모습에 실망하여 여자들이 떠나갔다. 그러다 나이도 들어가고 또 실연의 아픔 속에 웨슬리는 어느 날 충동적으로 결혼을 하고 말았다. 구혼하고 15일 만에 결혼을 했는데 그 형제들과 상의하지도 않고 결혼을 했으니까. 몰리라는 여자는 아이 넷을 둔 과부였다.

그러나 요한 웨슬리는 한 가정의 가장이 되기에는 부족한 사람이었다. 매일 설교를 서너 번씩 해야 했으며(평생 총 42,000회의 설교), 부흥 집회를 위해서 오랫동안 집을 비우기 일수였다. 또 다른 여자들에게는 친절하게 대했지만 자기 아내에게는 그렇지 못했다. 이런 남편에 대해서 몰리는 화가 나서 결혼한 지 1년 갓 넘어서 부부싸움하다 그 머리채를 잡아 뽑기도 하였다. 요한 웨슬리는 독선적인 성격이 강했고, 그 아내 몰리는 극단적인 감정의 소유자였다. 요한 웨슬리는 자기 아내에게 보내는 편지에서 10가지 불평을 늘어놓기도 했는데 그 내용은 이렇다.

"자신의 사무실에서 몰리가 도적질하는 것, 편지를 훔쳐보는 것, 중상모략, 차를 대접하기 위해 친구도 초대할 수 없는 자신의 처지, 집에 들어오면 포로 같은 느낌, 귀에 거슬리는 상소리

들 등"이었다. 이들의 결혼 생활에 대해 한 작가(스탠리 아이링)
는 "거창한 이름뿐인 부적절한 결혼, 여러 번 헤어져 지냈으나
1776년(마지막으로 헤어진 때, 요한 웨슬리의 나이 73세)까지
끝나지 않았던 결혼, 1년 내내 계속되는 싸움, 싸움, 싸움….."

사실 웨슬리는 사랑 없이 결혼을 했다. 그는 거침없이 자기 아
내를 향하여 "내가 진 십자가"라고 말하거나 "만약 당신이 천년
을 산다고 해도 당신이 끼친 해악을 원상 복구할 수 없을 것이
요."라는 악담도 퍼부었다. 이 둘은 수차례 별거와 재회를 반복
했다. 나중에 자신의 결혼생활을 회고하며 웨슬리는 이렇게 표
현했다. "만약 나의 부인이 훌륭한 아내였더라면 자신은 하나님
께서 부르신 그 위대한 사역에 충성을 다하지 못했을 것이다"

물론 이것도 일면의 진실이지만 결국 두 사람의 사랑은 실패
하고 말았다. 윌리엄 피터슨은 요한 웨슬리를 이렇게 평가했다.
"요한 웨슬리는 그의 일과 결혼한 까닭에 하나님께서 주신 결혼
에 신실하지 못한 중죄를 저질렀다. 때때로 하나님의 종은 하나
님을 사랑하는 것과 하나님의 일을 사랑하는 것을 구별하지 못
하는 실수를 범하기 쉽다"

이런 경우 이 둘은 이혼을 하지 않았기에 결혼이라는 하나님
의 직무에 형식적으로나마 충실했다 할 것이다. 그러나 대부분
의 가정생활에서 불행했으며, 서로를 미워했으며, 오랜 세월 별
거해야 했다. 웨슬리야 자기 일이 있다지만, 한 여자의 인생은
어떻게 되었는가? 요즘 같으면 당장 이혼하자고 나설 것이며,

실제 주변에는 목회자이면서도 이혼한 분도 많다. 이런 가정들이 필자에게 상담한다면 필자는 어떻게 답변해줄까? 참으로 고민스럽다.

이런 경우라면 주님께서 말씀하신 "음행한 연고"라는 예외 조항에 해당한다고 저는 생각한다. 이미 결혼 관계는 파괴되었다. 그냥 성경에서 금지하고, 또 다른 사람들의 이목이 두려워 단지 그 형식적인 끈만 놓지 않고 있을 뿐이다. 이혼이 하나님 앞에서 죄지만 사랑 없는 결혼 생활을 하고, 서로가 자신을 불행한 존재로 여기며, 서로를 미워하며 살아야 하는 더 큰 악에 비한다면 오히려 작은 악이라 할 수 있을 것이다. 그렇다고 해서 제가 이혼을 찬성하는 것은 아니다. 인간이 살다보면 연약해서 어쩔 수 없는 선택을 해야 할 경우도 있다는 것이다. 본인들도 좋아서 그렇게 결정하는 것은 아닐 것이다. 정말 도무지 견딜 수 없어서 그렇게 하는 것 아니겠는가?

우리 주님은 우리 연약함을 아시고 "음행한 연고"라는 이혼의 탈출구를 열어주셨다. 본래 계획하였던 하나님의 뜻은 아니지만 평생을 지옥처럼 사느니 차라리 죄를 지을망정 서로 헤어져 다시 행복을 찾기를 바라는 하나님의 사랑이라 할 것이다. 또한 예수님은 어떤 죄에 대해서도 용서하신다. 간음하다 현장에서 잡혀 예수님 앞에 끌려온 여인을 향하여서도 "나도 너를 정죄하지 아니하노니 가서 다시는 죄를 범치 말라"(요8:11)고 말씀하셨다. 이혼 후 다시 인생을 시작하시는 분들은 이제 과거에 얽매이지 말고 새로 주어진 기회를 잘 활용하여 하나님께서 원하셨던 아름다운 가정을 이룰 수 있기를 바란다.

그러기 위해서는 이혼을 잘 해야 한다. 필자는 이혼할 때 결혼할 때처럼 이혼식도 했으면 좋겠다. 필자의 막연한 생각이 아니라, 실제 미국 감리교에서는 이혼예식 모범이 있다는 것이다. 이 이혼예식에는 부부가 함께 참여할 수도 있고 개별적으로 참여할 수도 있다.

그 기도문의 일부를 읽어드리겠다. "무궁한 사랑과 끝없는 이해로 우리를 돌보시는 하나님. 우리를 치료하는 주님의 성령을 이 사람(형제 또는 자매)에게 부어 주십시오. 그가 자신의 결혼생활의 실패를 반성하면서, 새로운 출발을 하고자 합니다. 그가 입은 상처와 당하고 있는 슬픔을 치료해 주십시오. 쓰라린 과거를 다 등 뒤로 던져 버릴 수 있는 능력을 허락해 주십시오…. 이 사람이 자신의 내면을 들여다보고 있습니다. 결혼생활을 파멸로 이끈 자신의 결점과 다른 사람들에게 상처를 준 자신의 결점을, 하나하나 발견하고 있습니다. 지난날의 잘못을 용서하여 주십시오. 새로운 삶을 살아갈 수 있도록 능력을 주십시오.

그에게 주신 자녀를 보살펴 주십시오. 우리가 그 자녀들의 상처를 치유할 수 있도록 도와주시기 바랍니다. 그의 부모들과 친구들이 입었을 상처를 위하여 기도합니다. 그들의 상처를 어루만져 주시고 낫게 하여 주십시오. 새로운 현실을 받아들일 수 있게 하여 주십시오. 이 모든 말씀을 우리를 과거의 속박에서 해방

시켜 주시고 만물을 새롭게 하시는 우리의 구세주 예수 그리스도의 이름으로 기도합니다. 아멘."

좀 괴로울 수도 있겠지만, 이 과정을 통해서 우리는 다시 한 번 하나님께서 허락하신 만남과 가정의 소중함과 신성함을 새롭게 할 수 있지 않겠는가? 이런 과정을 통하여 자신의 과오를 용납하고 공식적으로 용서받을 수 있는 계기가 되지 않겠는가? 우리 인생에서 결혼처럼 소중한 만남도 없다. 소중한 만큼 신중하게 결정해야 할 것이며, 결혼한 이후에는 그 결혼을 유지하도록 우리 최선을 다하여야 할 것이다.

결혼은 했으면 맞지 않는다고 이혼을 하려고 할 것이 아니라, 근본 원인이 무엇인지를 찾아야 한다. 원인을 찾아서 근본을 해결하려고 해야지 맞지 않는다고 이혼부터 생각하지 말라는 것이다. 분명하게 이유가 있을 것이다. 성격에 문제가 있을 수가 있다. 혈통에 흐르는 이혼의 영의 역사할 수도 있다. 필자가 상담을 하다가 보면 혈통에 이혼의 영이 흐르는 가계가 있다.

필자는 항상 이렇게 말한다. 원인 없는 문제가 없다는 것이다. 원인을 해결하지 않으면 도미노 형상이 일어난다. 한번 생각해 보라. 결혼해서 살지 못하고 이혼을 했는데 되는 것이 무엇이 있겠는가? 한번 결혼을 했으면 이혼하려고 하지 말고 원인을 찾아 해결하려고 노력하라.

이혼을 하게 되면 정신적인 충격이 크다는 것이다. 필자는 치유를 전문으로 하는 목회자이다. 필자는 사람이 생을 포기하는 최고의 스트레스를 100으로 한다면 이혼은 75 이상이라고 생각한다. 그만큼 충격이 크다는 것이다. 충격은 영-혼-육의 심각한 상처를 만든다. 치유되지 않으면 정신적인 문제가 발생하기도 한다. 질병으로 나타나 심혈관질환이나, 암이나, 당뇨나, 혈압이나, 뼈 신경계통의 질병이나, 중풍이나, 순환기계 등 성인병의 원인이 된다. 이혼하려는 부부간에 자녀가 있다면 자녀들에게 큰 충격을 가한다. 필자가 병원전도를 다니다가 이런 아이를 보았다. 12살 먹은 어린 남자아이가 위궤양으로 입원을 한 것이다. 필자가 이해할 수가 없어서 아이하고 대화를 하는데, 할머니가 오셨다. 자초지종을 물으니 이렇게 대답을 하였다. 아버지가 안산에 사는데 IMF 시절에 부부가 이혼을 하였다는 것이다. 그래서 아이는 저 경상도에 계시는 할머니에게 맡겼다는 것이다. 아이가 스트레스로 위궤양이 생겨서 방학을 통하여 치유하려고 올라왔다는 것이다. 이렇게 자녀들에게도 충격을 가하는 것이 이혼이다.

후대에 영향을 미친다는 것이다. 이혼이 이혼을 낳는다는 말이 있다. 한마디로 대물림이 된다는 것이다. 결혼을 하려면 그 어머니나 아버지를 보라는 말이 그것이다. 필자가 성령치유 사역을 하면서 이혼한 분들을 상담하다가 보면 그의 부모님들이 이혼한 경우가 많았다는 것이다.

그리고 형제들이 이혼한 경우가 많았다. 이를 보면 혈통에 이혼을 시키는 영이 흐른다는 것이다. 혈통으로 역사하는 이혼의 영을 말씀과 성령으로 축귀해야 한다.

처음 결혼하여 실패하여 재혼하면 할수록 자꾸 나빠진다는 것이다. 자꾸 비교하기 때문이다. 이것이 좋으면 다른 것이 좋지 않다는 것이다. 필자가 이런 여성을 상담하여 치유한 경험이 있다. 세 번째 재혼하여 살아가는 여성이다. 그러니까, 첫 남편하고 이혼했다. 두 번째 남편하고도 이혼했다. 세 번째 남자하고 결혼하여 사는 것이다. 그런데 이혼하려고 한다는 것이다. 필자가 무어라고 할 말이 없어서 세 번을 결혼했는데 어떤 남자가 제일 괜찮았느냐고 질문을 했다. 그러니까, 이렇게 대답을 하였다. 첫 남자가 제일이었다는 것이다. 재혼을 하면 할수록 나쁜 사람만 만났다는 것이다. 상처가 강해지기 때문이다. 처음 결혼을 잘해야 한다. 자꾸 바꾼다고 좋아지지 않는 다는 것이다. 이것은 영적인 법칙이다. 결혼을 했으면 그 결혼을 유지하도록 우리는 최선을 다하여야 할 것이다. 자기 마음에 100% 맞는 사람은 하나님밖에 아무도 없다는 것을 명심하라. 처음 결혼을 신중하게 하라는 것이다.

12장 재혼에 숨어있는 영적비밀

(고전 7:10-11)"결혼한 자들에게 내가 명하노니 (명하는 자는 내가 아니요 주시라) 여자는 남편에게서 갈라서지 말고, (만일 갈라섰으면 그대로 지내든지 다시 그 남편과 화합하든지 하라) 남편도 아내를 버리지 말라"

주님께서 이혼을 반대하시는 이유는 두 가지이다. 하나는 창조의 질서이다. 하나님은 본래 사람을 만들 때 한 남자와 한 여자로 만드셨다. 이 둘이 부모를 떠나 결혼하여 한 몸을 이루는 것이 하나님의 창조질서이다. 그렇다면 음행이외에 이혼에 대한 다른 조건은 없는가. 이 물음에 관해서는 개혁주의권내에서도 두 가지 견해가 있다. 성경적인 이혼의 근거는 오직 음행뿐이라는 주장과 음행과 함께 (고의적인)저버림(willful desertion)도 혼인의 끈을 끊어버린다는 주장이 있다. 저버림은 고린도전서 7장 15절에 언급된,"혹 믿지 아니하는 자가 갈리거든 갈리게 하라. 형제나 자매나 이런 일에 구속받을 것이 없느니라"는 말씀에 기인하고 있다.

하지만 나는 이 구절에서 저버림이 이혼과 재혼의 합법적인 허용을 의미한다는 확신을 얻을 수 없다. 이 말씀은 불신자인 배우자의 적극적인 행동에 대한 신자 편에서의 판단을 묘사한 내용일 뿐이다. 떠나는 사람은 신자가 아니라 불신자이다. 불신자인 배우자가 막무가내 떠나려고 할 때, 신자가 막아설 수 없다면 떠나게 내버려두는 수밖에 없다.

신자에 대한 불신자인 남편과 아내의 저버림은 가정을 파괴시킬만한 가공할 내용이 될 수 있다. 하지만 그들의 저버림이 예수님이 친히 언급하신 '음행 외의' 또 하나의 확실한 이혼 조건일 수 있는지에 관해서는 여전히 의문이다. 하지만 음행은 성경적인 이혼의 합법적인 (충분)조건임에 분명하다. 이 사실을 받아들일 때 우리는 또 다른 중요한 한 가지 물음에 직면하게 된다. 예수를 믿지 아니하는 자(음행이나 그 외의 이유로 버림을 당한 배우자)의 재혼이 실제적으로 가능한가 하는 것이다.

성경적 사색 없이 이혼과 재혼을 용인하는 사람들에게는 낯설다 못해 희한한 물음이 될 것이다. 하지만 성경은 이 물음에 대해 너무나 분명한 태도를 취하고 있다. 마태복음 19장과 누가복음 16장에 나타난 예수님의 해석에 따르면 이렇다.

첫째, '음행한 연고' 외에 아내(남편)를 버리는 일(이혼)은 불가하다.

둘째, '음행한 연고' 외에 배우자를 버리고 다른 데 장가(재혼)드는 자는 간음한 것이다.

셋째, '음행한 연고'로 버림을 받은 이에게 장가(재혼)가는 일또한 간음 행위이다.

다시 말해 예수님의 시각에서는 무흠한 사람 이외에 그 어느 누구에게도 재혼을 허락하지 않으신다. '음행'이 아닌 그 어떤 이유로도 이혼이 불가하며 만약 이혼을 하고서 다른 사람과 혼인(재혼)을 한다면 양자 간에 평생 간음을 범하는 것이다. 그렇다면 예수를 믿지 아니한 이혼자에게 재혼이란 불가능한가? 이에 대해 성경은, 다른 사람과의 혼인(재혼)은 배우자가 죽은 이후에만 가능하다(고전 7:39; 롬 7:2-3)고 진술하고 있다.

비록 정당한 사유(배우자의 음행)로 이혼하였다 하더라도 전 남편(아내)이 살아있다면 법으로 그에게 매인 바 되어 있다. 전 남편이 살아있으면 재혼하지 못한다는 것이다(고전7:10-11). 혼인은 배우자가 죽기 이전까지는 그 누구도 끊을 수 없도록 하나님이 매어두신 생명의 끈이기 때문이다.

예수를 믿지 아니하는 자 일지라도 오직 배우자의 사별이후에 재혼이 가능하다는 성경의 엄중한 교훈이 당황스럽고, 부담스럽게 여겨지는 이들이 많을 것으로 짐작된다. 하지만 이 논지는 초대교회와 종교개혁 시대를 관통하여 오늘까지 경건한 주의 백성들에게 요구되는 불변의 진리이다.

잘못되었다면 회개하고 돌이키면 된다. 잘못을 인정한다면 다시 그 길로 가지 않으면 된다. 주님이 금하신 일을 사람의 생각으로 가능케 하는 것은 판도라의 상자를 여는 일보다도 끔찍하고 무서운 결과를 초래할 것이다. 그러기에 혼인과 이혼과 재혼은 오직 말씀의 정당한 보증 안에서 행해져야 한다는 성경의 엄밀한 가르침에 귀를 기울여야 한다. 혼인의 끈은 하나님의 신실하심의 증거이며, 이혼과 재혼에 대한 성경적 투쟁은 교회의 신실성을 드러내는 척도이다. 앞서 언급했듯이 현대 교회의 이혼과 재혼의 영역은 거의 무법지대라고 해도 과언이 아니다. 말씀에 충실하자는 구호를 내 걸은 교회에서 혼인과 이혼과 재혼에 대한 예수 그리스도와 사도들의 가르침이 무시되고 웃음거리로 전락하는 일들이 비일비재하다. 교회 안에 넘쳐나는 비성경적 가르침들과 거짓 확신들은 교회의 생명을 위협하고 있다.

진리의 파수꾼이어야 할 교회의 지도자들이 나서서 불법적인 이혼과 재혼의 중매를 자처하고 교회를 방종과 음행의 구렁텅이로 몰아넣고 있다. 고의 이든지 무지이든 은혜와 사랑이라는 명분 아래 자행되는 비성경적인 혼인과 이혼, 그리고 재혼은 가정과 교회를 세우는 것이 아니라, 허무는 일이다.

이혼하려는 남편과 아내에게 주시는 하나님의 말씀은, "원하는 사람을 만나서 새로운 인생을 알아서 개척하라"가 아니라 "그냥 지내든지 아니면 남편(아내)과 화합하라 남편은 아내를 버리지 말라(고전 7:11)"고 하신다. 우리에게 요청되는 것은 어떻게 해서든 이혼과 재혼의 조건을 만드는 것이 아니라 어떠한 조건 속에서도 주님의 말씀에 대한 철저한 순종을 배우는 일이다.

비록 그런 종류의 일들이 세상 사람들의 안목과 내 자신의 마음에 흡족함이 없을지라도 성도라면 오직 성령과 말씀이 주는 하늘의 긍휼과 위로를 힘입고 살아야 한다. 사람 편에서 끊을 수 없는 혼인의 끈은, 한번 잡으신 인생의 끈을 절대로 놓지 않으시는 주님의 신실하심에 대한 강력한 증거이며, 이혼과 재혼에 대한 성경적 투쟁은 교회의 신실성을 이 땅에 유감없이 드러내는 소중한 척

도임을 상기하자. 오직 말씀만이 무너져 가는 우리의 가정과 교회를 살리는 유일한 방편임을 깨닫는다면 분명 우리의 인생가운데 가장 아름답고 복된 날로 기억될 것이다.

재혼을 하려면 재혼에 따르는 영육의 문제를 알고 사전에 해결하고 하라는 것이다. 필자가 성령치유 사역을 하다가 체험한 바로는 재혼할 경우 많은 영적인 문제가 발생하고 있었다. 이혼하고 재혼한 부부는 상처를 치유하고 이혼의 대물림의 줄을 끊고 이혼의 영을 축사해야 한다. 재혼부터 하려고 하지 말고 반드시 원인을 사전에 치유하고 재혼하라는 것이다. 왜냐하면 이혼을 했으면 반드시 이유가 있었기 때문이다. 서로 맞지 않고 성격이 통하지 않아서 이혼했기 때문이다. 사별하고 재혼하려는 분들도 마찬가지 이다.

그런데 더 문제가 되는 것은 서로 사랑하고 살다가 세상을 떠난 사람과 재혼한 경우이다. 10년 이상 사랑하며 잘 살다가 자녀를 출산하고 불의의 사고나 질병으로 떠난 경우, 문제가 더 심각하다. 이런 경우에 처한 분의 사례이다. 이분은 1년 전에 지금 남편하고 재혼했다. 전 부인은 남편이 자신하고 재혼하기 2년 전에 질병으로 고등학생 아들과 중학생 딸을 두고 세상을 떠났다고 한다. 그런데 이 여성이 재혼하고 지난 1년 동안 이유 없이 우울증, 불면증과 위통 때문에 힘들게 지내다가 저희 교회를 알게 되었다는 것이다. 분명하게 영적인 역사가 있기 때문에 1년 동안 우울증으로 고생을 한 것이다.

문제이다. 죽은 사람이 생전에 입었던 옷들을 어떻게 해야 하느냐는 질문이다. 돌아가신 전부인 몸집이 작아서 그 옷을 딸아이가 지금 입거나 보관 중이고 화장품도 가지고 있어서 쓸 때도 있다는 것이다. 사실 자신의 솔직한 심정으로는 다 버리고 싶다는 것이다. 남편이 아이에게서 애들 엄마의 모습을 보는 것 같기도 하고…. 가끔 딸아이가 돌아가신 엄마처럼 행동할 때도 있다는 것이다. 지난 1년간 어떻게 살았는지, 정말 힘들었다는 것이다. 지금은 많이 평안해졌지만 어떻게 해야 할지 모르겠다는 것이다. 집안에 있는 제사용품이나 절에서 사온 탑, 기념품 등 영적청소를 한 번 했다는 것이다. 그대로 남아있는 유품을 어떻게 해야 할지 고민이라는 것이다. 전 부인은 불교신자였다. 지금 남편은 장로님 아들이며, 예수를 믿고 교회에 나간다는 것이다.

지금 아파트는 전 부인이 2월경에 입주해서 인테리어를 좋게 해 놓고, 제대로 써 보지도 못하고 그해 7월에 돌아가셨다는 것이다. 아파트 입주할 때 들여놓은 장롱이며, 식탁, 그릇, 장식장, 장롱, 소파, 탁자, 서랍장, 한복, 많은 그릇이며 찻잔들 등. 이 중에서 가족 공동용품은 그대로 두고, 여성 개인용품만 처리를 해야 하는지 잘 모르겠다는 것이다. 고인이 쓰던 차를 출퇴근용으로 쓰거나 자신이 쓰고 있다는 것이다. 차 안 액세서리도 그대로, 고인이 쓰던 물품을 손도 못 대게 해서 버릴 수가 없었다는 것이다. 그런 부분을 어떻게 설득해야 하느냐는 것이다. 남편에게 영적인 지식을 말해줘야 할 것 같다는 것이다. 저에게 혹시 이런 경우를 치유한 경험이 있느냐는 것이다.

필자의 의견은 이렇다. 물건과 생각을 통하여 영들의 전이가 일어난다. 영의 전이는 생각하고 눈으로 봄으로 일어난다. 남편이 아침저녁으로 보고 생각함으로 쉽게 전부인과의 영의 묶임에서 해방이 될 수가 없을 것이다. 그래서 사람이 죽으면 사용하던 것을 태우는 것이다. 돌아가신 분 개인이 사용하던 것은 소각하거나 버리는 것이 좋다. 절대로 남편하고 상의해서 동의를 얻어야 한다. 공동 용품은 남편의 의견에 따라서 처리하라. 남편이 처리하겠다면 좋은 것이고 아니면 그냥 사용하는 수밖에 도리가 없다. 결혼 앨범을 어떻게 버리겠는가? 남편이 재혼할 당시 이런 문제가 있을 것을 알고 직접 처리 했어야 한다. 재혼한 남편이 조금은 사려 깊지 못한 사람이라고 생각할 수 있다. 어찌할 수가 없다. 남편의 의견을 따를 수밖에 없다.

아파트도 문제이다. 제가 조언하고 싶다면 팔고 다른 집으로 이사를 가는 편이 좋을 것이다. 깨끗하게 정리하고 새 출발을 하는 것이다. 남편이 이런 생각을 하고 재혼을 했어야 한다. 자동차 문제는 참으로 난감하다. 필자의 소견으로는 팔고 다른 차를 구입하는 것이 좋다. 그러나 남편이 그렇게 하지 않을 것이다. 아침저녁으로 차를 타고 다니면서 전 부인을 생각할 수 있으니까. 이것은 동거와 영적 육체적인 접촉으로 인해서 영의 결속이 되었기 때문이다. '쏠타이'라고 한다. 이것에 대해서는 "하나님의 복을 전이 받는 법" "귀신축사 차원 높게 하는 법"을 읽어보시면 된다.

남편을 잘 설득해야 한다. 합리적으로 생각하면 안 된다. 한 차원 깊은 영적으로 생각을 하면 답이 나올 것이다. 빨리 처리하려고 생각하면 문제가 커질 수도 있다. 남편이 이해하고 처리하도록 해야 한다. 시간이 해결하여 줄 것이다. 모두 생명의 말씀과 성령의 역사로 가능한 것이다. 강한 성령의 권능이 나타나도록 기도하고, 권능을 사용하여 가정을 장악하시기를 바란다. 3년은 싸워야 한다. 그래야 어느 정도 집사님의 자리가 잡히고, 성령의 권능이 가정을 장악하게 될 것이다. 이렇게 권면을 했다.

필자가 몇 년 전에 이런 분을 치유한 적이 있다. 시화에서부터 우리 교회를 다니면서 은혜를 받던 여자 성도이다. 하루는 전화가 왔다. 요즈음 잠을 자지 못한다는 것이다. 이유는 꿈속에서 미친 여자가 자기를 자꾸 따라오면서 괴롭힌다는 것이다.

이런 현상이 자신의 남자 친구 부인 묘지에 다녀온 다음부터 이런 일이 생겼다고 한다. 어찌하면 좋겠느냐는 것이다. 그래서 제가 성령님에게 질문을 했다. 성령께서 남자 친구 부인이 어떤 병으로 죽었는지 물어보라는 것이다. 여 성도에게 "남자 친구 부인 묘지에 다녀왔다고 미친 여자가 나타나는 것이 아닙니다. 남자 친구에게 한번 물어보십시오." 부인이 어떻게 죽었는가, 며칠 있다가 전화가 왔다. 남자 친구 부인이 미쳐서 고통을 당하다가 죽었다는 것이다. 필자가 이렇게 이야기를 했다. 이는 남자 친구에게 역사하는 악한영이 부인을 미치게 하는 것이니, 미쳐서 죽으려면 계속 만나고, 아니면 절교하고 말씀과 성령으로 집중 치유를 받으라고 했다. 그래 3개월 동안 집중 치유를 받고 정상적인 생활을 하게 되었다. 동거를 하게 되면 서로에게 역사하던 영들의 전이가 저절로 이루어지는 것이다. 우리는 경각심을 가져야 한다. 방심은 금물이다. 그래서 영적인 것은 무시하면 안 된다. 바르게 알고 바르게 조치를 취해야 한다. 결혼도 장난이 아니지만, 재혼도 장난이 아니다.

필자가 조언하고 싶은 것은 먼저 재혼을 하게 된 원인을 찾아서 치유를 받으라는 것이다. 반드시 성령으로 세례를 받고 치유를 받아야 한다. 필자가 거의 매일 강조하는 성령의 역사로 육에 역사하는 것들을 걷어내야 한다. 반드시 성령의 역사가 일어나야 한다. 결혼은 보이는 것만 결혼이 아니고, 보이지 않는 영적인 면도 결혼이다. 그래서 하나님께서 "믿지 않는 자와 멍에를 같이 하지 말라"(고후 6:14-15)는 것이다. 이는 영들의 전이가 일어나기 때문이다. 영들의 역사로 결혼이 파괴된다. 재혼을 하려는 분들은 영적인 세계에 대하여 바르게 알고 결혼을 해야 한다. 보이지 않는 영들의 역사가 보이는 문제보다 더 강력하게 나타나는 것이기 때문이다.

재혼을 하려면 사전에 조율하라는 것이다. 먼저 전 부인이나 전 남편에 관련된 모든 것을 어떻게 할 것인가, 조율을 해야 한다. 앞에서 거론한 분과 같이 전 부인이 아파트를 장만 했다면 어떻게 할 것인가, 금전문제가 있으니 그냥 거기서 살 것인가, 아니면 팔고 다시 구입하여 살 것인가, 아파트는 준비되어 있으니 몸만 들어오면 된다. 순간 들을 때는 좋아보일지 몰라도 거기에는 많은 영육의 고통이 숨어있다는 것을 명시해야 한다. 필자의 영적인 견해로는 그 아파트에 들어가는 것은 소가 도살장에 들어가는 것과 같다는 것이다. 왜냐하면 앞에 부인이 불교 신자였기 때문이다. 그 곳에서 영적인 전쟁을 하여 이기려면 많은 기도를 해야 할 것이다. 보통 강한 성령의 인도 없이는 이기기가 불가능할 것이다. 자동차문제도 정리해야 한다. 옷가지는 모두 태우는 것이 좋다. 화장품도 마찬가지 이다. 각종 액세서리도 마찬가지이다. 좌우지간 전 부인이나 전 남편의 냄새가 나지 않도록 서로 조율을 해서 정리해야 한다.

재혼 전에 정리를 하라는 것이다. 이기적으로 생각하지 말고 서로의 입장을 생각하여 보아라. 역지사지(易地思之)라고 했다. 상대방의 입장에서 생각하여 전 남편이나 부인은 생각하지 않도록 정리하는 것이 좋다. 자꾸 생각하려면 애당초 재혼을 하지 말아야 한다. 상대방이 얼마나 신경이 쓰이겠는가, 새 출발할 결심을 하고 재혼을 하라는 것이다. 앞에 분들이 가로막고 있는데 맞추려니 얼마나 많은 시간이 걸리겠는가, 예를 들어 밤에 재혼한 부부가 침대에 누워서 잠을 잘 때 각각 전 남편과 전 부인이 같이 잔다고 생각하여 보라. 섬뜩할 것이다. 이것은 가상이 아니고 영적으로 보면 반드시 일어나는 현상이다. 바르게 알고 사전에 정리하고 재혼을 결심하라는 것이다. 절대로 외모를 보고 육정에 끌려서 재혼한다면 100% 실패한다. 재혼을 하면 3가지의 결합이 이루어진다. 첫째, 육적인 연합이다. 둘째, 정신적인 연합이다. 셋째, 영적인 연합이다. 세 가지를 다 고려하고 재혼을 결심하라.

재혼을 했다면 "하나 됨"을 위하여 이렇게 해보라. ①항상 모든 일에 부부관계를 우선적으로 고려한다. "부부는 아이들보다 더 장기적인 관계를 맺고 있는 관계이기 때문이다." ②부부끼리만 있는 시간을 계획한다. "재혼 부부는 특별히 공유하는 추억이 별로 없기 때문에 함께 추억 만들기 시간을 많이 가져야 하며, 이를 통해 서로간의 러브스토리를 축적해 가야 한다." ③ 재혼한 부부와 자녀 간의 감정이 서로 다르다는 것을 예상하고 인정한다. "별도로 재혼 후에도 재혼 가정의 친밀도를 훼방하는 주변의 친인척들을 경계하되 그들에게 부부가 잘 사는 모습을 자주 보여 주어야 한다. 시간이 지나면 그들도 재혼 가정으로 살아가는 것에 지지를 보낼 것이다. 비 혈연가족 간에 친밀감이 생기기 위해서는 어느 정도 시간이 경과해야 한다." ④부부관계는 아이들이 미래에 그들이 배우자와 관계를 형성 하는데 모델이 된다. "굳건한 부부관계는, 또 다른 이혼으로 아이에게 가정 상실의 아픔을 주는 것을 막아주는 것은 물론 그동안 원래부모로 부터 입었던 상처로 인해 잃어버렸던 자존감을 다시 세워줄 있는 유일한 방법이기 때문이다, 아이들에게 주는 용돈이나 관심보다는 오히려 새 아빠 새엄마라 할지라도 그들이 서로 견고히 부부관계를 유지하고 행복하게 생활하는 모습을 보여주는 것이 가장 좋은 '선물'이라 생각한다."

재혼 부부가 하나 됨을 위해 배우자와 다루고 해결해야 할 문제는 수 없이 많다. 어쩌면 생활 하는 매일 매일, 순간순간에 발생하는 모든 문제들이 다 배우자와 논의를 통해서 다루어야 하는 문제인지도 모른다. 의사소통 및 의사결정방식, 성격 및 생활태도, 성생활, 그리고 생활비 및 재산관리 등등…. 어느 하나라도 견고한 부부결속을 위해 소홀히 할 수 있는 문제는 아니다. 독단으로 하지 말고 대화하여 합의하에 추진하라.

다시 한 번 깊게 생각해보라…. 사랑의 감정만으로 이뤄질 수 없는 것이 재혼이라면, 자녀문제, 경제권 등, 재혼 가족으로서 맞닥뜨려야 할 여러 가지 문제에 대한 충분한 합의 없이는 건강한 재혼 생활을 일궈 나가기 어렵다. 그렇다면 그 충분한 합의는 어디에서 시작되고 나오는 것인가? 바로 부부간에 하나 됨을 견고히 이룸으로서만 가능한 것이다.

그렇기 위해선 의지적으로 부단한 노력과 인내, 그리고 헌신과 섬김만이 이것을 가능케 해 주는 것이다. 사실 초혼에서의 삶과 달리 재혼에서의 삶은 그 삶의 방식과 과정 등이 이루 말할 수 없이 많이 복잡하고 다양한 관계에 놓이게 된다. 초혼의 삶이 설악산 정도를 올라가는 과정이라면, 재혼의 삶은 에베레스트를 올라가는 과정이라고 체험한 분들이 말한다는 것을 명심해야 한다. 결코 쉽게 생각하지 말라는 것이다.

13장 예수로 하나 되는 영적비밀

(요17:11)"거룩하신 아버지여 내게 주신 아버지의 이름으로
그들을 보전하사 우리와 같이 그들도 하나가 되게 하옵소서"

하나님은 친히 짝지어준 부부들이 하나가 되기를 소원하신다.
부부는 둘이 아니라 하나입니다. "이러므로 사람이 그 부모를 떠
나서 그 둘이 한 몸이 될지니라. 이러한즉 이제 둘이 아니요 한 몸
이니 그러므로 하나님이 짝지어 주신 것을 사람이 나누지 못할지
니라. 하시더라."(막10:7~9). 기독교 가정의 부부는 각자의 불완
전성을 인식하고 하나 되게 하시는 하나님의 뜻을 가정에 이루려
고 하는 노력을 경주해야만 하는 것이다. 이기적인 사랑이나 의무
적인 부부의 도리를 행하는 것만으로 부부관계가 행복해지지 않
는다.

그런 사람들은 이렇게 말을 한다. "나만큼 잘 해주는 사람도 없
어! 돈이 부족해! 뭐가 부족해? 왜 그르는거야~" 하나님은 "제 몸
같이 할지니" 자기 몸과 같이 사랑하라고 말씀하시는데, 이 뜻은
단순히 성적인 것뿐만 아니라, 자신의 인격을 존중하고 사랑하는
것처럼 상대방의 인격 또한 자신처럼 존중하고 사랑하여 하나가
되라는 것이다. 상대방의 인격을 존중하고 사랑하는가? 인간적인
의무감이나 도리를 행하는 것은 사랑이 아니라 도덕이다. 도덕적
인 삶으로는 하나가 될 수 없다. 아가페적인 사랑의 삶만이 서로

에게 감동이 되고 기쁨이 되는 것이다.

하나님은 둘이 아니라 하나가 되기를 원하신다. 하나님의 속성이 하나이시기 때문이다. 성부, 성자, 성령 세 분은 각각 독립된 인격체이시면서도 동시에 한 분 하나님이시다. 이 놀라운 섭리를 우리는 삼위일체라고 부른다. 하나님의 속성을 한마디로 표현하자면 하나 됨이다. 하나님은 하나 됨을 가장 기뻐하신다는 것이다.

우린 예수님의 사역의 모습을 통해 삼위의 하나님이 얼마나 하나가 되어 사역을 하시고 동행하시는지를 알 수 있다. 하나님은 계획과 인도하셨고, 예수님은 순종하셨으며, 성령님은 힘껏 도우셨다. 예수님은 하나님의 뜻을 이루기 위해 자신의 목숨도 버리셨을 정도로 하나 됨이 무엇인지 우리에게 보여주셨다. 하나님의 뜻은 둘이 아니라 하나 되는 것이다. 좁게는 부부관계에서, 넓게는 공동체 속에서 하나 됨을 추구하는 것이야말로 예수 그리스도의 사역을 가장 많이 닮은 사역을 하게 될 것이다. 그 가운데 하나님의 축복과 동행하심이 넘쳐날 줄 믿는다.

필자는 성령치유 사역을 하면서 부부치유를 겸하고 있다. "건강한 부부가 되려면 배우자의 말에 귀를 기울이고 배우자의 마음을 헤아리는 게 우선돼야 한다."고 생각한다. "무슨 일을 하더라도 배우자의 의견을 존중하고, 그 일이 부부가 하나 됨에 어떤 영향을 미치게 될지를 먼저 고려한 후 결정하는 게 바람직하다"고 생각한다. 상대방을 생각하고 배려하라는 것이다. 필자는 부부가 하나 되기 위하여 해야 되는 일은 이렇다고 생각한다.

첫째, 영적으로 하나가 되어야 한다. 영적인 요소는 부부가 하나 되는 요소 중에 가장 중요한 것이다. 많은 크리스천들이 영적인 면에 무지하다. 결혼을 하게 되면 보이지 않는 영적인 연합이 가장 중요한 요소이다. 양가에 역사하는 영적인 존재들 간에 보이지 않는 대립이 일어나는 것이다. ① 신혼부부가 예수를 믿고 같은 교회에 다녔다면 문제가 되지를 않는다. 문제는 크리스천이라도 서로 추구하는 교파가 다를 때 문제가 발생한다. 남편은 '칼빈주의' 신앙이고, 부인은 '알미니안주의'라면 문제가 생긴다.

"칼빈주의와 알미니안주의의 차이를 묻는 것은 장로교와 감리교의 차이를 묻는 것과 같다. 장로교의 기초는 예정론을 강조하던 칼빈의 가르침에 기초를 두었다. 반면에 감리교나 성결교 등의 교리는 알미니안 주의의 중심인 자유의지론에 기초를 두었다고 할 수 있겠다. 단순하게 말하면 말이다. 결국 칼빈주의냐 알미안주의냐 란 질문은 예정론이냐 자유의지론이냐에 기초한다. 예정론 또한 하나님의 전지전능하심을 강조한다면 또한 자유의지론은 인간의 결단을 강조하는 것이다."

두 주의는 서로의 장단점이 있다. 고로 대립을 할 것이 아니고, 성경말씀에 입각한 믿음 생활을 하려고 해야 한다. 두 주의는 각각 사람이 만든 교리이기 때문이다. 결혼 전에 성령으로 세례 받고 말씀으로 치유를 받으면서 합의하에 결정하여 한 교회로 나가야 할 것이다. 하나님의 뜻을 따르는 것을 우선으로 하면 된다. 하나님은 예수를 믿는 하나님의 자녀가 지금 이 땅에서 심령에 천국을 이루고, 삶에서 아브라함의 복을 받아 누리면서 하나님의 군사로서 쓰임을 받다가 천국에 입성하는 것이다. 신혼부부가 하나님의 뜻에 맞추어서 믿음생활을 한다면 문제가 없을 것이다.

② 문제는 예수를 믿기로 약속하고 결혼한 경우이다. 신혼부부어느 한쪽이 불신자라 결혼을 하기 전에 예수를 믿기로 약속하여 결혼 전에 예수를 영접하고 성령으로 세례를 받아 교회에 다니고 있다면 조금은 다행이다. 그러나 믿어버리는 것은 화를 자초할 수 있다. 지속적인 관심을 가져야 다시 세상으로 나가는 문제가 발생하지 않을 것이다.

문제는 결혼한 후에 예수를 믿고 교회에 가겠다고 약속한 경우이다. 참으로 문제가 많이 일어나는 경우이다. 어느 여 집사가 필자에게 이런 메일을 보냈다. "저는 불신자와 예수님을 믿기로 굳게 약속하고 결혼을 했습니다. 술도 담배도 아주 조금 한다고 해서 그런 줄 알았는데 알고 보니 알코올 중독에 흡연 중독에 며칠이 멀다하고 남들하고 취중에 싸워서 머리도 병원에서 꿰매고 오기도 했으며, 어느 날은 얼굴과 온 몸에 시퍼렇게 멍이 들어오곤 했습니다. 그런 와중에 딸을 낳아 세 살 무렵, 그 날 역시 술에 취해 자고 있는 남편의 모습을 본 저는 너무나 가슴이 아파서 미어지는 것 같았습니다.

저는 딸에게 아빠 술 못 먹게 기도 좀 하라고 했습니다. 세 살

된 딸이 고사리 같은 손으로 아빠의 발을 꼭 붙잡고 "예수님, 우리 아빠 술 먹지 못하게 해주세요." 하며 기도하는 것이었습니다. 그 후 딸아이는 아빠를 위해 기도하는 습관이 생겼습니다. 참으로 딸에게 부끄러웠습니다. 남편은 안정된 직장도 없었고 직장에 들어가려고 서류를 넣어도 매번 떨어지곤 했습니다. 이러기를 지금 20년째입니다. 그러나 남편은 변화의 기미가 없습니다. 우리 가정은 천국이 아니라 지옥입니다. 하루하루 사는 것이 지옥입니다. 목사님! 저를 위하여 기도하여 주세요. 예수 믿겠다고 약속하고 결혼하려는 다른 사람들에게 알려주세요."

참으로 난감한 문제이다. 이런 경우 부인 집사가 처신을 바르게 해야 한다. 앞에도 보면 "예수님, 우리 아빠 술 먹지 못하게 해주세요."하고 기도했다는 것이다. 이렇게 예수님께 기도한다고 남편이 예수를 믿는 것이 아니다. 바르게 알아야 한다. 어떤 분은 1,000일 철야를 한다고 한다. 새벽기도 갈 때 남편의 신발을 가지고 가서 기도한 분도 있다. 그런데 이렇게 한다고 남편이 예수를 믿게 되는 것이 아니다.

예수를 믿기로 약속하고 결혼을 했다면 분명하게 육정에 끌려서 결혼을 감행한 것이다. 그렇기 때문에 육적인 것을 가지고 남편이나 부인의 마음을 열게 해야 한다. 어느 여 집사와 같이 남편예수 믿게 해달라고 철야를 하면서 기도하는 것은 오히려 역 반응이 나타날 수가 있다. 젊은 남편이나 부인이 퇴근하여 집에 있는데 기도한다고 교회나 기도원에 가있다고 생각해 보라. 남편이나 부인이 더 예수님하고 멀어지는 결과를 초래할 것이 뻔하다.

어떤 영적 지도자는 남편이나 부인의 구원을 위하여 철야기도를 하라고 한다는데 이는 샤머니즘적인 신앙이다. 절대로 철야한다고 하나님이 남편의 마음을 감동시켜 예수 믿게 하지 않는다. 더 상황만 악화 되는 꼴이 된다. 필자가 생각하는 것은 상대에게 육적인 만족을 주면서 마음을 열게 하여 예수를 믿도록 유도하는 고단수와 치밀성이 있어야 한다는 생각이다. 집안에서 부부 생활을 하면서 육적인 만족을 주면서 마음을 열게 하는 편이 훨씬 유익할 것이다. 이는 필자가 불신 남편들과 대화한 결과이다.

필자가 만난 정이라는 여 집사이야기다. 대학을 다닐 때 동아리에서 지금 남편을 만났단다. 자신은 크리스천이고 남편은 불신자이였다는 것이다. 만나는 순간부터 마음이 끌려서 사귀게 되었다는 것이다. 육정에 끌리고 사랑에 눈이 머니까, 중간시험, 기말시험보다도 남자를 만나는 것이 우선이었다는 것이다. 시험에 F를 맞을 때도 있었다는 것이다. 그렇게 사귀다가 남편이 예수를 믿겠다는 약속 하에 친정의 동의를 얻어 결혼했다. 결혼 후 우상을 숭배하는 시부모와 마찰이 한두 번이 아니었으나 남편이 도움으로 견디었다는 것이다. 그러나 남편이 예수를 믿지도 않고 교회도 나가지를 않았다는 것이다. 어느 날부터 이렇게 지내다가는 천벌을 받는다는 생각이 들어서 남편에게 애정 공세를 벌여서 결혼 한지 15년 만에 예수를 영접하고 교회를 다니게 되었다는 것이다. 이렇게 불신 결혼에는 많은 고통이 따른 다는 것을 알고 결혼을 감행해야 한다. 20-30년간 피 눈물 나는 고통의 세월을 견디어야 한다. 불신결혼을 하여 상대가 예수를 영접하는 확률은 50% 밖에 안 된다. 자신의 생각과 같이 쉽게 예수를 영접하지 않는다는 것을 알아야 한다. 왜냐하면 귀신이 역사하기 때문이다. 그렇기 때문에 불신결혼을 하여 상대편을 예수 영접하게 하려면 강력한 성령으로 충만해야 승리할 수가 있다.

반드시 성령으로 세례를 받고 말씀과 성령으로 치유를 해야 귀신이 떠나가기 시작한다. 귀신이 떠나가지 않으면 더 악해지거나 오히려 상대편의 믿음 생활을 방해하기도 한다. 말씀 중심의 믿음 생활이나 열심히 하는 믿음 생활로는 상대편이 예수 영접하기 전에 자신이 악한 영의 공격으로 영육의 고통을 당할 수 있다는 것도 알고 대처해야 한다.

둘째, 정신적으로 하나가 되어야 한다. 정신적인 연합이란 서로의 필요를 채워주고, 서로 섬기고, 대화를 나누며 서로의 문제를 풀어나가는 것이다. 부부는 정신적으로도 연합해야 한다. 이것을 하기 위해 가장 많이 해야 될 것이 있다. 그것이 대화다. 대화를 많이 나누어야 한다.

어떤 학자가 말하기를 '대화가 없는 가정은 죽은 가정이다.' 그런 말을 했다. 나는 그 말이 이해가 된다. 적어도 가족이라고 하면 마음과 마음을 나눌 수 있는 깊은 대화를 나눠야 한다. 다른 사람과 나눌 수 없는 대화를 가족들끼리는 나눌 수 있어야 된다. 그런데 가족끼리 지금 대화가 안 된다.

일방적인 지시는 대화가 아니다. "밥 차려라, 물 떠와라, 숙제 해라, 일기 써라, 누워 자라." 이런 것은 대화가 아니다. 적어도 대화를 하려면 진지하게 마주 앉아 마음과 마음의 문을 열고, 속에 있는 것을 이야기 할 줄 알아야 한다. 그래야 대화가 되는 것이다. 그런데 우리나라 분들은 대화를 잘못한다. 일방적으로 지시한다. 그것이 대화인 것처럼 착각하는 경우가 많이 있다. 그래서 부부가 정신적으로 연합하기 위해서는 대화하는 시간이 많아야 된다.

가능하면 대화를 통해서 사랑의 고백을 많이 하라. 이런 것이 인본주의라고 생각한다면 정말 착각하는 것이다. 사랑하는데 고백을 하지 않는 것이 인본주의이다. 내가 하나님을 사랑하면 '주님 사랑해요' 고백해야 된다. 내가 부모님을 사랑하면 고백해야 된다. 아내를 사랑하고, 남편을 사랑하면 고백하는 것은 당연한 것이다. 마음이 통하고 생각이 통한다는 것은 매우 중요한 것이다. 육신적으로는 연합이 이뤄지는데 정신적으로 연합이 안 된다면 매우 고통스러운 일이다. 정신적인 연합은 서로간의 상처도 아픔도 덮어야 한다. 과거도 덮어 버리고 부부가 서로간의 깊은 힘이 되어주어야 한다. 또한 방향의 일치인데, 주님을 주인으로 모시는 가정으로 방향이 맞아야 한다.

셋째, 육적으로 하나가 되어야 한다. 부부란 육체적인 연합도 중요하다. 그리스도인 중에서는 일부 극단적인 사람들이 있는 듯

하다. 이 세상의 삶은 무조건 사탄의 삶이라고 생각하고 육체를 학대하는 것이 영혼을 살찌우는 것이라고 생각하여 부부간의 육체적이고 성적인 연합을 필요악으로 생각하는 경우가 많다. 성경에는 그렇게 가르치고 있지 않다. 누구든지 교회를 보호함 같이 자신의 육체를 돌보라고 했다(엡 5:25). 이 세상을 살아가는 우리들은 육체를 소홀히 다룰 수 없으며 육적인 욕구(생리적 욕구)를 잘 조절하여야 한다.

인간에게는 생존 욕구가 있으며 우리가 세상을 살아가는 동안 의식주 문제가 중요하다. 요즘은 의식주와 관련하여 지나친 소비를 부추기고 있지만, 크리스천 부부는 검소하고 절약하는 생활을 해야 재정 문제로 부부간에 어려움 없이 가정생활을 할 것이다. 또한 부부의 성생활도 아주 소중하다. 그리스도인들 중에는 성생활을 도외시하며, 경건하지 못한 것으로 생각하는 이가 종종 있다. 그런데 창세기에 보면 하나님이 사람을 남자와 여자로 지으시고 "보기에 좋았더라"라고 기록되어 있다.

또한 기도할 때를 제외하고는 부부가 별거하지 말 것을 바울 사도는 권면하고 있다(고전 7:1-5). 창세기 2장에 보면 성생활은 부부 사이에서만 허용된 서로의 기쁨을 위한 것이라고 말할 수 있다. 잠언 5:15-19을 보면 "아내를 즐거워하고 아내의 품을 항상 족하게 여기고 그 사랑을 항상 연모하라"고 하였다. 아가서에는 사랑하는 부부의 사랑 묘사가 참으로 아름답게 표현되어 있다.

일부 성도들이 성 생활을 죄악시 하는 경향이 있기도 하다. 필자가 얼마 전에 국민일보를 보니까, 어느 사모님은 남편 목사님하고 일 년에 1-2번 성생활을 했다고 했다. 그러니까, 남편 목사님이 하시는 말씀이 사모의 마음속에 다른 남자가 있는 것 같다고 했다는 것이다. 항상 목사님이 짜증과 혈기가 심했다고 말했다. 이 사모님은 위험천만한 행동을 한 것이다. 목사님이 성직자이기 망정이지 그렇지 않았고 성도 이였더라면 남편이 성적인 죄를 짓게 할 수 있었다는 것이다.

창세기에 보면 하나님이 사람을 남자와 여자로 지으시고 "보기에 좋았더라"라고 기록되어 있다는 것을 알아야 한다. 성생활은 죄악된 행동이 아니고, 하나님께서 부부를 창조하시면서 친교와 생리적 욕구를 충족하라고 허용하신 것이다. 부인들이 남편들의 성적 요구를 거절하면 짜증이 심해진다는 연구결과이다. 이 연구결과에 의하면 건전한 부부간의 성생활은 건강에도 좋다고 한다. 성생활을 주1-2회 정기적으로 즐기는 부부는 다음과 같은 건강상 유익이 있다는 것이다. ①부부의 성생활은 그 자체가 좋은 운동이다. ②다이어트 효과다. ③통증을 완화한다. ④면역력을 강화한다. ⑤순환기 질환을 예방한다. ⑥미용에도 좋다. ⑦노화를 방지한다. ⑧전립성 질환을 예방한다. ⑨자궁질환을 예방한다. ⑩정신건강에 좋다. 우울증과 무기력을 해소한다. 성생활은 부부의 금술에 영향을 미치게 되며, 부부가 친숙해지는 적극적인 수단이라는 것이다. 신혼부부들이여 성생활을 죄악시 하지 말기를 바란다.

넷째, 배려하라는 것이다. 배려란 여러 가지로 마음을 써서 보살피고 도와주고, 관심을 가지고 도와주거나 마음을 써서 보살펴 주는 것을 말한다. 배려란 상대의 입장에서 상대의 어려운 점을 이해하여 양보하는 것이다. 배려는 이해와 양보가 동반되어야 하는 것이기 때문에 부부간에 대단히 중요한 것이다. 아내가 직장에서 스트레스를 받는 남편이 집에 왔을 때 별일도 아닌 것으로 바가지를 긁는다면 남편을 배려하지 못하는 것이다. 남편이 아내의 힘든 가사에도 집안일을 도와줄 생각을 하지 않는다면 아내를 배려하지 못하는 것이다.

여자는 사소한 일에도 쉽게 상처받을 수 있기 때문에 남편은 아내에게 상처를 주지 않으려고 배려해야 될 것이다. 남자는 여자의 바가지나 잔소리에 스트레스를 많이 받기 때문에 아내는 남편에게 바가지나 잔소리를 가급적이면 하지 않고 듣기 좋게 말하여 남편을 배려할 필요가 있을 것이다. 남편도 부인을 인정하여 주고 부족한 부분을 보강하여 주려고 노력해야 한다.

다섯째, 부부가 항상 같이하라. 일부 성도들이 남편이 다니는 교회 다르고 부인이 다니는 교회가 다르다는 것이다. 부부가 같은 교회를 다니는 것이 옳다. 어떤 목회자 부부는 남편은 기도원에 은혜 받으러 다니고, 부인은 치유 센터에 다니는 부부가 있다. 이렇다 보니 서로 대화가 되지 않는다.

사모님은 상처와 내면세계를 알게 되니 남편 목사님이 조금 혈기를 낸다거나 부드럽지 못하면 상처가 많아서 저렇다고 한다. 목사님은 사모가 조금 이상하게 생각하면 성령 충만하지 못해서 저렇다고 한다. 그래서 서로 의견충돌이 일어나는 것이다. 대화가 되지 않는다. 대화가 되지 않으니 하나 되기 힘들다. 이 원인이 바로 함께하지 않은 결과다.

이렇게 하여 권태가 찾아오는 것이다. 부부가 하나 되지 못한다. 남자나 여자나 결혼하면 행복하고 깨소금이 넘치는 결혼생활을 하고 싶은 마음에 신혼 초반에는 행복한 결혼생활을 위해 노력하는 경우가 많지만, 시간이 지나면 초심을 잃어버리는 경우가 많다. 초심을 잃으면, 귀차니즘이 생기거나 형식적인 부부관계에 빠져 서로가 서로에게 실망하면서 부부관계에 틈이 생기는 경우가 많다. 귀차니즘이란, 만사가 귀찮아서 게으름 피우는 현상이 고착화된 상태를 말하는 인터넷 신조어이다.

신혼부부들이 신혼초기에는 어느 정도의 초심을 지키며 행복한 결혼생활을 위해 노력하는 경우가 많지만, 시간이 지나면 초심을 잃고 귀차니즘이나 매너리즘에 빠져 형식적인 부부관계가 되는 경우가 많다. 결혼생활에 대한 불만이 쌓이기 시작하면, 서로의 마음이 멀어지는 경우가 많기 때문에 행복한 결혼생활이 유지되려면 초심을 잃지 않도록 노력해야 될 것이다.

초심을 잃지 않는 것은 항상 같이하는 것이다. 주일날 예배도 같은 교회와 같은 시간에 손을 잡고 다니고, 기도하러 간다고 밤에 교회나 기도원에 가는 분들이 있는데 이때에도 같이 가는 것이 좋다. 영화도 같이 보고. 쇼핑도 같이 하고, 외식도 같이 하고, 같이 여행도 다니고, 운동도 같이 하면서 친밀한 관계를 유지해야 좀 더 빠른 기간에 하나가 될 수 있다.

여섯째, 성령으로 세례를 받고 치유하라. 신혼부부가 하나 되지 못하게 하는 것은 영적인 존재들이 있기 때문이다. 양가에서 역사하던 보이지 않는 영적인 존재들이 서로 대립하므로 하나 되지 못하는 것이다. 영적인 눈이 열려야 한다. 사고를 영적으로 해야 한다. 이 영적인 문제를 해결하는 최고의 방법은 성령으로 세례를 받고, 말씀과 성령으로 충만한 믿음 생활을 하는 것이다. 많은 청년들이 예수를 믿고 교회만 다니면 되는 줄 착하는 경향이 많다. 교회를 다닌다고 마음을 놓고 있다가 시간이 흐른 다음에 낭패를 당하는 청년들이 있다. 이는 모두 혈통에 역사하는 귀신의 영향 때문이다.

이 귀신의 영향을 잠재우는 적극적인 수단이 바로 성령으로 세례를 받는 것이다. 많은 여성들이 남편들이 성령으로 세례를 받으면 놀라서 교회를 다니는 것을 꺼려하지 않을까 걱정을 한다. 그러나 필자는 성령 세례 받는 것을 두려워하고 걱정하게 하는 것은 영적인 존재의 영향이라고 생각한다. 남자들도 성령을 체험하면 아주 좋아한다. 생소한 경험이기 때문이다. 하나님의 살아 역사하심도 체험하게 할 수가 있다. 성령을 체험하면서 부부를 하나 되지 못하게 하는 악한 영의 역사가 떠나가거나 잠잠해진다. 그래서 부부가 하나가 되는 것이다. 필자는 좀 더 진전해서 내적치유를 받을 것을 권면한다. 물론 결혼 전에 받으면 금상첨화이다. 적어도 내적치유 코스를 2번 이상 통과해야 한다. 그러면 자신이 어떠한 사람인가를 알 수가 있다. 또한 상대편을 이해할 수 있는 사람이 된다. 내면에 상처가 없는 사람이 없다. 상처를 치유해야 부부가 빨리 하나가 된다.

많은 크리스천들이 세상에서 영육으로 고생하다가 예수를 믿고 교회에 들어오면 문제부터 해결하려고 한다. 그러나 순서가 틀렸다. 성령으로 세례를 받고 하나님과 관계를 열어야 한다. 하나님과 관계를 열어 성령의 초자연적인 역사로 문제가 해결이 되는 것이다. 진정한 하나님의 사람으로 태어나는 것은 성령으로 세례를 받은 다음부터 라고 해도 과언은 아니다.

신혼부부가 하나 되는데 가장 적극적인 수단이 성령으로 세례를 받는 것이 다를 마음에 새기기를 바란다. 성령으로 세례를 받고 뜨겁게 기도하면 보다 빨리 하나가 될 것이다.

일곱째, 인내하라는 것이다. 서로가 맞지 않는 부분을 맞추는 시간을 가져야 한다. 이렇기 위해서는 변해야 한다. "행복한 결혼을 위해서는 서로가 변화해야 될 것이다."서로 다른 환경에서 살아온 남녀가 결혼해서 함께 살면, 서로 간에 괴리감을 느낄 정도로 서로 맞지 않는 부분이 많기 때문에 서로간의 괴리감을 줄이려면 서로가 변화하려고 노력하며 서로 맞지 않는 부분을 맞추어 나갈 필요가 있다. 서로 인내하라는 것이다.

예를 들어 음식의 경우, 여자는 채소를 좋아하지만, 남자는 고기를 좋아한다면, 서로가 조금씩 양보하면서 여자는 고기도 좋아하려고, 남자는 채소도 좋아하려고 노력할 필요가 있다. 무엇보다 중요한 변화는 사고방식을 변화하는 것인데, 남자는 이성이 발달했고, 여자는 감성이 발달했기 때문에 서로 생각이나 사고방식이 차이가 나는 부분을 서로 이해하고 공감하려고 노력할 필요가 있다. 남편과 아내는 서로 다른 환경에서 자랐을 뿐만 아니라 사고방식이나 감성도 달라 부부간의 서로 이해하기 어려운 부분이 많다. 여자는 로맨틱한 결혼생활을 갈망하는 경우가 많지만, 남자는 로맨틱한 결혼생활을 갈망하는 여자의 마음을 이해하지 못하는 경우가 많다.

여자는 로맨틱한 무드를 느낄 때 사랑하고 싶은 무드가 날 때가 많기 때문에 남자가 로맨스를 동경하는 여자의 마음을 이해하지 못한다면, 여자의 마음속에 있는 사랑이 식게 될 수도 있기 때문에 남자가 행복한 결혼생활을 유지하려면 로맨스를 동경하는 여자의 마음을 이해하도록 노력해야 될 것이다. 인간은 본능적으로 자기중심적인 면이 있기 때문에 결혼생활을 할 때도 자기중심적인 행동으로 배우자를 힘들게 만드는 경우가 많다. 배우자의 자기중심적인 행동에 화를 내거나 짜증을 내기 보다는 인내하면서 배우자가 자기중심적인 행동을 고치도록 감성적으로 설득하는 것이 좋다. 훌륭한 스승이 유능한 제자를 키워내려면 인내하면서 가르쳐야 하듯이 배우자가 자기중심적인 행동을 할 때는 인내하면서 잘못을 감성적으로 설득할 필요가 있을 것이다.

충만한 교회는 말씀과 성령으로 성도들을 치유하여 성령의 인도를 받는 영적인 성도가 되도록 하는 목회를 합니다. 충만한 교회 목회 방향은 성도들을 목회자 그늘에서 믿음 생활을 하는 나약한 성도가 되지 않도록 하는 것입니다. 말씀과 성령으로 치유 받아 영의 통로를 열고 하나님과 직접 관계를 열어 교통하면서 세상 어디를 가더라도 자신 안에 임재하신 하나님께 기도하여 응답을 받으면서 세상을 살아가도록 합니다.

영적인 자립을 하는 것을 목표로 훈련합니다. 하나님께서 부여하신 권능을 사용하여 세상을 장악하게 합니다. 그래서 주일날도 강한 성령의 역사가 일어나는 예배를 드립니다. 영적인 눈이 열리고 사고가 영적으로 변하는 말씀을 준비하여 교재로 제공하고 설교를 합니다. 기도를 40분 이상 하면서 담임 목사가 일일이 안수하여 성령으로 충만 받도록 합니다. 필요한 성도는 토요일 날 개별집중치유를 하여 문제를 치유하고 영성을 깊게 합니다. 자신의 영을 자신이 지킬 수 있는 강한 성도가 되게 훈련하고 있습니다.

14장 결혼 실패에 숨어있는 비밀

(잠 25:24)"다투는 여인과 함께 큰 집에서 사는 것보다 움막
에서 혼자 사는 것이 나으니라."

결혼은 하나님이 친히 만드신 제도이다. 하나님은 우리의 연인
이 되는 것을 기뻐하신다. 하나님은 우리가 하나님을 사랑하든 사
랑하지 않든지 간에 우리를 사랑하시기 때문이다. 하나님은 하나
님 나라의 백성들과 친밀한 관계를 보여주시기 위해 결혼이라는
제도를 만드셨다. "너는 여호와의 손에서 화려한 면류관이 되고 우
리 하나님의 손바닥에 놓여 있는 왕관이 될 것이다. 다시는 너를
'버림받은 여인'이라고 부르지 않고 네 땅을 '쓸쓸한 여인'이라고
부르지 않을 것이다. 오직 너를 '하나님께서 좋아하는 여인'이라고
부르고 네 땅을 '결혼한 여인'이라고 부를 것이다. 여호와께서 너
를 좋아하시고 네 땅을 신부로 맞는 신랑이 돼 주실 것이기 때문이
다. 총각이 처녀와 결혼하듯 너를 지으신 분이 너와 결혼하실 것이
다. 신랑이 신부를 기뻐하듯 네 하나님께서 너를 기뻐하실 것이다"
(사 62:3~5).

우리가 살아가면서 힘들고 어려운 일을 겪더라도 두려워하지 않
을 수 있는 이유는 하나님이 우리를 기뻐하시는 신랑이 되어 주시
기 때문이다. 결혼은 이 땅에서만 존재하는 제도이다. 영원한 하나
님의 나라에는 결혼이라는 제도가 없다. 결혼은 인간의 행복과 존

재를 위해서 하나님이 만들어주신 것이다. 하나님이 하나님 나라의 백성들과의 친밀한 관계를 얼마나 기뻐하시는지를 보여주시는 예표요, 모형이다. 또한 결혼은 예언적 제도이다. 결혼 안에 감추어진 비밀을 발견하는 기쁨을 누려야 하기 때문이다. 행복한 가정을 꿈꾸며 결혼하는 많은 남녀들! 하지만, 요즈음 많은 남녀들이 결혼생활에 만족하지 않아 이혼을 택하는 경우가 많다. 이렇게 결혼에 실패하는 원인이 무엇일까? 최근 한 결혼정보업체에서 결혼에 실패한 남녀를 대상으로 설문조사를 한 결과의 결혼 실패원인 1위가 공개되었다.

남성은 1위로는 '상대를 잘 모르는 것'이고, 여성은 '아량이 부족한 것'으로 나타났다. 남성 응답자의 42%정도 결혼 전의 상대 파악이 부족했다며, 즉 상대를 잘 모르는 상태에서 결혼했다고 응답한 반면, 여성은 35%는 살면서 서로 이해하려는 자세, 아량이 부족했다고 답했다. 이렇게 근본적으로도 결혼 실패 원인이 남녀가 서로 다르게 생각하는 것으로 알려졌다.

남성의 2위는 아량의 부족이고, 결혼생활에서 예기치 못한 일 발생이 3위, 수준차이를 4위로 꼽았다. 여성은 2위로 잘 모르고 결혼한 것이고, 3위로는 궁합이 안 맞는 것, 수준 차이를 남성과 동일하게 4위를 차지했다.

또 결혼 전에는 알지 못했던 사실을 결혼 후 알게 되었고, 당황스러웠던 점에 대해서는 남녀 모두 비슷한 반응을 보였다고 한다. 결혼 전에 몰랐던 사실을 결혼 후 알고 당황스러웠던 점에 대해선 남녀가 비슷한 반응을 보였다. 1위로는 베일에 가려졌던 배우자 가족의 내력(남 36.0%, 여 41.1%), 2위는 비이성적 습성 및 관행(남 22.9%, 여 21.8%)을 남녀 모두 1, 2위로 꼽았다. 정말 결혼이라는 것은 신중하게 그 사람을 알고 난 후에 하는 것이 제일 좋지만, 뭐 이런 것 아니더라도 남녀는 서로 생각하는 자체가 다르기 때문에 서로 이해해주는 자세가 제일 필요한 것 같다. 왜 크리스천들이 결혼에 실패할까?

첫째, 하나님의 말씀에 순종하지 않아서 실패한다. 하나님은 말씀이시다. 결혼은 하나님의 지대한 관심사이다. 그래서 하나님은 말씀으로 우리에게 알려주신다. 솔로몬의 최대의 실수가 있다. 그것은 이방여인과의 결혼한 것과 또 여자들과의 결혼한 것이다. 결혼은 남자와 여자가 해야 된다. 여자들과 하면 되지 않는다. 솔로몬의 이방여인들이 가지고 온 것이 우상의 문화들이었다. 솔로몬을 통해 본 성도의 결혼관에 대해서 하나님은 어떻게 생각하실까? 우리가 생각하는 결혼관은 좋은 여자…. 좋은 남자….가 만나는 것이다. 그러나 하나님이 생각하는 결혼관은 주안에서 결혼하는 것, 즉 불신결혼은 안 된다는 것이다.

불신결혼에 관한 3가지 질문이 있다. 첫째로 불신결혼으로 겪는 고통을 십자가로 생각하고 살면 되잖아요? 그것은 십자가가 아니다. 십자가는 의를 위해서 핍박받음으로 생기는 고난이다. 즉 전도하다가 핍박을 당하는 것, 직장 속에서 구별된 삶을 살다가 불이익을 당하는 것, 정직하게 살다가 손해 보는 것, 이것이 십자가다. 그러나 불신결혼을 해서 겪는 고통은 십자가가 아니라, 스스로 선택한 불신앙의 길이다. 그것은 십자가가 아니라 징계이다.

둘째로 결혼해서 전도하면 되잖아요? 과연 전도될까? 그것이 쉬울까? 불신자와 결혼하는 약한 믿음으로 과연 전도할 수 있을까? 필자의 생각으로는 오히려 당한다고 생각한다. 도리어 믿음을 버리게 될 수 있다는 말이다. 또 평소에 전도 안하는 사람이 왜 결혼을 통해서 전도하려고 하느냐이다. 전도는 영적전투이다. 영적인 싸움이다. 보이지 않는 귀신들과의 싸움이라는 것이다. 가정은 안식처요, 가정은 쉬는 곳이요, 가정은 쉬면서 힘을 충전 받는 곳인데, 전도하기위해서 가정에서 매일 영적전투가 벌어진다. 얼마나 피곤하겠는가?

셋째로 이미 결혼한 상태는 어떻게 해야? 헤어져야 하나요? 큰일 날 소리를 하는 것이다. 하나님은 고린도 전서 7장 16절에서 "아내 된 자여 네가 남편을 구원할는지 어찌 알 수 있으며 남편 된 자여 네가 네 아내를 구원할는지 어찌 알 수 있으리오." 말씀하신다. 무슨 말인가? 갈라서지 말라는 말이다. 이미 결혼한 상태라면 최선을 다해 전도를 해야 한다. 왜냐고? "남편을 구원할는지 어찌 알 수 있으며…."라고 말씀했기 때문이다. 그러나 이 말씀을 믿고 처음부터 불신자와 사귀면 안 된다. "구원할는지 어찌 알 수 있으며…."는 항상 구원한다는 말이 아니다. 혹시 구원할 수 도 있고 없을 수도 있다는 말이다. 전도될 확률이 50%라는 말이다. 항상과 혹시의 의미는 하늘과 땅차이다. 항상은 100% 전도된다. 혹시는 전도 안 될 수도 있다는 말이다.

그렇다면, 왜 불신자와 결혼하지 말아야 할까? 첫째는 신앙을 버리게 된다. 열왕기상 11장3-5절에 보면 "왕은 후궁이 칠백 명이요 첩이 삼백 명이라 그의 여인들이 왕의 마음을 돌아서게 하였더라. 솔로몬의 나이가 많을 때에 그의 여인들이 그의 마음을 돌려 다른 신들을 따르게 하였으므로 왕의 마음이 그의 아버지 다윗의 마음과 같지 아니하여 그의 하나님 여호와 앞에 온전하지 못하였으니, 이는 시돈 사람의 여신 아스다롯을 따르고 암몬 사람의 가증한 밀곰을 따름이라" 앞에 3절을 봐요…. 왕의 마음을 돌이켜…. 즉 마음이 **뺏긴다**. 마음이 불신세계로 오히려 돌아서게 된다. 불신자를 전도 하기는 커녕 자신이 불신다가 될 수 있다는 것이다.

둘째는 가치관이 다르다(고후6:14). "너희는 믿지 않는 자와 멍에를 같이 하지 말라 의와 불법이 어찌 함께 하며 빛과 어두움이 어찌 사귀며" 한 사람은 천상의 생각을 하고, 한 사람은 이 땅의 생각만 한다. 이것은 무슨 말 인가? 두 사람의 가치관이 다르다는 것이다. 가치관이 다르면 대화가 안 된다. 부부끼리 대화가 없으면 그것이 진정한 행복이 아니다. 만약 두 사람이 대화가 잘 된다면 그것은 둘 중하나다. 둘 다 신앙이 좋든지, 아니면 둘 다 세상 사람이든지…. 그래야 대화가 통한다.

결론이다. 하나님의 말씀에 순종하라. 하나님의 말씀에 순종하면 실패가 없다. 불신결혼에 대한 하나님의 명백한 뜻은…. 단호하다. 안 된다. 이미 하나님의 말씀에 순종하면 하나님께서 책임을 지신다. 불신자와 교제하는 청년은 결혼 전에 전도하라. 우리의 청년들과 자녀들이 주안에서 사귀고, 주안에서 결혼할 수 있기를 바란다.

둘째, 어른들의 조언을 무시하여 실패한다. 결혼은 일륜지대사(人倫之大事)라고 한다. 인륜지대사란 "사람들끼리 행할 수 있는 가장 큰 일"이다. 인생에 가장 큰일이라는 것이다. 결혼은 인생항로를 향해서 함께 걸어가야 할 배우자를 선택하는 일이다. 배우자를 선택하는 일에 어른들의 조언을 무시하지 말라는 것이다. 어른들의 조언을 무시하면 불필요한 고생을 한다는 것이다. 필자는 공직생활도 23년 동안 했다. 공직 생활할 때 개인적인 실력도 있었다. 흔히 말하는 출세를 위한 큰 줄도 잘 잡고 있었다. 필자가 실력이 있었기 때문에 실력 있는 분들이 알아줘서 줄을 잘 잡은 것이다.

필자에게 선택을 해야 하는 기로에 서있는 시기가 있었다. 많은 선배 분들이 조언을 했다. 필자는 조언을 무시했다. 그래서 그 좋은 실력도 필요가 없게 되었고, 동아줄도 떨어졌다. 아마 그때 선배들의 조언을 들었으면 목사가 되지 않았을 지도 모른다. 앞길이 술술 잘 풀리면서 잘 나갈 수가 있었기 때문이다. 한편으로 생각하면 하나님의 뜻이었기 때문이다. 정말 많은 선배들이 필자에게 결정을 다시 하라고 조언을 했는데 필자는 듣지 않았다. 그래서 필자의 사모가 생고생을 많이 했다. 필자는 항상 이렇게 생각을 한다. 세 사람 이상의 어른들이 하는 조언은 듣는 것이 옳다는 것이다.

필자와 같이 불필요한 고생을 하지 않으려면 어른들의 조언을 들으라는 것이다. 그러나 자신의 생각이 옳다고 생각되면 밀고 나가야 한다. 그것이 하나님의 뜻일 수 있기 때문이다. 필자가 선배들의 조언을 들었으면 불필요한 고생을 하지 않고 명예를 얻었을지는 모른다. 그러나 하나님의 뜻은 이룰 수 없었을 것이다. 자신의 생각이 확고하면 감행하는 것이다. 다수의 사람들이 아니라고 해도 하나님이 예비한 길일 수 있기 때문이다.

셋째, 자기 생각대로 했기 때문에 실패한다. 하나님께 물어보지 않고 자기 생각대로 했다는 것이다. 성경에 보면 하나님의 백성이라도 자기 생각대로 행동에 옮긴 사람들은 모두 실패했다. 하나님께 기도하며 물어보는 것이다. 하나님이 예비한 배우자인가 하나님께 기도하는 것이다. 하나님은 그 기쁘신 뜻을 위하여 우리에게 소원을 두고 행하신다(빌 2:13). 따라서 우리 속에 끊임없는 소원과 갈망이 있다면 소홀히 하지 말아야 한다. 그리고 그 일을 위해 지속적으로 기도해 보라. 그때 마음속에 평안이 있으며, 평안함이 오랫동안 지속된다면 확신해도 좋다.

그러나 여전히 확인 절차가 필요하다. 나에게 말씀해주시는 하나님은 상대방에게도 말해 주실 것이기 때문이다. 그러나 여전히 "육체가 편치 못하고 밖으로는 다툼이요, 사방으로 환난을 당하며 안으로는 두려움이 있다면"(고후 7:5). 다시 되돌아보아야 한다. 그리고 보다 성숙한 믿음의 선배들에게 상담을 구하라. 경험은 무시를 하지 못한다. 조언을 듣는 것도 좋은 방법이다. 결혼은 장난이 아니기 때문이다. 구멍가게처럼 안 된다고 문을 닫을 수 없기 때문이다. 가장 위험한 것은 자신의 독단으로 결정하는 것이다. 이것은 하나님을 무시하는 불신앙의 태도이다. 항상 하나님께 물어보는 습관을 들여야 한다. 하나님께 물어보면 환경에 보증의 역사가 일어난다. "아브라함의 하나님 여호와여 원컨대 오늘날 나로 순전히 만나게 하사 나의 주인 아브라함에게 은혜를 베푸시옵서서"(창 24:12). 아브라함의 부탁을 따라 신부 감을 구하기 위해 떠나는 종은 이렇게 기도했다. 그리고 하나님의 인도를 요구했다. 만약 내가 우물곁에서 청년 여자가 물을 길러 올 때물을 달라고 부탁할 것이고, 이때 그가 약대를 위하여도 물을 긷는 친절을 보여주면 하나님이 인도해주시는 '그 사람'이라고 믿겠다고 했다.

그런데 그가 기도하기를 마치기도 전에 리브가가 나타나 그대로 행동을 했다. 노종은 놀라 하나님을 찬송한다. 그리고 그들 부모에게 경과를 설명하고 확인한다. "내게 고하시고 그렇지 않을지라도 내게 고하여 나로 좌우간 행하게 하소서"(창 24:49). 하나님은 결혼에 관련된 대부분의 해당자들에게 그 만남을 확신하도록 환경적 인도를 하신다. 환경에 나타나는 증거가 있다는 것이다. 분명하게 환경에 나타나는 증거가 있다.

넷째, 사전 치밀한 준비 없이 감행했기 때문에 실패한다. 어느 신혼의 여인의 이야기를 옮긴다. "결혼을 준비하면서부터 결혼식이 끝날 때까지 가장 크게 느낀 점은 정말 결혼은 '인륜지대사(人倫之大事)'라는 것이다. 새로운 가정이 이루어지기까지 개인과 개인의 만남을 넘어서 주변의 노력과 관심이 얼마나 많이 필요한지, 그 과정에서 해야 할 일이 얼마나 많은지, 왜 어른들이 결혼을 해야 진정한 어른이 되는 거라는 말씀을 하시는지 알 수 있었다. 결혼이란 지금까지의 삶의 방식과 생각과는 다른 모습으로, 좀 더 크고 넓은 생각과 마음을 갖도록 단련시키는 어렵고 힘든 과정이었다.

이제 결혼을 하고 공식적인 부부가 되었다. 혼자가 둘이 된 만큼 배려하고 챙겨야 할 몫도 두 배가 되었다. 그 동안은 부모님의 사랑을 받기만 했지만 이젠 좀 더 부모님의 마음을 들여다보고 그 사랑에 보답해야 할 때가 되었다. 내 부모님과 형제뿐 아니라 남편의 부모님과 형제 또한 내 삶 속으로 들어왔다. 밥을 먹고 잠을 자는 지극히 개인적인 '나'의 일상이 '우리'의 일상이 되었고, 그 안에서 서로 삐거덕거리며 맞춰나가야 할 것도 많아졌다. 둘이 되었으니 혼자일 때보다 씀씀이도 커졌고 함께 의논하고 계획해야 할 일도 늘어났다. 어찌 보면 혼자일 때보다 번거롭고 힘들다. 그러나 그건 바꿔 생각하면 내가 사랑하고 나를 아껴줄 가족이 많아진 것이고, 어려운 일이 닥쳐도 함께 의지할 동반자가 생겼다는 뜻이다. 더불어 나와 남편, 우리의 삶이 더욱 가치 있고 풍성해졌다는 뜻은 아닐까.

　결혼은 '대사(大思)'라고 생각한다. 혼자일 때보다 더 크고 깊은 생각, 서로를 배려하고 존중하는 큰마음을 필요로 하고, 큰 생각과 큰마음을 가질 때 결혼이라는 과정을 잘 겪어낼 수 있을 것 같다. 결혼생활 이제 1주일 남짓, 생각처럼 잘 해 나갈 수 있을지 걱정이 앞선다. 그러나 결혼 전 엄마 말씀을 떠올리며 힘을 내야겠다. "밥이 되려면 그 전에 쌀과 물이 한바탕 끓고 소란을 피워야 하는 거야. 다 겪는 과정이니 조급하게 생각하지 말고, 뭐든지 둘이 함께 의논하고 알콩달콩 기쁜 마음으로 지내렴."결혼은 일륜지대사이다."

　결혼은 이렇게 중요한 것이다. 어느 결혼 정보업체에서 결혼에 실패한 사람들을 통해서 조사한 결과 "남성 응답자의 42%정도 결혼 전의 상대 파악이 부족했다며, 즉 상대를 잘 모르는 상태에서 결혼했다고 응답했다"는 것이다. 이렇게 사전에 준비가 중요하다. 요즈음 창업을 하려면 1-2년을 준비해야 한다고 한다. 창업을 하는 대도 1-2년을 준비해야 하는데 60-70년을 함께 하는 결혼은 그렇게 쉽게 생각하면 안 된다. 기다리며 준비해야 한다. 하나님은 길이 참으시면서 기다리는 분이시다. 우리 하나님의 속성을 닮아야 한다.

　상대방을 알기까지 적어도 교제의 4계절을 보내보아야 한다. 단순한 계절을 이야기하는 것이 아니다. 마음의 4계절을 지내 보내보아야 한다. 가을의 풍성함만이 아니라, 여름의 광란과 봄의 들뜸과 겨울의 황량함을 지켜보아라. 그런 다음에 비로소 선택해도 늦지 않는다. 기다리며 차근차근 본 것이야말로 가장 확실한 시험법이다. 급하면 잘못 선택한다. 느긋하게 인내하며 기다리면서 이것저것 따져보아야 한다. 결혼하면 60-70년을 같이 살아야 한다는 것을 명심하라. 결혼은 장난이 아니다.

다섯째, 육정에 끌려서 감행했기 때문에 실패한다. 육정에 끌리면 상대방의 장점만 보인다. 어느 여 집사가 저에게 이런 말을 했다. "목사님! 제가요. 남편을 보는 순간 눈에 콩깍지가 끼었습니다. 그래서 남편의 모든 것이 다 좋아보였어요. 그래서 남편 없이는 한 시도 살수 없을 것 같았습니다. 밤에도 남편의 얼굴을 상상하면 잠이 오지를 않았습니다. 그렇게 마음이 끌려서 결혼을 감행했습니다. 결혼을 하고 3년이 지나니까, 콩깍지가 열리기 시작을 했습니다. 처음 교제할 때는 예수 믿고 교회도 함께 다니겠다고 했습니다. 신혼 초에 몇 번 교회에 갔습니다. 그런 후로 교회에 발을 끊고 하루가 멀다 하고 술을 즐기는 것입니다. 신혼 때에는 그런대로 견딜 만 했는데 이제 진저리가 납니다. 저녁에 잘 때는 어찌나 코를 고는지 잠을 잘 수가 없습니다.

하는 것마다 보기가 싫고, 그냥 이혼해버렸으면 좋겠다는 생각을 하루에 열 번도 더합니다. 후회가 막심합니다. 내가 왜 이런 남자를 만나 고생을 하고 있는가?" 이와 같이 육정에 끌리면 사리분별이 혼동이 된다. 특별하게 아버지에게 사랑을 받지 못하고 자란 여성이라면 조금 자상하게 해주면 마음이 끌리게 되어 있다. 아버지에게 받지 못한 사랑을 받을 수 있다는 육욕이 주장하기 때문이다. 남자가 어머니의 사랑을 받지 못하고 자랐을 경우 조금 편안하게 해주는 여성을 만나면 그만 마음을 열어버리게 된다. 사람은 사랑받기 위해 태어난 존재이기 때문이다.

그래서 필자는 항상 결혼 전, 청년 시절에 성령의 역사에 의한 내적치유를 세 번 받으라고 권면하는 것이다. 내적치유를 받다가 보면 자신의 내면에 숨은 아이를 알 수 있기 때문이다. 자신에 내면에 어떤 아이가 있는지 알고 치유하라는 것이다. 자신의 내면을 알아야 상대방의 내면도 볼 수가 있고 상대를 이해할 수 있기 때문이다.

어느 신혼부부의 이야기를 들어보면 이해가 쉬울 것이다. 남편이 신부의 귀에 대고 말했다. "나는 지금까지 어머니가 사랑으로 주던 밥을 먹고 자랐는데 이제는 당신이 사랑으로 친히 지어 주는 밥을 먹게 되었소." 그러자 아내가 이렇게 말했다. "저도 지금까지 아버지가 고운 옷감으로 지어 준 옷을 입고 자랐는데, 이제 부터는 사랑하는 당신이 장만해 주는 옷으로 살게 되었으니 참 행복하네요." 이들은 서로 사랑한다면서 받을 것만 생각하고 있다. 결혼은 상대의 부족을 채워주는 것인데 말이다. 서로 받기만을 바라는 이 부부는 인생길에 많은 풍파를 당할 것이다.

여섯째, 외형을 추구했기 때문에 실패한다. 결혼에 실패하는 사람들을 보면 모두 외부에 보이는 것을 보고 결혼한 사람들이다. 즉, 학벌, 재력, 배경, 경제력, 외모 등, 사람은 눈에 잘 보이는 외형적인 것을 선택하기 쉽고, 내면적인 본질을 소홀히 하기 쉽다. 결혼 실패의 요인 중 하나가 화려한 껍데기만을 보았기 때문이다. 성격 차이로 이혼한 사람은 있어도 못 생겨서 안 예뻐서 이혼한 사람은 없다.

롯은 외형적으로 아름답게 보이는 환락의 도시 소돔 성을 선택했다. 롯은 스스로 눈을 들어서 어디가 좋나? 본다. 그러나 아브라함은 하나님이 눈을 들어 보라고 말씀하신 곳을 본다. 롯은 요단들만 바라보았고, 그 좋은 초원만 바라본다. 그러나 아브라함은 하나님이 동서남북을 바라보라고 하신다. 결과는 어떻게 되었는가? 롯은 요단 평원만 차지했지만, 아브라함은 하나님이 그에게 보여주신 땅 동서남북 전부를 차지하게 되었다.

한마디로 롯은 스스로 취했지만, 아브라함은 하나님께서 복으로 안겨주셨다. 이처럼 두 사람의 선택이 가져다주는 차이, 결과는 크게 다르다. 나는 한계가 있지만 하나님은 전지전능하시다. 나의 노력의 한계, 지혜의 한계, 능력의 한계는 분명하게 있다. 그렇지만 하나님은 다르시다.

가정사역자 김윤희 박사는 CCC 총재 이셨던 고 김준곤 목사님 딸이다. 대학 다닐 때 지금의 남편 박성민 목사님과 교제를 하다 어느 날 아버지께 인사를 시키려고 집에 데리고 갔다. 그 때 결혼 승낙을 받으러 간 사위 되는 박성민 목사의 간증이 너무너무 감동적이다. 장인 되실 김준곤 목사님께서 질문을 하시더란다. "자네 예수 믿나? 예 믿습니다. 그랬더니 그러면 결혼하게 그게 전부였답니다."

우리는 내면보다 외형에 너무 관심이 많다. 조건을 너무 따진다. 이런 것들에 너무 눌려 살고 있다. 세상 사람들은 그럴지라도 하나님을 주인으로 모시는 성도들은 좀 자유 했으면 한다. 내가 선택해서 내가 취하는 인생보다 하나님의 은혜로 선택해서 하나님께서 안겨주시는 축복을 받는 부부들이 되기를 바란다.

일곱째, 영적인 세계를 몰라서 실패한다. 다수의 크리스천들이 영적인 세계를 잘 이해하지를 못한다. 특히 젊은 청년들은 더 영적인 면에 둔하다. 인생을 살면서 영적인 체험이 없기 때문이다. 그래서 예수를 믿고 말씀생활을 하면서도 보이는 면만 보고 자신의 대 소사를 결정한다. 우리는 바르게 알아야 한다. 인간의 배후에는 영적인 세계가 결부되어 있다는 것이다. 영의 세계는 말씀과 성령으로 영안이 열려야 알 수 있다. 보이는 면만 보고 판단하는 수준으로는 바른 판단과 결정을 할 수가 없다. 인터넷이 눈에 안보이지만 컴퓨터를 통과하면 화면에 나타나는 것처럼, 영의 세계도 보이지 않지만, 사람을 통하면 각각 보이는 특성이 나타난다. 악한 영이 사람을 통하면 악한 것이 나타나고, 성령이 사람을 통하면 성령의 특성이 나타난다.

비록 현재 나타나지 않아도 언제인가 나타난다. 고로 인간의 배후에는 영의 세계가 있다. 그러므로 영의 세계를 무시하면 인간의 진면모를 알 수가 없다. 알아듣기 쉬운 말로 외모만 보면 근본을 알지 못한다는 것이다. 근본을 알지 못하니 미리 찾아서 해결할 수가 없는 것이다. 사람의 배후에는 영적세계가 결부되어 있다는 것을 인정해야 근본을 알고 볼 수가 있다.

충만한 교회에서는 매주 월-화-목 성령치유 집회를 11:00-16:30까지 진행을 합니다. 무료집회입니다. 단 교재를 매주 구입을 해야 입장이 가능합니다. 많은 분들이 교수 과목에 대하여 질문을 많이 합니다. 즉, 성령의 불세례 받는 집회는 언제 합니까? 내적치유는 언제 합니까? 신유집회는 언제 합니까? 귀신축사는 언제 합니까? 기도 훈련은 언제 합니까? 성령은사 집회는 언제 합니까? 재정 축복집회는 언제 합니까? 등등 질문을 하십니다. 충만한 교회 집회는 어느 집회에 오시더라도 기본적인 영성치유인 "성령의 불세례, 내적치유, 귀신축사, 신유, 성령의 은사 전이, 깊은 영의기도"를 체험하고 치유 받을 수 있습니다.

매주 같은 과목으로 집회를 하면 영성을 깊게 개발할 수가 없습니다. 매주 다른 여러 가지 과목을 학습하면서 과목마다 다르게 역사하는 성령으로 상처와 질병과 귀신들이 떠나갑니다. 과목마다 성령께서 역사하는 방향이 다르기 때문입니다. 병원이나 세상 방법으로 해결하지 못하는 무슨 문제든지 해결 받겠다는 믿음을 가지고 오시면 15가지 질병과 문제도 모두 치유 받습니다.

15장 남녀의 차이에 숨은 비밀

(마19:4-6)"예수께서 대답하여 가라사대 사람을 지으신 이가 본래 저희를 남자와 여자로 만드시고 말씀하시기를 이러므로 사람이 그 부모를 떠나서 아내에게 합하여 그 둘이 한 몸이 될지니라 하신 것을 읽지 못하였느냐 이러한즉 이제 둘이 아니요 한 몸이니 그러므로 하나님이 짝지어 주신 것을 사람이 나누지 못할지니라 하시니"

하나님은 사람을 성격이 다른 남자와 여자로 만드시고, 함께 세상을 살아가게 하셨다. 각각 다른 성격의 사람이 만나서 서로 부족한 면을 채워가면서 하나님의 나라를 이루어가게 하신 것이 부부와 가정 창조의 하나님의 영적인 뜻이다.

그래서 남자와 여자는 여러 가지 기본 욕구에서 차이가 있다는 점이다. 남녀가 중요하게 생각하는 가치의 우선순위가 다르고, 화법이 다르고, 사물을 이해하는 방향이 다르기 때문에 부부 사이에는 자칫하면 오해와 갈등, 불신이 싹트기 쉽다. "저 사람은 정말 알다가도 모르겠어"하는 불만은 이런 차이를 잘 모르기 때문에 비롯되는 것이다.

부부에게 있어 서로의 욕구는 독립된 것이 아니라 상호작용을 한다. 남편이 아내에게 관심과 이해를 보여주면 아내도 그에 상응하는 신뢰와 애정을 보인다. 반면 남편이 아내를 무시하고 냉담하게 대한다면 아내도 그렇게 대하게 된다. 이렇게 서로 상응하는 관계이므로 남자와 여자의 기본 욕구의 차이점을 아는 것은 부부에게 꼭 필요하다.

첫째, 남녀 간의 기본 욕구의 차이점.

1) 남자는 신뢰, 여자는 관심을 원한다. 여자가 남자의 능력과 사랑을 믿고 있다면 남자는 신뢰받고 있다는 자신감에서 매사 모든 일을 잘 처리해 나갈 수 있다. 또한 여자는 남자의 관심을 통해 자신이 소중하게 여겨지고 있다는 자존감을 느끼기 때문에 남자는 아낌없는 관심을 표현해 주어야 한다.

2) 남자는 인정을, 여자는 이해를 원한다. 여자가 남자의 생각과 행동을 있는 그대로 받아들여 줄 때, 남자는 인정받고 있다는 실감을 한다. 또 여자는 남자가 자기의 말에 비판을 가하지 않고 공감과 호응을 보이며 들어줄 때 남자가 나를 이해해 주고 있구나, 느끼게 된다. 그래서 남자는 자신을 인정해 주고 알아주는 사람에게 목숨을 바치고, 여자분 들은 자신을 사랑하고 이해하여 주는 자상한 남자에게 호감을 갖는다고 한다.

3) 남자는 칭찬을, 여자는 헌신을 원한다. 여자는 남자가 자신을 위해 어떤 요구라도 들어줄 의지를 보여주길 기대한다. 또 남자는 자신이 이뤄낸 일에 대해 여자의 칭찬을 기대한다. 따라서 여자의 욕구를 들어주기 위해 남자가 애쓰면 여자는 바로 칭찬해 주는 것이 좋다.

4) 남자는 격려를, 여자는 확신을 원한다. 모든 남자들은 자신이 사랑하는 여자로부터 격려받기를 원한다. 자신의 능력과 인격을 인정해 주고 신뢰하며 격려해 주는 여자에게서 남자는 사랑을 느낀다. 또한 여자들은 사랑받고 있다는 실감과 확신을 원한다. 남녀 간에 흔히 오해가 생기는 것이 "말 하지 않아도 저 여자는 내가 사랑하고 있다는 것을 알거야"라는 생각인데, 지속적이고 반복적인 확신이 없다면 여자들은 사랑받고 있다는 사실에 자신이 없어진다는 것을 깨달아야 한다.

우리는 부부 이기에 앞서 각각 다른 성으로 만난 두 사람 사이에 차이는 분명히 존재한다. 남자와 여자 사이의 감성의 차이는 이미 성인이 되기 전인 어린아이들을 통해서도 발견할 수 있다. 프로그램을 준비하며 7살짜리 유치원생들을 대상으로 남녀의 감성 차이를 볼 수 있는 실험을 진행해봤다고 한다. 물건을 사고파는 시장놀이를 하는 똑같은 상황 속에서도 놀이를 이끌어가는 남녀 어린이들의 모습은 확연히 달랐다고 한다.

역할을 분담하는 과정에서 남자아이들은 본인이 원하는 역할에 무작정 덤벼들어 싸움까지 벌어졌는가 하면, 정서적 관계를 중요시하는 여자아이들은 친구들끼리 서로 상의해서 역할을 나누고 순번을 바꿔가며 놀이를 하는 모습을 보여주었다고 한다.

또 남자아이들은 힘이 세고 싸움을 잘하는 아이를 리더 감으로 생각했으며, 여자아이들은 다른 사람에게 친절하고 양보하는 사람을 바람직한 리더 상으로 꼽았다고 한다. 정서적 지능에서 분명한 차이를 보이는 남녀가 만나 부부가 되었을 때 갈등의 불씨가 생길 가능성은 언제나 엄존하는 것이다. 이러한 정서적 차이를 이해하고 존중해야 행복한 결혼생활에 가까워질 수 있다는 것을 반드시 기억해야 한다.

둘째, 부부 일생은 서로 엇박자이다. 길게 보며 엇갈림을 알고 피하는 것이 행복한 부부생활을 하는 지름길이 된다.

20대, 여자들의 인생 주제는 사랑이다. 같은 또래 남자들의 인생 주제는 취업이다. 여자는 사랑을 위해 자신의 일과 인생의 목표를 궤도 수정하기도 하지만, 20대 남자들에게 취업은 사랑을 위해서도 절체절명의 것이다.

30대, 여자들은 살림살이와 자식을 **빼**면 인생이 없는 것처럼 산다. 여자들의 우주는 가정이며 가족이다. 남편과 함께 아이들을 데리고 오순도순 재미있게 살고 싶은 마음뿐이다. 남자 나이 30대가 되면 직장과 사회생활에 몸을 바친다. 생존경쟁에서 능력을 발휘해야 하고, 승진, 승급, 동기들과의 경쟁에서 이겨야 한다. 성공과 출세라는 사회적 성장이 인생의 주제가 되는 시점에 놓여 있다. 여성들은 연애시절의 달콤함을 평생 연장하는 것으로 알고 결혼하는 반면, 남성들에게 결혼이란 가족부양의 책임이며, 가족을 디딤돌로 삼아 사회적인 도약을 이루어야 한다는 의식이 지배적이다.

여성의 결혼과 가족이 표현적 기능에 치중하는 것이라면, 남성의 결혼과 가족은 도구적 기능에 중점을 두는 것이다. 아내들이 남편에 대한 기대치가 가장 높은 시기에 남편들은 가족에게 쏟을 시간적 정신적 여유가 거의 없는 엇갈린 인생주기에서 수많은 갈등과 반목의 씨가 뿌려지기 시작한다. 왜냐하면 남자들은 30대가 되면 사회생활에서 낙오되지 않으려고 일에 몰두하니 가정에 마음을 둘 시간이 적다. 그래서 부부간에 의견충돌이 일어나는 것이다. 당신 직장 일에 관심 두는 것 반만이라도 나와 자녀들에게 관심을 주어 보아라.

40대는 남녀를 떠나 인생을 되돌아보게 된다. 이른바 갱년기라는 시기가 찾아온다. 백날 젊을 줄 알았는데 아이들 키우고 먹고 살다보니 어느새 흰머리가 늘어가고 중년이라는 딱지가 붙게 된다. 건강도 예전만 못하고 심리적으로도 허전하고 자기연민의 감정이 들기도 한다. 사춘기의 심리와 비슷한 〈사추기(思秋期)〉. "나는 여태껏 무엇을 위해 살아왔나?" "나는 누구인가?" 하고 자문하기 시작한다.

여자들은 자식 키워봤자 품안의 자식이라는 것을 깨닫게 되고, 살림살이에 대한 집착과 애착도 좀 덜해진다. 가족관계 역시 잘 하다가 한 번 잘 못하면 소용이 없게 된다는 것을 경험했으므로 열과 성을 다하기보다 욕먹지 않을 정도만 하면 된다고 생각한다. 남편에 대해서는 이미 30대에 수없이 많은 기대와 실망과 좌절, 원망과 분노를 거쳤으므로 아무 기대도 없다. 여자들의 40대는 끊어졌던 모든 동창회와 친목계가 부활하는 시기이다. 가족보다 친구가 위로가 되고 동반자가 된다.

남자 나이 40대, 일벌레로, 돈 버는 기계로 살아왔다는 회한이 들기 시작한다. 말이 좋아 가장이요, 산업역군이지 가정에서나 사회에서나 자신들을 부려먹기만 했을 뿐, 정서적으로 보살핌을 받지 못했다는 외로움에 빠진다. 애인 같은 아내를 바라거나 "불같은 사랑 한 번 해 봤으면"하는 은밀한 욕망이 생겨나기도 한다.

실제로 조사에 의하면 '친구 같은 아내가 최고다' 남자 대학생들은 '친구 같은 아내'를 원하고, 여자 대학생들도 자신이 '친구 같은 아내'가 되고 싶어 하는 것으로 나타났다. 삼성생명이 제3회 '아내의 날'을 맞아 남녀 대학생 273명에게 설문 조사를 실시한 결과, 설문자의 절반이 넘는 53%(남성 55.4%, 여성 50.0%)가 가장 바람직한 아내 상으로 '친구 같은 아내'를 선택했다.

이는 삼성생명이 지난 2008년 20-30대 회사원을 대상으로 같은 질문을 했을 때 1위로 꼽혔던 '사회생활과 가정생활이라는 두 마리 토끼를 모두 잡는 수퍼우먼형'(59.1%) 과는 차이가 있었다. 이번 조사에서 '친구 같은 아내'에 이어 '수퍼우먼형 아내'(25.2%), '사회적, 경제적으로 성공한 아내'(10.2%), '현모양처인 아내'(8.7%) 순으로 이상적인 아내 상을 꼽았다. 한편 136명의 여대생들만으로 따로 물은 '21세기 현대 남편들의 칠거지선(七去之善)' 에는 '자신의 일에 성실한 남편'(17.6%), '대화가 통하는 남편'(16.6%)이 가장 많이 선택됐다. 반면 '집안일 잘하는 남편(3.5%)'이나 '잘생긴 남편(1.2%)'은 7가지 항목에 선택되지 못했다.

50대가 되면 부부간에 "따로국밥" 양상이 더욱 두드러진다. 여자들은 되도록 집에 있지 않으려 한다. 여태 집에만 있었기 때문에 더 늙고 병들기 전에 세상 구경도 하고, 사람들과 어울리고 싶은 것이다. 남자들은 이때부터 가정과 가족이 소중해지기 시작한다. "즐거운 곳에서는 날 오라 하여도 내 쉴 곳은 집, 내 집뿐이리" 반찬이 없어도 집의 밥이 입에 달다고 한다. 남편은 집으로, 아내는 세상 밖으로. 남편은 섭섭함, 아내는 귀찮음. 30대부터 잠재해 있던 부부사이의 엇박자가 이제는 눈에 보이는 "증세"로 나타난다.

60대, 남자들은 가정과 가족에 대해 눈을 뜨고 보니, 자식들은 솔솔 빠져나가고 이제 남은 것은 결국 "아내"뿐이라는 것을 깨닫는다. "마누라 의존도 100%", 반면에 60대 아내들은 자식들을 다 결혼시키고, 제대군인의 심정으로 자유부인을 꿈꾼다. 아내는 나가고 남편은 기다린다. 30대 시절이 역전되었다. 예로부터 아내들의 속마음인 "늙은 다음에 보자"라는 말이 현실화 되는 것이다.

몇 년 전에 일본에서 70대를 대상으로 설문 조사한 적이 있었다. 노후를 누구와 보내고 싶으냐는 질문에 할아버지의 70%가 "반드시 아내와"라고 답변한 반면에, 할머니의 66%는 "절대 남편과 노후를 보내지 않는다"라고 했다. 우리나라 우스갯소리에 이사 갈 때, 나이 든 남편은 혹시 놓고 갈까 봐 "이불 짐 위에 올라앉아 있어야 한다."는 말이 있는 것을 보면, 남의 나라 얘기만이 아님을 알 수 있다.

부부의 일생은 이처럼 엇박자다. 여성의 삶의 화두는 사랑, 가족, 가정에서 친구와 사회로 나아가는 반면에, 남성은 취업, 동료, 사회에서 사랑, 가족, 가정으로 옮아가는 엇갈림의 길이다. 딱히 누구 잘못이라고 탓할 것 없이 서로 외롭고 힘든 부부관계가 되는 것이다. 엇갈림을 피할 수 있는 길은 "여성의 사회화, 남성의 가정화"에 있다고 할 수 있다. 여성들은 인생에서 결혼이 차지하는 비중이 너무 크고 지나치게 가정에 매이게 된다.

남편과 가정 안에서 인생의 모든 만족을 얻으려 하면, 그 만큼 불만이 클 수밖에 없다. 이 때 남편이 아내로 하여금, 다양한 인간관계와 사회활동을 집안 살림과 병행하도록 도와야 한다. 남편만 바라보고 살면서 섭섭함을 쌓아가게 하는 것보다, 일상의 작은 분담이 길게 보면 아주 현명한 것이다.

아내 또한 남편이 가정에서 자리 잡을 수 있도록 도와야 한다. 이 땅의 남편들은 가정화의 교육을 제대로 받지 못했다. 가족과의 관계는 젊어서부터 관심을 가져야 하며, 나중에 돈과 시간의 여유가 있으면 저절로 이루어지는 것이 아님을 알려줘야 한다.

그리고 조금씩 그 역사를 만드는 과정이 곧 행복임을 깨닫게 해줘야 한다. 한국 남자들의 직장생활 심리적 정년은 37.5세라고 한다. 첫 직장에 마흔 살까지 다니기도 힘들다고 생각하는 것이다. 그러면서도 여전히 회사의 지위나 사회생활로 자신의 존재를 확인하고자 한다. 남자는 그렇게 사는 것이려니 하면서 아무 생각 없이 달려가는 것이다. 이에 대해 아내들이 브레이크를 걸어주어야 한다. 출산율이 낮아지고 직장에 조기퇴직 바람이 불면서 부부의 엇갈림이 30대 후반에도 많이 나타나는 요즈음, 부부가 자신들의 인생을 길게 보고 서로 엇갈림을 피할 수 있는 길을 모색해야 한다. 인생 최고의 복은 인복(人福)이라고 한다. 그 인복은 내가 한 것만큼 오는 것이다. 그래서 힘이 있을 때에 부부 간에 많이 베풀며 살아야 할 것이다.

셋째, 부부 서로 해야 할 일과 해서는 안 될 일.

1) 남편에게 주는 지침

① 아내가 당신처럼 행동할 것이라고 기대해선 안 된다. 개성이 다르다.

② 아내의 불평을 무시해선 안 된다. 아내는 감정적인 지지를 기대하고 있다.

③ 여자는 구두쇠를 좋아하지 않는다. 인색하게 굴지 마라.

④ 아내의 친정 방문을 못마땅하게 여겨서는 안 된다.

⑤ 아내와 연애를 즐기고 아내의 욕구를 풀어주는 것을 잊어서는 안 된다.

⑥ 언어폭력은 절대 금물이다.

⑦ 아내가 이성적인 방식으로 문제를 풀 것을 기대하지 말아

야 한다. 여자는 문제를 논리적으로 풀기에는 너무나 감정적인 존재이다.

⑧ 아내의 옷, 화장, 요리를 칭찬함으로써 여성다움을 만족시켜 주기 위해 노력하기를 바란다.

⑨ 아내의 기분 상태를 감안해야 한다.

⑩ 여성은 사회적 존재이다. 사회활동의 자유를 제약하지 않도록 노력해야한다.

⑪ 남편의 부정행위는 아내에게 가장 가혹한 일이다. 부정행위는 아예 꿈도 꾸지 마라.

2) 아내에게 주는 지침

① 당신과 남편을 비교해선 안 된다. 그는 다른 존재이다.

② 남편 속에 있는 잔인성을 도발해선 안 된다. 남자는 흥분하면 금방 자제력을 잃게 된다.

③ 당신이 좋아하는 것을 남편도 하리라고 기대해선 안 된다. 그는 당신과 다른 방식으로 생각하기 때문이다.

④ 남자는 수다스런 여자를 싫어한다. 바가지는 남편을 혼란스럽게 할 뿐이다.

⑤ 남편이 미안하다고 말하리라고 기대해서는 안 된다. 남자는 사과하는 것을 싫어하며 정말로 사과해야 할 경우 간접적으로 표현한다.

⑥ 남편이 싫어하는 것을 말하지 마시라. 그런 일은 남편의 감정을 다치고 기분을 망친다.

⑦ 남자는 새처럼 자유롭기를 원하므로 늘 바가지를 긁어 대서는 안 된다.

⑧ 요구하는 아내가 되지 말고 남자가 좋아하는 자족하는 아내가 되려고 해야 한다.

⑨ 남편이 먼저 말하기를 기대하지 말아라. 남자는 사후 반응을 통해 관용을 표시한다.

넷째, 부부 행복의 비결 10가지.

1) 배우자가 완벽할 거라는 생각을 버려라. 오하이오 주립대학 심리학과의 제임스 맥널티 교수와 플로리다대학의 벤자민 카너 교수가 2008년에 발행한 연구 결과를 보면, 결혼에 대해 기대치가 최고 수준인 사람들의 행복 곡선은 가파른 하강 곡선을 그리는 것으로 나타났다. 부부가 모두 의사소통과 관계를 맺는 확실한 기술을 지니고 있지 않다면 결혼으로 행복을 얻을 것이라는 희망은 결국 실망으로 치닫게 된다. 인간은 모두가 미완성으로 부족하다는 것을 인정해야 한다.

2) 위임하라. 배우자가 요리나 청소와 같은 집안일을 더 많이 돕도록 하라고 BBC 행복위원회의 제시카 프라이스 존스는 충고한다. "식기세척기를 사용하는 사람이 당신이므로 남편은 당연히 사용법을 모를 수밖에 없다." 문제는 모든 것을 다 간섭하고 하려는 것에서 의견 충돌이 발생한다.

3) 부정적인 것을 긍정적인 것으로 전환하라. 배우자의 고집

을 불평하지 말고 덜 공격적인 단어로 말하라. 변덕스럽고 열정적인 성격에 대해서도 이와 비슷하게 대처할 수 있다. 어느 50대 가장이 하는 말이다. "처음에는 아내가 너무 무분별하다고 생각했다. 하지만, 그런 성격을 고치려 했다면 지금과 같은 관계를 유지할 수 없었을 것이다."

4) 부부의 장점을 믿으라. 셀리그먼 박사는 대표 장점을 잘 살리면 결혼생활도 더 잘할 수 있다고 주장한다. 강인한 성격이나 정직과 친절에 대한 믿음 등이 그것이다.

장점을 보고 칭찬하려고 하면 부부는 행복해 진다. 그러나 반대로 단점이 보이고 이를 지적하기 시작하면 부부간에 거리는 멀어져 가고 있음을 명심하라. 다윗과 미갈의 교훈을 참고 하라.

5) 반응하며 듣는 방법을 연습하라. 남의 말을 잘 들어준다는 것은 이야기하는 사람의 말을 확인해주는 것이다. 그러므로 상대방에게 집중하고 긍정적인 격려를 자꾸하라. 가령 "이해해"라든가 "무슨 말인지 알겠어"라고 맞장구를 쳐주라. 아니면 "그런 걸로 당신을 탓할 수는 없지!"정도도 괜찮다. 당신이 말할 기회가 올 때까지는 반박을 잠시 접어두라.

리처드 스티븐스는 이렇게 충고한다. "당신의 마음에 들지 않는 행동을 한다고 해서 무작정 비난을 해서는 안 된다. 그 행동에 대해 당신은 어떤 느낌을 받는지 솔직하게 털어놓아야 한다. 좋은 의사소통은 당신의 경험을 공유하고 상대방의 경험을 알아가는 것이지, 옳고 그름을 따지는 것이 아니다."

6) 화자와 청자 방식을 활용하라. 결혼생활에 문제가 있는 부부는 의논을 할 때마다 싸움으로 번진다. 마틴 셀리그먼 박사는 말만 하면 싸움이 되는 문제들을 "중대한 문제"라고 부르자고 하면서, 싸움이 아닌 대화로 문제를 풀어보라고 한다. 어느 한쪽이 "중대한 문제"를 꺼내면 "화자(話者)-청자(聽者)"방식으로 이야기를 시작하는 것이다.

다음엔 카펫의 특정한 부분이나 종이를 깐 곳을 상징적인 장소로 설정한 후 그곳에 서서 이야기를 한다. 당신에게 발언권이 없을 경우에는 먼저 청자가 되고, 상대방이 말하는 동안 끼어들지 마라. 당신이 화자가 되면 자신의 생각과 감정을 말하세요. 이때 절대로 상대방의 생각과 감정을 자기식대로 해석해 말해서는 안 된다. "당신"이라는 2인칭보다 "나"라는 1인칭을 훨씬 더 많이 사용하라.

7) 대답할 여지가 있도록 질문하라. 절대 단답형으로 답변이 나올 만한 질문을 하지 마라. 상대방이 자신의 관점을 자세하게 설명할 수 있도록 질문을 하라. 개방형 질문을 통해 배우자가 중요시하는 가치와 이상을 이해할 수 있다. 상대방이 이직을 하거나 스포츠카를 사겠다는 비현실적인 꿈을 말하더라도 비꼬거나 비웃지 마라."그렇게 되면 당신 참 행복하겠는데."이렇게 "꿈"을 격려하고 실현하려면 어떻게 해야 할지 생각해보도록 유도하라.

8) 낙천적인 사람이 되라. 상대방이 마음에 들지 않는 행동을 하면 "외출이 왜 그렇게 잦아"라거나 "저 인간은 술고래야"하

기 전에 "피곤한가 보네!"라거나 "숙취가 심하구나!" 하는 식으로 그 상황에 맞는 설명을 생각하라. 반대로 상대방이 대단한 일을 해냈을 때도 마찬가지 반응이 필요하다. "운이 좋았네!"보다는 "원래 당신은 리더십이 뛰어나잖아"하는 식으로 일시적인 성공에 영속적이고 설득적인 특성을 부여해야 한다. 낙천주의자와 염세주의자가 결혼을 하면 그 결혼생활은 행복할 가능성이 크지만 염세주의자 부부는 살면서 힘든 일이 발생할 때마다 지속적으로 행복 수준이 하강할 수밖에 없다.

9) 나만의 시간을 가질 필요성에 대해 이야기하라. 배우자가 당신을 멀리하는 기분이 든다면 두 삶의 관계에 좀 더 많은 자율성이 필요하다는 뜻이다. 먼저 혼자만의 시간의 필요성에 대해 이야기를 나누어라. 각자 어느 정도의 자유와 자율권이 필요한가? 당신은 배우자만큼 친밀한 관계를 유지하는 사람이 있는가? 등등.

10) 부부가 함께 관계 "질문지"를 작성하라. 서로 생활에 대해 더 자세히 알고 싶다면 "좋아하는 음식"에서 "최근에 가장 행복했던 날"과 같은 여러 개의 질문지를 작성해 보라. 상대방에 대한 질문에 답해보고 그 차이가 어느 정도인지 알아보라. 당신의 결혼생활은 행복해 질 것이다.

16장 부부 생활 행복의 비밀

(사도행전 18:1-3)"그 후에 바울이 아덴을 떠나 고린도에
이르러 아굴라라 하는 본도에서 난 유대인 한 사람을 만나니 글
라우디오가 모든 유대인을 명하여 로마에서 떠나라 한 고로 그
가 그 아내 브리스길라와 함께 이달리야로부터 새로 온지라 바
울이 그들에게 가매 생업이 같으므로 함께 살며 일을 하니 그
생업은 천막을 만드는 것이더라"

하나님은 행복한 결혼, 부부 관계를 만들라고 말씀한다. 그리하
여 모두 하늘의 축복을 받는 행복한 부부 가정을 이루기를 원하신
다. 인생은 모두 다 나그네이다. 그래서 우리 인생의 전반을 이야
기하자면 이렇게 말할 수 있다. "인생은 나그네, 지구는 여관방, 여
관방 주인은 하나님, 우리는 모두 전세 기한을 빌려서 50년, 60년,
70년 살다가는 것, 그런 나그네 길에서 외롭지 않도록 만난 것이
부부이다" 그렇다. 사실 사람들은 나그네이다. 모두 나그네이다.
외로운 자들이다. 누군가 의지하고 함께할 사람이 없으면 살아가
기가 힘든 것이 우리네 인생들인 것이다.

그래서 하나님은 배우자를 허락해주신 것이다. 서로 도우며 외
로움을 극복해라가라고 주신 것이 배우자이다. 그러므로 우리는
우리 각자에게 허락하신 배우자를 참으로 소중한 존재로 알아야
한다. 그 배우자를 통해서 행복을 느끼고 삶의 보람을 느낄 줄 알

아야 한다. 그러한 삶이야말로 성경적인 삶이다. 하나님의 뜻에 맞는 삶인 것이다.

그런데 우리가 세상에 눈을 돌려보면 배우자를 둔 사람들이라고 모두 행복해 보이는 것만은 아님을 볼 수 있다. 서로 싸운다. 서로 시기한다. 그러다가 갈라져 버리곤 하는 것이 오늘날 세상의 부부들이기 때문이다. 그런 풍조는 우리 믿음의 가정들 속에도 파고들어오고 있는 형편이다. 그렇다면 우리는 어떻게 하여야만 우리의 배우자와의 관계를 아름답고 행복하게 누리며 살아갈 수 있을까? 성경학자들은 브리스길라와 아굴라 그들 부부를 가장 이상적인 부부상의 모델이라고 입을 모으고 있다. 그러면 이들 부부를 모델로 하여 성경이 제시하고 있는 부부 행복의 기본 조건은 어떤 것인지를 살펴보도록 하겠다.

첫째, 몸이 함께 있는 부부는 행복하다. 창세기 2장 18절에는 이렇게 말씀한다. "사람의 독처하는 것이 좋지 못하니 내가 그를 위하여 돕는 배필을 지으리라." 여기서 돕는 배필이란 무엇을 말하는 것인가? 그것은 물질적 도움을 주는 자를 말하는 것이 아니다. 외롭지 않도록 돕는 자를 주셨다는 뜻이다. 즉 하나님이 배우자를 주신 것은 일생 동안 고독을 극복하고, 서로 사랑하며 살라고 주신 것이다.

그러므로 부부는 항상 같이 하여야 마땅한다. 결혼식장에서 두 사람의 남녀는 따로 입장한다. 그러나 나갈 때는 함께 붙들고 의지하며 퇴장한다. 이것은 상징하는 바가 크다. 이전까지는 다르게 살아왔을지라도 이제부터는 혼자가 아니라는 말이다. 이제부터는 영원히 동행하여야 할 사람이라는 말이다.

그러므로 부부는 항상 동행하며 행동을 같이 해야 마땅하다. 물론 각자가 가정에서나 사회, 교회에서 맡은 소임이 다를 것이기에 늘 그림자처럼 붙어 다닐 수는 없다. 그러나 되도록 함께하는 것이 바람직하다. 부부는 함께하는 시간이 많을수록 행복하다. 부부 사이에 문제가 발생하는 것을 보면 부부 사이에 몸이 먼저 멀어질 때임을 알 수 있다.

그래서 부부란 하나여야 한다. 둘이 연합하여 한 몸을 이룰찌로다(창세기 2장 34절). 한 몸에 머리가 둘인 사람이 있는데 이 사람은 한사람입니까, 아니면 두 사람입니까? 대답 왈 한사람의 머리를 때려서 다른 머리가 아파하면 하나이요 아파하지 아니하면 둘이니라. 부부는 하나이다.

남녀가 결혼하는 주례자는 이렇게 말한다. 괴로워 할 때 같이 괴로워하고 기쁠 때 같이 기뻐해야 한다고 한다. 그렇다. 부부란 생각도 같이 해야 되고 입맛도 같아야 되고 취미도 같아야 된다. 만약 자기를 주장하고 헌법(사상. 종교, 여권 등등)의 권리를 주장하는 부부가 있다면 이는 분명히 적신호를 받고 있는 부부라 해도 조금도 틀림이 없을 것이다.

사랑과 이해와 용서 그리고 서로를 위하는 마음은 하나가 되는 가장 좋은 방법인 것이다. 그보다 더 하나가되는 길은 이렇다. "벌거벗었으나 부끄러워하지 아니하니라." 그렇다. 부부는 하나이기 때문이다. 우리 날마다 하나가 되고, 하나가 될 것을 다짐하라. 그래 우리는 하나야! 이렇게 날마다 외치기를 바란다.

오늘 본문 말씀 중에 나오는 브리스길라와 아굴라 부부를 보자. 그들은 항상 같이 있었다. 항상 함께 살았다. 그래서 성경에 그들 이름이 언급될 때는 따로 언급되는 예가 없다.

(행 18:24-26)"알렉산드리아에서 난 아볼로라 하는 유대인이 에베소에 이르니 이 사람은 언변이 좋고 성경에 능통한 자라 그가 일찍이 주의 도를 배워 열심으로 예수에 관한 것을 자세히 말하며 가르치나 요한의 세례만 알 따름이라 그가 회당에서 담대히 말하기 시작하거늘 브리스길라와 아굴라가 듣고 데려다가 하나님의 도를 더 정확하게 풀어 이르더라."

(롬 16:3)"너희는 그리스도 예수 안에서 나의 동역자들인 브리스가와 아굴라에게 문안하라." (고전16:19)"아시아의 교회들이 너희에게 문안하고 아굴라와 브리스가와 그 집에 있는 교회가 주 안에서 너희에게 간절히 문안하고." (딤후 4:19)"브리스가와 아굴라와 및 오네시보로의 집에 문안하라."

이들 부부만큼은 성경에 항상 함께 나온다. 그만 큼 부부가 금슬이 좋았다는 것이다. 본문 2절을 보면 글라우디오(Claudius, 41-54년) 황제가 유대인들을 로마에서 추방한 내용이 나온다. 그

때 로마 당국에서 추방한 이들은 엄밀히 말해서 유대인 남자들이다. 역사적인 문헌들을 살펴볼 때 오히려 유대인 여자들은 남을 것을 권장했다고 한다. 그리고 남고자 하는 여자들에게는 일자리와 생활보조금을 내려주겠다고 약속하였다.

유대인 여자들은 생활력이 강하였다. 그기에 그들을 로마에 붙잡아 두면 이로운 점이 많을 것이라 여겼기 때문이다. 그렇게 하면 종교 문제로 항상 당국을 골치 아프게 하는 유대인들의 가정을 와해시키는 것이 되어 그들을 더욱 견제하기 쉬울 것으로 본 때문이다. 결국 그 의도야 어떻든 로마 정부가 제의한 내용은 상당히 파격적인 특별대우이다. 지금으로부터 약 2천 여 년 전인 그 시대는 남존여비 사상이 강하던 때이기에 더욱 그러하다.

당시에 그런 제의를 받은 여자들이 실제로 남편을 버린 일도 없지 않았던 것으로 보인다. 그러나 브리스길라와 아굴라 부부는 갈라서지 않았다. 고락을 같이 하기 위해 떠나갔다. 그들에게 있어서 가장 중요한 것은 배우자였다. 우리가 연애를 할 때 약간 고루한 표현이긴 하지만 이와 비슷한 말을 자주 쓴다.

"그대 없는 세상은 물 없는 사막이야." "그대와 함께 있으면 내게는 아무 것도 필요치 않아. 항상 내 곁에 있어 줘." 브리스길라와 아굴라 부부가 가졌던 서로에 대한 감정이 바로 이런 것이었다. 그들에게는 함께한다는 그 자체가 이 세상의 어떤 유혹보다도 소중하였던 것이다. 그것이 진정한 행복으로 여겨졌던 것이다. 이는 오늘날의 부부들에게 큰 경종이 아닐 수 없다.

물론 우리 교회에는 이런 사람이 없지만 외부적 조건 때문에 갈라서는 사람들이 세상에는 얼마나 많은가? 오늘날 배우자를 고르는 최우선적 기준은 사람의 됨됨이가 아니다. 경제력이다. 얼마나 돈이 있느냐 하는 것이다. 그래서 가장 행복해야 할 신혼 여행지에서도 혼수가 적다느니, 부조금이 기대에 못 미친다느니 하며 다투는 것이 다반사 아닌가? 이것이 사람과 함께한 결혼인가, 돈과 함께한 결혼인가? 진정으로 사랑하는 부부는 아무리 누추한 곳에서라도 함께하는 그 자체만으로 기쁘다. 나는 새벽에 노부부가 나이 들어 손잡고 약수터에 다니는 것은 거저 되는 일이다. 라고 생각한다. 나이 60이 넘게 해로하신 노부부들에게 물어보라. 십중팔구 이렇게 말씀하는 것을 볼 수 있을 것이다. "혼수감 그것이 무슨 소용이 있어. 돈이 무슨 필요인가? 같이 의지하며 사는 것이 중요할 뿐이야. 우리는 서로 고마운 마음으로 살아간다오."

그렇다. 참된 부부는 함께하는 그 자체만으로 행복을 느끼는 것이다. 그저 바라만 보아도 좋은 것을 느끼는 것이 진정으로 행복한 부부이다. 그러므로 배우자와 함께 있는 그 자체를 즐거워해야 한다. 당신의 배우자는 하나님이 개인에게 가장 적합한 사람으로 주신 것이다.

따라서 우리는 우리의 배우자와 함께함을 통해 행복을 찾아 나가야 한다. 그런데도 불구하고 혹시 자신의 배우자를 부끄러워하거나 멸시하는 감정을 가진 분은 없는가? 만약에 그렇다면 속히 회개하기 바란다. 그리고 당신의 배우자와 함께 있는 시간을 더욱 늘

리라.

그래서 서로 많은 대화를 나누기 바란다. 그리고 부부로서의 본분을 서로에게 성실히 이행해 보기 바란다. 그러다 보면 서로를 사랑하는 마음이 샘솟아 날 것이다. 그러면 소원했던 감정, 멸시하던 감정이 사라지고 잘나도 내 남편, 못나도 내 남편, 잘나도 내 아내, 못나도 내 아내라는 마음이 생겨날 것이다. 그러면 결국 행복한 부부가 되는 것이다.

둘째, 마음을 함께하는 부부는 행복하다. 우리 옛말에 "열 길 물속은 알아도 한 길 사람 속은 모른다"는 말이 있다. 이 말의 뜻이 무엇인가? 물속은 찬찬히 살피거나 들어가서 조사해 보면 속속들이 알 수 있다. 그러나 사람의 속에는 들어가 볼 수가 없기에 자기 스스로 그 속을 드러내지 않는 한 알 수 없다는 말이다. 이런 일은 세상에서 가장 가깝다는 부부지간에도 있을 수 있는 일이다.

흔히 말하기를 살면 살수록 모를 것이 부부 사이라고도 하지 않는가? 그처럼 부부지간에도 모를 일이 많이 있는 것이다. 영적으로 볼 때 부부는 한 몸, 한 마음이다. 그러나 현실은 다르다. 엄연히 각자의 몸이 있고 각자의 마음이 있기에 잘 합하지 않을 때가 분명히 있다. 그런 현상이 심할 때는 차라리 남보다도 못한 것이 부부이다.

그러므로 행복한 부부 생활을 위하여서는 마음을 함께하여야만 한다. 자기 생각만을 강요하려는 태도는 그릇된 것이다. 그러면 불행해진다. 서로 다를 뿐이다. 오늘 본문의 브리스 길라와 아굴라 부부를 보자. 본문 3절을 보면 그들의 업은 장막 짜는 일이었다고 한다. 이것으로 보아 그들 부부는 오래 전부터 그 일을 함께 해 왔던 것으로 여겨진다.

둘이서 힘을 합해 꾸준히 해 왔다는 말이다. 이는 곧 마음을 함께하면서 오래 살아왔다는 의미이기도 하다. 일을 하다가 상대의 눈짓만 보아도 그 마음을 알 수 있는 진정으로 마음이 통하는 사이였다는 말이다. 이런 부부는 어떤 부부인지 아는가? 환경이 아무리 어려워도 부부간의 믿음과 사랑으로 다 극복해 나갈 수 있는 힘 있는 부부인 것이다.

한 마음 한 뜻이 되어 무엇이든 손에 쥘 능력을 소유한 행복한 부부라는 말이다. 19세기경 미국에서 있었던 이야기이다. 남편은 작곡을 하고 아내는 노래를 불러 인기를 끈 부부가 있었다. 그들은 대단한 인기를 누렸다. 그래서 자신들의 극장까지 소유할 정도로 부자가 되었다. 그러던 어느 날 아내가 극장에 깔 카펫을 한 장 사왔다. 그런데 그 카펫의 가격 명세서를 본 남편은 깜짝 놀랐다.

남편의 생각으로는 너무 비쌌기 때문이다. 그래서 서로 다투었다. 그 날 이후 그 부부는 함께 일도 하지 않았다. 일생 동안 말도 하지 않으며 살았다. 그래서 두 사람 다, 이전의 인기를 완전히 상실하고 말았다.

그들 부부는 처음에는 마음이 하나 되었기에 함께 큰돈을 벌수도 있었던 것이다. 그러나 서로 이해하지 못하게 되자, 이제는 아무런 일도 함께할 수 없는 그야말로 무능력한 부부가 되어야 했다. 더욱이 기쁘게 살아야 할 삶을 찡그리고 살아야 하는 불행한 부부가 되고 말았다. 참으로 안타까운 일이 아닐 수 없다.

그러나 잘 생각해 보자. 우리는 이런 일을 안타까운 일로만 돌리고 말아야 할까? 아니다. 이런. 불행은 비단 다른 사람의 이야기로만 끝날 만한 것이 아니다. 우리 부부들도 마음을 모을 줄 모르고 자기 생각만 앞세운다면 그렇게 될 수 있는 것이다.

그러므로 당신의 배우자와 마음을 일치시키도록 노력하라. 그리하여야 행복한 가정, 행복한 부부 생활을 꾸려 나갈 수 있다. 모든 부부 갈등의 근원은 부부가 그 마음을 하나로 묶지 않기 때문이라고 할 것이다. 그래서 불신이 쌓이는 것이다. 다투게 되는 것이다.

의심하게 되는 것이다. 폭력을 행사하게 되는 것이다. 서로 배척한다. 그래서 평안도 없고 행복도 없게 된다. 당신 잘못만나 내가 이렇게 되었다는 말이 나오게 된다. 오늘날 이런 부부가 적지 않다. 이런 부부는 함께 산다고 하지만 결국 마지못해 사는 것에 불과하다. 그러므로 이왕 함께 살 것이라면 조금씩 양보함으로 마음을 하나로 모아야 한다.

(잠 15:17)"채소를 먹으며 서로 사랑하는 것이 살진 소를 먹으며 서로 미워하는 것보다 나으니라"

(잠 17:1)"마른 떡 한 조각만 있고도 화목하는 것이 제육이

집에 가득하고도 다투는 것보다 나으니라"

셋째, 신앙으로 함께하는 부부는 행복하다. 오늘 본문의 브리스길라와 아굴라 부부는 몸과 마음이 하나된 부부였지만 더 나아가 신앙 안에서도 하나된 커플이었다. 그러므로 그들은 주의 사도인 바울과 가까이 지내며 그를 도와주었다.

오늘 본문 3절에 바울이 그들에게로 가서 함께 거하였다는 말이 있다. 이 말은 그들과 함께 잠시 거하였다는 말이 아니다. 원어적으로 볼 때 오랫동안 함께 동거했다는 말이다. 사실 한 부부끼리만 살고 있는 집에 다른 사람이 같이 지내게 된다는 것은 참 불편한 일이 아닐 수 없다.

옷을 마음대로 벗고 있을 수도 없고 마음대로 잠을 자기도 힘이 든다. 그러나 바울이 그들과 오래있을 수 있었다는 것은 그들이 바울을 세심하게 배려해 줄줄 알았음을 말해주는 것이다.

그런 그들은 후일 자기들의 집을 교회로 쓰기 위해 내어놓기까지 하였던 것을 볼 수 있다(고전 16:19). 이는 부부가 한 신앙 안에서 하나되지 않고는 결코 할 수 없는 일이다. 그런 아굴라와 브리스길라 부부를 두고 바울은 후일 이렇게 칭찬하고 있는 것을 보게 된다.

(롬 16:3-4)"너희는 그리스도 예수 안에서 나의 동역자들인 브리스가와 아굴라에게 문안하라. 그들은 내 목숨을 위하여 자

기들의 목까지도 내놓았나니 나뿐 아니라 이방인의 모든 교회도
그들에게 감사하느니라"

뿐만 아니다. 초대교회 문헌에도 보면 "우리 중에 브리스길라
와 아굴라는 가장 모범된 부부이다"라는 말이 있기까지 한다. 이런
사실을 볼 때 아굴라와 브리스길라 부부는 서로간의 사랑이면사
랑, 신앙이면 신앙, 봉사면 봉사에서 결코 흠잡을 것 없는 모범된
부부였음을 알 수 있다.

그래서 주의 종은 물론 많은 사람들로부터 크게 칭송을 받았던
것이다. 그러므로 그들은 참으로 보람된 삶을 산 행복한 부부였다
고 할 것이다. 그렇다면 우리도 이와 같다면 얼마나 좋은 일이겠는
가? 부부도 신앙으로 함께한 아름다운 부부가 되기를 힘쓰라. 그러
자면 힘든 일도 많을 것이다. 특히 같은 믿음을 가지지 않은 배우
자를 둔 사람은 더 힘든 일이 많을 것이다. 삶이 어렵다 보면 신앙
의 부부 사이에도 심한 갈등이 있을 수가 있는 것이다.

그렇다고 한다면 하물며 믿지 않는 배우자를 둔 경우에는 어떠
하겠는가? 참으로 힘든 일이 적지 않을 것이다. 어떤 때는 핍박을
당하기도 할 것이고 어떤 때는 슬픈 가슴을 감싸 안고 잠자리에 들
어야 할 때가 한두 번이 아닐 것이다. 그러나 우리 믿음의 성도는
힘들더라도 다 이겨내야 한다. 신앙을 유지하여야 마땅하다. 아울
러 배우자 또한 포기하여서는 안 된다. 함께 하나님을 섬기는 사람
이 되도록 이끌어야한다. 그러자면 그 과정 속에서 더욱 인내하라.

어렵더라도 인내하여야 한다. 최선을 다해 보기 바란다. 그리하여서 하나님이 주실 영원한 축복을 함께 누리는 행복한 부부가 되기를 바란다.

넷째, 부부는 이런 것이다. 부부는 항상 서로 마주보는 거울과 같은 거란다. 그래서 상대방의 얼굴이 나의 또 다른 얼굴이란다. 내가 웃고 있으면 상대방도 웃고, 내가 찡그리면 상대방도 찡그린다. 그러니 예쁜 거울 속의 나를 보려면 내가 예쁜 얼굴을 해야 되어야 하지 않겠는가?

티브이에서 어느 60대 후반 노인이 이런 말을 하는 것을 들었다. 부부란 젊어서는 육체적인 만족 등, 서로의 필요를 채우며 살아가지만 늙어지니 그런 것이 아무런 필요가 없고, 그저 같이 있는 것만도 너무 좋은 하나가 되어간다고 하는 말을 듣고 감명을 받았다. 부부는 하나이다.

부부는 이런 것이다. 부부는 평행선과 같아야 한 단다. 그래야 평생 같이 갈 수 있으니까. 조금만 각도가 좁혀져도 그것이 엇갈리어 결국은 빗나가게 된 단다. 부부의 도를 지키고 평생을 반려자로 여기며 살아가야 한단다.

부부는 이런 것이다. 부부는 무촌이다. 너무 가까워 촌수로 헤아릴 수 없는 것이 부부이다. 왜냐하면 한 몸이니까. 그런데 또 반대란다. 등을 돌리면 남이 된다. 그래서 촌수가 없다. 부부는 이런 것이란다. 이 지구상에 60억이 살고 있는데 그 중의 단 한 사람이

란다. 얼마나 소중한 한 사람….이 세상에 딱 한 사람….둘도 아니
고 딱 한사람….나에게 가장 귀한 한 사람이다.

    (마19:6)"그런즉 이제 둘이 아니요 한 몸이니 그러므로 하나
님이 짝지어 주신 것을 사람이 나누지 못할지니라 하시니"
    (막10:9)"그러므로 하나님이 짝지어 주신 것을 사람이 나누
지 못할지니라 하시더라."

    부부는 이런 것이다. 부부는 반쪽과 반쪽의 만남이다. 한쪽과
한쪽의 만남인 둘이 아니라, 반쪽과 반쪽의 만남인 하나이다. 그러
니 외눈박이 물고기와 같이 항상 같이 있어야 양쪽을 다 볼 수 있
다. 부부는 이런 것이다. 부부는 마음에 들었다 안 들었다 하는 사
이란다. 어찌 다 마음에 들겠는가? 그래도 서로를 이해하며 마음에
들도록 애써야 한단다.
    부부는 이런 것이다. 부부는 벽에 걸린 두 꽃 장식과 같이 편안
하게 각자의 색채와 모양을 하고 조화롭게 걸려있어, 보는 사람으
로 하여금 편안함과 아름다움을 선사한단다. 그래서 늙으면 서로
미모가 보이지 않고 인품이 보인다.
    부부는 이런 것이다. 부부는 한쪽 발 묶고 같이 걷는 인생의 나
그네란다. 같이 하나 둘, 하나 둘하며 같이 인생길을 걷는 것이다.
발을 맞추지 않으면 넘어지고 자빠진다. 그래서 부부는 발자국을
같이 찍어간다. 흔적을 같이 남긴다. 자식이라는 흔적을 이 세상에

남기고 간다. 사랑스런 흔적을 남기고 천국에 간다.

부부는 이런 것이다. 부부는 닮아간다. 같이 늘 바라보니 닮아갈 수밖에 없다. 심지어 질병까지 같아진다. 그래서 결국 까만 머리카락이 하얗게 같이 변한다. 그래서 서로서로 염색해 주면서 부부는 늘 아쉬워하는 사이이다.

이 세상 떠날 때 혼자 남을 반쪽을 보며 아쉬워하는 사이란다. 같이 천국가지 못해 아쉬워한단다. 요단강 같이 건너지 못해서 아쉬워한단다. 그러면서 부부는 늘 하나님에게 감사한단다.

부부는 이런 것이다. 부부가 죽으면 자녀들이 무덤에 합장해준다. 세상에 살 때도 같이 살았으니 죽어서도 같이 썩어 흙 되라고. 그리고 영은 천국에서 만나 영생한단다.

진실로 행복한 부부 사이가 되기를 원하는가? 그렇다면 먼저 몸을 함께하기 바란다. 몸을 함께하는 부부는 정이 들게 마련이다. 그리고 마음을 함께하라. 마음이 합하지 않은 부부는 불화하기 쉬우나 마음이 하나 된 부부는 어떤 어려움도 극복해 나갈 수 있다. 그리고 가장 중요한 신앙으로 하나 되기 바란다. 신앙으로 하나 된 부부는 천국의 유업을 함께 누리는 사이가 되는 것이다. 그런 부부는 이 세상에서도 가정 천국을 이룬다. 그리고 궁극적으로는 천상의 나라를 함께 소유하게 된다.

17장 부부문제에 숨은 영적비밀

(창2:21-25)"여호와 하나님이 아담을 깊이 잠들게 하시니 잠들매 그가 그 갈빗대 하나를 취하고 살로 대신 채우시고 여호와 하나님이 아담에게서 취하신 그 갈빗대로 여자를 만드시고 그를 아담에게로 이끌어 오시니 아담이 이르되 이는 내 뼈 중의 뼈요 살 중의 살이라 이것을 남자에게서 취하였은즉 여자라 부르리라 하니라 이러므로 남자가 부모를 떠나 그의 아내와 합하여 둘이 한 몸을 이룰지로다 아담과 그의 아내 두 사람이 벌거벗었으나 부끄러워하지 아니하니라."

행복한 부부 생활을 하려면 먼저 부부들의 문제의 근원을 알고 미리 치유하는 것이 중요하다. 기독교의 신앙은 예방 신앙이다. 행복한 결혼 생활을 위하여 문제를 미리 예방하자. 필자가 지난 세월동안 성령과 내적치유 사역을 하면서 나름대로 체험한 부부들의 문제는 사전에 예방할 수 있는 것들이 대다수를 차지했다. 조금만 영적인 눈을 열고 분별하고 찾으면 다 해결할 수 있는 것들이였다. 하나님은 짝지어준 부부들이 행복하게 살아가기를 원하신다. 그런데 세상에는 하나님이 짝지어준 부부들이 행복하지 못하고 불행한 결혼생활을 하는 경우가 많다. 지금 많은 부부들이 잘못된 만남으로 고통하며 나날을 지내고 있다.

그리고 많은 부부들이 불화로 가정들이 깨어지고 있는 현실이다. 이는 미리 예방을 하지 않아서 당하는 현실이다. 조금만 관심을 가졌더라면 충분하게 예방이 가능한데 말이다. 좌우지간 부부의 만남과 연애와 결혼은 중요하다. 부부가 만나야 가정을 이룰 수가 있기 때문이다. 부부가 없는 가정은 있을 수가 없다. 그래서 남녀의 만남과 연애와 결혼은 아무리 강조해도 부족할 정도로 중요하다. 무엇이든지 시작부터 잘되어야 하기 때문이다. 하나님이 예비해준 배우자를 만나 연애를 잘하고 결혼을 잘해야 가정이 평안하다. 가정이 건강해야 교회도 건강하다. 가정이 건강해야 국가도 건강하다. 가정이 건강해야 직장도 건강하다.

가정의 평안이야말로 모든 삶의 기초가 되는 것이다. 이 기초가 되는 가정이 평안하려면 부부가 화목해야 한다. 부부가 화목하려면 예수를 믿고 성령을 체험해야 한다. 성령을 체험하고 자신의 문제를 말씀과 성령으로 찾아서 치유해야 한다. 그러면 부부가 화목해져서 가정이 평안해질 수가 있는 것이다. 그래야 하나님을 기쁘시게 할 수가 있는 것이다.

하나님은 소원하기를 짝지어준 부부들이 행복하게 살아가기를 원하신다. 결혼은 하나님께서 세운 인생의 제도 중의 가장 귀한 것이다. 하나님께서 세우신 첫 결혼과 가정에 대한 이야기는 본문 말씀 가운데 선명하게 기록되어 있는 것이다. 주님께서 하나님의 형상과 하나님의 모양대로 사람을 만들되 남자와 여자를 만드셨다. 그리고 그 장면을 성경은 분명하게 이렇게 말씀하고 있는 것이다. 하나님께서 사람이 독처 하는 것이 좋지 않다 하시고, 돕는 배필을 주시기 위하여 아담으로 하여금 깊이 잠들게 하셨다.

그리고 우리 하나님께서 아담의 갈비뼈를 취해서 하와를 지으시고 그를 불러서 아담에게 보내셨다. 아담이 하와를 보고 난 다음에 너무 반가워하고 기뻐해서 이는 내 뼈 중의 뼈요, 살 중의 살이요, 남자에게서 취하였으니 여자라 하리라. 그래서 성경은 분명하게 말하기를 남자가 그 부모를 떠나 여자와 연합하여 한 몸을 이룰지라. 고 말씀하셨고 또 하나님께서 짝 지어주셨으니 아무도 이를 나누지 못할지니라. 그와 같이 말씀하고 있는 것이다.

그런데 왜 이와 같이 하나님께서 짝 지어주신 결혼이 그렇게 많이 나누어지고 상처투성이가 되고 시험이 꽉 들어찬 일이 될 수 있을까? 오늘날 수많은 가정이 파괴된 이유는 굉장히 중대한 사건으로 파괴되는 것이 아니다. 경제적으로 파탄이 되어서 파괴된 것도 아니고, 그렇다고 가정적인 큰 충격의 문제가 생겨서 가정이 파괴되는 경우는 극히 적다.

그러나 지극히 적은 일에 우리가 등한시 하므로 말미암아 지극히 사소한 일이 쌓이고, 쌓이고, 쌓여서 가정이 파괴되고 또 나아가서 살았다 하나, 죽은 상태가 되고 마는 것이다. 사람이 흔히 등한시 여기는 지극히 사소한 문제들 이것이 오늘날 여러 가정을 불행하게 만들고 슬프게 하고 파괴하게 하는 요소가 되기 때문에 그 문제에 대해서 말하고자 한다.

첫째, 부부간에 발생하는 문제들

1) 대물림 되는 잘못된 죄악. 내가 지금까지 성령치유 사역 간에 부부치유를 하다가 체험적으로 알아낸 부부들의 문제는 이렇다. 먼저 조상들로부터 대물림되는 죄악의 대물림이다. 이 대물림으로 말미암아 자신들도 모르게 부부불화를 겪으면서 살아가는 부부가 많다. 성경에는 분명하게 조상의 조악이 후손에게 전이 된다고 말하고 있다.

> (출 20:5)"그것들에게 절하지 말며 그것들을 섬기지 말라 나 네 하나님 여호와는 질투하는 하나님인즉 나를 미워하는 자의 죄를 갚되 아버지로부터 아들에게로 삼사 대까지 이르게 하거니와."

내가 몇 년 전에 부부 치유를 하다가 경험한 사례이다. 여 집사님이 아무것도 모르고 결혼을 했다. 결혼을 하고 보니 시아버지가 보통 바람을 잘 피우는 사람이 아니었다. 거의 매일 시어머니하고 시아버지가 외도 문제로 다투는 것이다. 정말 말로 표현 못할 스트레스를 받으면서 살았다. 그러던 즈음에 옆집에 사는 분의 인도로 예수를 믿게 되었다. 교회를 열심히 다니면서 기도를 했다. 성령체험도 했다. 그런데 시댁에 우환이 생기기 시작을 했다. 시아버지가 주무시다가 세상을 떠난 것이다. 세상 말로 급사를 당한 것이다. 그리고 며 칠 있다가 남편의 형(시숙)이 잠을 자다가 시아버지와 똑같이 세상을 떠난 것이다. 문제는 이것으로 끝나지 않았다. 하루는 여 집사님의 남편이 여동생의 집을 방문했다. 그런데 대낮에 남자 신발이 있는 것이다.

그래서 매제가 왔나하고 문을 열어보니까, 다른 남자하고 불륜을 저지르다가 들킨 것이다. 시누이는 그 일로 안하여 남편하고 이혼을 했다는 것이다. 아버지의 음란이 딸에게 대물림된 것이다. 그런데 이것으로 끝난 것이 아니다. 이 여 집사님의 남편에게도 문제가 발생한 것이다. 집사님의 남편이 매 주 토요일 마다 자신의 사장이 낚시를 가는데 피곤하여 운전을 못하니 자신이 차에 태우고 다닌다는 것이다. 이 집사는 이 말을 철석같이 믿었다. 그리고 매주 토요일마다 2년을 다녔다고 한다.

나중에 알고 보니 토요일 날 자신의 사장을 태우고 다닌 것이 아니고 남편의 옛날 애인을 태우고 다닌 것이다. 그러다가 꼬리가 길면 잡힌다고 발각이 되자 애인하고 도망을 쳐서 강원도 동해시에 아파트를 하나 얻어 살고 있다고 한다. 그런데 그 다음이 문제이다. 집사님의 아들이 고등학교 2학년인데 중학교 3학년 여학생을 만나 연애를 하다가 결국 임신이 되어 9달이 되어 집에 데리고 왔단다. 이 집안은 4대째 음란의 영이 대물림 되고 있는 것이다. 우리는 예방 신앙을 해야 한다. 이 여 집사가 영적인 것을 잘 몰라 치유를 등한시 하여 예수를 믿으면서 당한 것이다. 나는 항상 이렇게 강조를 한다. 예수를 믿고 교회에 들어와 성령을 체험하고 은사를 받아 자신을 먼저 치유하는 것이다. 그리고 가정을 치유해야 한다. 그리고 보이는 교회에 가서 전도하고 봉사를 해야 한다.

이혼은 대물림이 된다. 제가 지금까지 전도하면서 치유사역을 하면서 경험하고 본 바로는 이혼은 대물림된다. 인정하고 예수를 믿고 예수 이름으로 이혼의 영의 줄을 끊고, 가문에 역사하는 이혼시키는 귀신을 축사해야 한다. 이로보아 선조들의 특정한 죄악이 대물림이 된다. 조상의 우상 숭배와 부모 선조들의 부정행위가 대물림된다. 성적인 죄악이 대물림된다. 금전적인 죄악도 대물림이 된다. 타인을 학대한 죄악도 대물림이 된다. 미움과 다른 사람들과 원수 맺음도 대물림이 된다. 대물림이 된다는 것은 선조들의 죄악의 대가를 후손이 담당한다는 것이다. 우리는 이런 사람들에게 복음을 전하여 미리 예방하게 해야 한다.

성을 이용한 유흥업을 한 조상이 있을 경우 이로 인한 죄악이 대물림이 된다. 남의 여인을 빼앗은 조상이 있을 경우 후대에 죄악이 대물림된다. 반드시 예수를 믿고 죄악을 회개하고 악령을 쫓아내야 하다. 부인이 두 명 이상인 중혼한 조상이 있을 경우 후대도 이와 똑같은 일이 생길 수가 있다. 그래서 그 아버지의 그 아들이라고 하는 것이다. 이혼한 조상이 있었다면 후대도 이혼할 확률이 높다. 필자가 지금까지 부부 치유사역을 하면서 체험적으로 깨달은 것은 이혼은 이혼을 낳는다는 것이다. 그런데 이런 문제를 해결하려면 세상방법으로는 도저히 해결이 불가능하다. 반드시 예수를 믿고 성령의 역사로 치유해야한다는 것이다.

부부관계의 불화도 대물림이 된다. 끊임없는 말다툼도 대물림이 된다. 상대방에 대한 짜증도 대물림이 된다. 이유 없는 부부 싸움도 대물림이 된다. 미움이나 원망도 대물림이 된다. 배우자를 다른 사람과 비교하여 비하 하는 것도 대물림이 된다. 그런데 이유 없는 문제는 없다. 모든 문제에는 원인이 있다는 것이다. 이 원인은 하나님만이 알고 계신다. 예수를 믿고 성령을 체험하면 원인을 알 수가 있다. 모든 인간문제의 뒤에는 마귀의 역사가 있기 때문이다. 마귀는 살아있는 존재이다.

사람의 힘으로는 어찌할 수 없는 강한 존재이다. 반드시 성령의 역사가 일어나야 해결되는 것이다. 그래서 예수를 믿어야 해결되는 것이다. 우리 이런 사람들을 찾아서 복음을 전하자. 내가 지금까지 부부치유를 하면서 깨닫고 결론을 내린 것은 가정파괴와 이별은 마귀 역사의 결과라는 것이다. 그래서 예수를 믿어야 해결이 가능한 것이다.

과거 결혼 전에 교제하던 사람이 자꾸 떠오르고 현재 배우자와 비교되는 마음은 부정(不貞)에 대한 저주이므로 반드시 예수를 믿고 하나님께 회개하고 기도로 저주를 끊어야 한다. 내가 지금까지 체험한 바로는 부부생활에 심한 지장이 있는 사람들 중 많은 경우 그들의 부모나 조부모가 이혼했거나 중혼(重婚)한 경우를 흔히 찾아 볼 수 있었다.

2) 자라난 환경 속에서 받은 상처의 영향. 부모에 대한 상처는 부모의 가장 부정적인 부분과 배우자와 동일시한다. 예를 들어 어머니에게 상처를 받은 남자의 경우 자신의 부인을 어머니 같이 생

각한다는 것이다. 그래서 상처는 상처를 낳는 다는 것이다. 그러므로 상처는 예수를 믿고 말씀과 성령으로 찾아 치유해야 한다. 미성숙한 부모로 인한 상처는 똑 같이 미성숙한 사람이 되게 하며 이것은 부부의 갈등을 일으키는 근본적 요인이 된다. 부모가 자신에게 잘못하여 나는 그렇게 안하리라 했지만 세월이 가면 부모와 동일한 행동을 한다는 것이다.

부모의 상처는 대를 이어 미움의 고리를 만들어 나간다. 예를 든다면 대를 이어가는 시집살이를 들 수가 있다. 오 권사님의 이야기이다. 21세에 시집을 가서 보니 3대가 살고 있더란다. 시어머니의 시어머니, 그 시어머니의 시어머니, 이렇게 3대의 시어머니에게 어려서부터 시집살이를 당하면서 살았다. 시집살이가 너무 고달파서 전도를 받고 예수를 믿었다. 서러움을 교회에 가서 토로하고 울기를 수없이 하였단다. 그러면서 자신은 절대로 며느리에게 시집살이를 시키지 않겠다고 다짐을 하였다.

아들이 장성하여 며느리를 봤다. 그런데 문제는 자신이 시어머니에게 시집살이 당한 것을 며느리에게 투사하며 사는 것이다. 다른 권사님의 권유를 통해 내적 치유를 받다가 자신이 과거 시어머니와 똑같은 행동을 하고 있다는 것을 알게 되었다. 그래서 회개하고 풀었다. 시어머니에게 당한 상처도 치유 받았다. 그래서 치유는 좋은 것이다.

부모에 대한 상처는 부모를 보던 대로 자신의 인생을 보게 하고, 결국 똑같은 인생을 살아가게 한다. 아버지가 술만 먹으면 자신의 처지를 비관하는 것을 보고자라면 자신도 자라서 진취적이지 못하고 비관적인 사람이 되어 낙오자가 되기 쉽다.

부모에 대한 아픔은 건강한 인격형성을 저하시키며 이것은 영적 성장을 방해하다. 권위적인 부모에게 양육을 받았으면 하나님도 똑 같은 엄한 하나님으로 생각하여 하나님을 친밀하게 대하지 못하고 항상 거리를 두게 되어 성령으로 장악 당하는 시간이 많이 걸리게 된다.

둘째, 부부문제가 발생하는 원인

1) 가문에 대물림 되는 죄의 유전 때문일 수도 있다(출20:5). 대부분의 경우 부부문제는 대물림이 되는 경우가 많이 있다. 어머니가 이혼하니 딸도 이혼하는 경우가 많이 있다. 필자가 전도하러 다니다가 이런 가정을 만났다. 지나가다가 보니 이삿짐을 내리는 것이다. 그래서 찾아갔다. 그랬더니 지금은 바쁘니까, 내일 오라는 것이다. 그래서 다음날 사모하고 같이 갔다. 그래서 대화를 해보니 독신녀가 둘이 살고 있었다. 이유인 즉은 둘은 자매 지간이었다. 그런데 둘 다 이혼을 한 것이다. 그래서 제가 실례를 무릅쓰고 물어보았다. "친정어머니는 잘 지내십니까?"그랬더니, 이렇게 대답을 했다. "아버지하고 청춘에 이혼하고 혼자지내면서 우리를 길렀습니다."이렇게 부모의 이혼이 자녀에게 대물림이 되는 경우가 있다.

2) 서로 자라난 환경 속에서 받은 상처 때문일 수도 있다. 부모

로부터 상처가 대부분을 차지하게 된다. 탯속에서 두려움의 영향으로 발생하기도 하다. 자라면서 질병으로 고통도 해당이 될 수가 있다.

3) 실망되고 불만스러운 결혼 생활 때문일 수도 있다. 결혼 전에는 이 사람 정도이면 자신의 모든 것을 충족시켜 줄줄 알았는데 결혼하고 보니 생각하고 다르다는 것이다. 처음에는 육정에 끌려서 서로 상대의 단점이 보이지를 않았는데 살아가다가 보니 단점만 보인다는 것이다.

4) 요즘처럼 경제의 어려운 시대를 맞아 경제적인 요인 때문에 불화를 겪는 경우도 있다. 가정불화가 제일 많이 나는 원인 중에 하나는 경제적인 문제가 된다. 경제에 문제가 없어지면 부부불화도 일어나지 않는 다는 통계도 있는 것이다. 많은 부부가 경제적인 문제로 인하여 불화를 겪다가 이혼하는 경우가 많다. 세상에 물질 만능이 되다가 보니 그러는 것이다.

5) 자녀들의 문제나 시가나 처가 등 주위 친척들과의 갈등 때문일 수도 있다. 친정 부모나 시댁의 부모들이 충동을 해서 이혼하는 경우가 종종 있다. 부부간에는 아무도 끼어들어서는 안 된다. 일단 부부로 맺어졌으면 둘이 세파를 이기면서 살아가야 하다. 그래서 하나님은 너희가 부모를 떠나 한 몸을 이루라고 하는 것이다(엡5:31).

6) 서로 자라난 환경과 가정의 문화의 차이에서 오는 경우도 있다. 예를 들어 설명하면 이렇다. 아버지가 바람을 많이 피우는

것을 보고 자란 딸은 의부증에 걸리기 쉽다. 어머니가 불륜을 많이 저지르는 것을 보고 자란 남자는 의처증에 걸리기 쉽다는 것이다. 나는 지난 세월 성령치유 사역을 하면서 수많은 부부 상담을 했다. 그런데 대부분의 사람들이 부모가 하는 것을 보고 배운 대로 상대를 보기 때문에 문제가 발생했다.

7) 갖가지 주위의 시험과 유혹 때문에 가정이 불행에 빠지는 경우도 많이 있다. 요즈음은 남자는 여자를 친구로 삼고 지내는 사람도 있다. 여성들도 남자를 친구로 삼고 살아가는 분들이 있다. 그러다가 넘지 못한 선을 넘어 가정이 깨어지는 경우도 있다. 옛 날 애인을 십 오년이 지나도록 잊지 못하고 살다가 결국에는 옛 날 애인의 가정을 파괴하는 경우도 보았다.

8) 이혼한 친구를 두면 이혼율 75% 급증하다. 친구따라 강남 간다는 속담처럼 친구가 이혼을 하면 덩달아 자신도 결혼생활에 실패할 확률이 75%나 급증한다는 놀라운 연구 결과가 발표됐다 (서울신문 나우뉴스.2010.7.5).

브라운 대학의 로즈 맥더모트 박사가 이끄는 연구진은 "이혼은 전염병처럼 직장이나 가족, 친구관계 등 인간관계에서 확산되는 경향이 나타났다."고 주장했다. 연구진은 미국 보스턴의 작은 마을인 프레이밍햄에 사는 1만 2000명의 생활을 1948년부터 지속적으로 관찰하면서 이 같은 사회연구 결과를 내놓았다고 밝혔다. 가족이나 친구 심지어 직장 동료에게 도미노처럼 영향을 끼치는 이러한 현상을 '이혼 집단화'(divorce clustering)라고 연구진은 명명했으며 "가까운 사람들의 이혼은 자신의 결혼생활에도 계속 의문을 갖게 하기 때문"이라고 이유를 설명했다.

연구진은 가까운 친구나 가족이 이혼할 경우 이혼율은 75%까지 치솟으며, 자신과 직접적인 관계가 없는 친구의 친구가 결혼생활에 실패하더라도 이혼할 확률은 35% 높아진다고 밝혔다. 인간관계가 세 단계를 넘어설 경우 이혼 전염성은 비로소 사라지는 것으로 나타났다. 맥더모트 박사는 "평소 친밀한 관계를 유지한 친구나 가족이 결별하는 모습을 목격한 사람은 자신의 이혼문제를 더 쉽게 생각하는 경향이 엿보인다."면서 "이러한 이혼 도미노 현상을 막으려면 속을 터놓고 지내는 이들의 결혼생활에 대해 진지하게 상담하고 지지해야 한다."고 덧붙였다. 일반적으로 자녀가 없는 커플보다 자녀가 있는 부부들이 가까운 사람의 이혼에 영향을 덜 받을 것으로 추측됐으나 조사 결과 실제 영향을 미치는 이혼율은 비슷한 것으로 드러났다. 그러므로 우리는 주변에 친구를 잘 만나야 하다. 그래야 친구의 영향으로 어려운 부부 문제를 잘 해결하며 지낼 수가 있다.

9) 이해되지 않는 신앙생활의 문제로 발생 할 수가 있다. 가정을 등한시하고 주부로서의 최소한의 일을 하지 않고 교회에 매달리는 경우에 발생하기도 하다. 내가 지금까지 내적치유 사역을 하면서 체험한 바로는 이해할 수 없는 믿음 생활로 많은 가정이 혼란을 겪고 있다. 예를 든다면 이렇다. 상처가 많은 분들이 스트레스를 받으면 가슴이 답답하여 미칠 지경이 된다. 그것을 해소하려

고 기도원이나 치유 센터 같은 곳에 간다. 가서 기도하고 오면 조금 마음이 시원해진다. 그러나 치유가 된 상태가 아니기 때문에 다시 답답한데 이번에는 더 답답하다. 이러다가 상담을 하면 돌팔이 예언가가 하는 말이 사명이 있다고 한다. 그래서 신학교를 간다. 점점 가정은 멀어진다. 이는 남녀공통으로 발생하는 문제이다. 산기도 다닌다. 기도원에 기도하러 다닌다. 기도를 해도 해도 답답하기만 하다. 근본이 치유되지 않기 때문이다. 계속 밤에 다니다가 보니 부부관계를 제대로 못한다. 나는 한의사가 이렇게 말하는 것을 들었다. 남녀 공통으로 생리적인 현상이 있는데 이는 정상적으로 배설을 해야 한다는 것이다. 왜냐하면 생리적인 현상으로 정기적으로 배출을 해야 하는 배설물이기 때문이라는 것이다. 그러기 때문에 하나님이 남녀가 장성하면 결혼하라고 하시는 것이다.

사람이 소변을 참으며 배설하지 않으면 방광염이 되기도 한다. 대변을 참고 배설하지 않으면 변비가 생기고 피부가 나빠지는 등등 여러 가지 합병증이 생긴다. 이와 마찬가지로 남녀 생리적인 현상도 정상적으로 처리하지 않으면 문제가 생긴다는 것이다. 그래서 이것을 처리하기 위하여 비정상적인 곳을 찾게 된다는 것이다. 너무나 영적인 일에 몰두하다가 보니 자신의 배우자가 다른 남자와 여자와 바람을 피우는 것도 모르고 있다가 시일이 지난 다음에 알고 가슴을 치고 한탄을 한다. 상대방에게만 문제가 있다고 몰아세운다. 그러나 본인에게도 문제가 있다. 이런 일이 비일비재

하다. 이일은 인터넷이나 매스컴을 관심 있게 보면 이해가 갈 것이다. 유명한 연애 인들이 이혼을 신청해 놓고 별거중일 때 다른 여자나 다른 남자와의 불건전한 관계를 하다가 발각 되었다는 말을 심심치 않게 들을 수 있다. 교회라고 성도라고 예외가 될 수 없으니 우리는 신앙생활도 지혜롭게 해야 한다.

그래서 행복한 결혼 생활을 유지하기가 얼마나 어려운지 어느 작가는 결혼생활을 다음과 같이 묘사하였다.

20대에는 행복의 꿈에 부풀어서 신이 나서 살고…

30대에는 서로에 대해 실망을 느끼며 환멸을 참으며 살고…

40대에는 모든 것을 포기하고 마지못해 체념하며 살고…

50대에는 서로 없어서는 안 되니까 의지하는 마음으로 살고…

60대에는 서로 안 됐다 생각되어 가엾어서 살고…

70대에는 지금까지 참고 살아준 것만 해도 고마워서 산다.

그러나 이모든 문제가 예수 안에서 해결이 된다는 것이다. 그러므로 부부불화를 당하는 사람들에게 복음을 전해야 한다. 그래서 부부가 하나 되게 해야 한다. 만약에 당신이 부부불화가 있었는데 복음을 전도하여 예수를 믿고 부부 문제가 해결이 되었다면 얼마나 감사하겠는가! 아마 평생 잊지 못할 것이다. 복음은 부부를 하나 되게 한다. 성령으로 하나가 되는 것이다.

셋째, 치유 간 발견한 부부문제들. 이를 나열해 보면 이렇다. 성적인 문제가 가장 많았다. 사람은 영적인 동시에 육체적인 존재이기 때문에 발생하는 것이다. 특히 외도가 부부 불화의 과반수를 차지했다. 이중에는 의처증과 의부증으로 상대방을 의심하여 불화가 생기기도 했다. 이런 분들 상담한 결과 어린 시절 자신의 부모가 외도를 많이 하는 것을 보고 자란 경우가 많았다. 그리고 부부관계의 과다와 과소가 다 포함된다. 어느 신혼 여성의 경우는 1년에 부부관계를 3번도 못했다고 하소연을 하는 여인도 있다. 인간이고 육을 가졌기에 성적인 문제에 관심을 가져야 하는 것이다.

두 번째는 경제 문제였다. 특별히 경제문제는 부부불화의 중대한 요소가 되었다. 부부간에 사이가 화목하다가도 경제적으로 문제가 생기면 불화가 생긴다고 했다. 그러다가 경제 문제가 해소되면 다시 좋아진다고 대답을 했다. 필자의 부부의 경우를 보더라도 부부간에 아무런 문제가 없었다. 그러다가 교회를 개척하여 경제적으로 어려워지니 불화가 잦았다. 외국의 조사를 보더라도 경제문제는 부부불화의 중대한 요소를 차지한다고 했다. 그 외에도 남자가 재정을 좌지 우지 하는 것이다. 부부문제를 상담하다가 보니 어느 가장은 자신이 시장까지 다 봐다가 준다고 한다. 맡기지 못하고 청구하면 돈을 준다는 것이다. 그래서 자존심이 상해서 못살겠다는 것이다. 그래서 이혼을 생각했다는 것이다. 한편으로는 돈을 못 벌어오는 것도 포함이 된다.

세 번째는 무시당하는 것이다. 남자와 여자의 차이를 이해하지 못하고 힘없는 여자를 무시하는 경우도 있었다. 남편이 못 배웠다고 무시한다. 부인이 못 배웠다고 무시한다. 멍청하다고 무시하는 것이다. 이는 남녀 공통으로 발생하는 상황이다.

네 번째는 무관심이다. 한마디로 너는 너고 나는 나다, 라는 것이다. 어떤 여 집사는 남편이 거의 날마다 음주를 하고 열두시가 넘어야 들어온다는 것이다. 그래서 한동안 부부불화가 심했다고 한다. 그래도 고쳐지지 않아서 제안하기를 서로의 사생활에 간섭을 하지 않기로 하고 각방을 쓰기로 했다고 한다. 그래서 서로 간섭을 하지 않고 살아간다는 것이다. 이는 부부가 아니고 한 집에 같이 사는 사람들이다. 어느 신혼 신부이야기를 빌리자면 이렇다. 남편이 한 달에 한번 집에 오는 데 컴퓨터 게임에 몰두한다는 것이다. 그래서 이혼을 결심했다는 것이다.

다섯 번째는 말을 함부로 하는 것이다. 툭하면 욕을 한다. 인격을 무시하는 말을 한다. 사람은 자존심을 가지고 사는 존재이다. 자존심이 무너지면 모두 무너지는 것이다. 그런데도 불구하고 서로를 무시하는 말을 한다는 것이다. 친정을 무시한다. 시댁을 무시한다. 재정적으로나 학력 쪽으로 무시하는 말을 하여 자존심을 상하게 한다는 것이다.

여섯 번째는 이해 부족이다. 역지사지(易地思之)라고 서로 상대방의 입장에서 생각해보지 않고 자기 위주로 생각을 하기 때문에 발생하는 것이다. 그리고 서로의 성별의 차이를 이해 못하므로 발생한다. 어렸을 때의 상처로 인하여 서로를 굴복시켜서 누르려고 해서 발생한다. 특별히 부모에게 무시를 당하고 살던 남녀에게서 나타난다. 나는 절대로 우리 어머니같이 남자에게 눌려서 살지 않는다. 나는 절대로 아버지 같이 여자에게 눌려서 살지 않는다. 라는 생각에서 발생한다. 부부는 서로 존경하고 이해해야 원만한 부부 생활을 유지 할 수가 있다. 무슨 일이든지 남자나 여자나 한쪽으로 치우치는 일방적이 되면 문제가 생기는 것이다. 서로 존경하고 이해하며 상대의 의견을 존중할 줄 알아야 원만한 부부 생활을 할 수가 있다. 이런 분들이 예수를 믿고 성령으로 깨달아 치유 받고 모든 문제의 원인이 자신에게 있었다는 것을 알고 서로 화해하여 부부관계가 원만해지는 경우가 많았다.

일곱 번째는 불신앙이다. 필자가 그동안 치유사역을 하면서 체험한 바로는 종교문제로 많은 부부가 불화를 겪고 있었다. 사람은 영적인 동시에 육적인 존재이기 때문에 발생하는 현상이다. 그래서 필자는 불신 결혼은 하지 말아야 한다. 어떻게 해서라도 불신 결혼을 말려야 한다고 하면서 강력하게 주장하고 있다. 그러나 많은 부부들이 겉모습만 보고 육정에 끌려서 결혼한 다음에 종교문제로 갈등하다가 이혼하는 경우가 많았다. 그리고 부부는 종교가 다르거나 믿지 않는 이유로 부부불화가 생기는 것이다. 믿음이 없고, 믿음 생활을 방해하는 경우에 부부 불화가 많이 발생한다. 그래서 필자는 남녀가 처음 만나 연애 할 때부터 신앙문제는 관심을 가져야 한다는 것이다. 결혼해서 신앙을 갖겠다는 말은 믿지 않는 편이 좋다.

여덟 번째는 자존심을 상하게 하는 것이다. 사람은 자존심을 먹고사는 존재이다. 그런데 남편이 아내를 무시한다. 아내가 남편을 무시한다. 무시하는 말을 아무 곳에서나 한다는 것이다. 그래서 마음에 상처를 주어 서로 마음의 문이 닫히게 한다는 것이다.

아홉 번째는 열등감을 갖게 한다는 것이다. 배움과 인물을 가지고 다른 사람과 비교한다는 것이다. 다른 남편보다, 부인보다 못하다며 남과 비교한다는 것이다.

우리는 이런 사람들을 찾아서 내적치유를 전해야 한다. 그래서 예수 안에서 성령으로 내면을 치유 받고 평안을 찾게 해야 한다. 예수님의 은혜로 치유 받고 마음에 위로를 받게 해야 한다. 또 예수를 전해야 한다. 많은 경우 부부불화가 있을 때 예수를 믿은 경우가 많았다. 그래서 예수를 믿고 부부간에 불화가 있을 때 피차 상대방에게 상처주지 아니하고 하나님에게 나와서 사정을 아뢰면서 부부 불화를 이겨낸 부부가 의외로 많다.

넷째, 의처증 의부증의 문제

"사랑과 질투의 분출인가"아니면 "배우자 불륜에 대한 끊임없는 망상인가? 부부 사이의 집안 일로 치부되던 의처증" 의부증이 가정폭력과 맞물리면서 사회문제로 떠오르고 있다. 최근 의처증 증상을 보이던 40대 가장이 부인과 동반자살을 시도하거나, 부인을 때려 숨지게 하는 일이 잇따라 벌어졌다. 몇 년 전 설 연휴 동안에도 의처증 남편이 처가 식구들에게 엽총을 난사, 2명이 사망하기도 했다. 위험 수위에 이른 의처, 의부증의 증상과 치료법 등을 생각해 보자.

1) 의처 의부증은 불륜에 대한 망상, 오델로 증후군

의처, 의부증은 망상장애의 일종이다. 망상이란 논리적인 설득이 전혀 통하지 않는 잘못된 믿음이 머릿속에 뿌리박혀 영상화 되어있는 상태를 말하다. 그 중 의처, 의부증은 일종의 질투 형 망상장애로, 셰익스피어 작품 오델로의 주인공의 증상과 유사하다고 해서 "오델로 증후군"혹은 "결혼 편집증후군"으로도 불린다. 일단 남편이나 부인의 귀가가 늦어지면 불안해 하다가 환상이 떠오르게 된다. 남녀가 좋지 못한 행동을 하는 것을 자신이 상상한다는 것이다.

그래서 분노를 유발하다가 일반적인 질투를 뛰어넘어 상습적으로 배우자의 가상 불륜 사실에 대한 증거를 찾아 상대를 압박하거나, 지독한 의심과 폭력 행동을 표출한다. 배우자를 외출을 못하게 하거나, 일 거수 일 투족을 추적 조사하기도 한다. 한 정신병원 과장은 "의처,의부증은 서서히 나타나기도 하지만, 어느 날 갑자기 배우자의 행동 하나를 의심하게 되면서 발병하는 일이 많다"며, "대부분 스스로에 대한 자신감을 상실한 데 기인한다."고 말했다. 자신에 대한 열등감이 문제가 된다는 것이다. 예를 들어 자신의 몸매에 열등감을 갖는 다면 자신보다 몸매가 잘생긴 여자를 만나면 의심하기 시작한다는 것이다.

의처, 의부증은 남,녀 모든 연령층에서 발생하지만, 35~55세 사이 남성에게 특히 많다. 환자는 주로 고학력,상류층인 경우가 많다. 또 나름대로 논리가 정연하고, 배우자의 부정에 대해 그럴 듯한 증거들을 가지고 있는 경향이 있다. 폭력 등으로 분풀이를 마친 후에는 성행위를 요구하거나, 선물 공세를 하는 등 애정표현을 하는 것도 특징적인 증상 중의 하나이다. 이혼하면 증상이 없어지게 된다. 그러나 재혼하면 대개 다시 발병한다. 그래서 의처, 의부증은 무덤에 가야 치유가 된다고 하는 것이다.

한 신경정신과 원장은 "정상적인 사람은 일시적으로 배우자를 의심하다가도 아니라는 증거를 들이대면 이를 받아들이지만 의처, 의부증 환자는 이를 믿지 않고 오히려 배우자가 바람을 피운다는 증거를 찾기 위해 혈안이 된다"며, "구체적인 증거가 없음에도 배우자 부정에 대한 확고한 신념과 생각,감정 등을 가진 상태가 3-6개월 이상 지속될 때 진단을 내린다."고 말했다. 망상적 질투의 내용과 폭언, 폭력 행동여부도 중요한 진단 기준이 된다.

2) 의처 의부증의 치료는 가능한가? 일부 정신과 의사는 "의처, 의부증은 배우자와 이혼하거나 사망해야 낫는다"는 극단적인 표현을 쓰기도 한다. 그만큼 치료가 어렵다는 뜻이다. 이유는 환자가 자신에게 문제가 있다는 사실을 인정하지 않기 때문이다. 정신치료는 환자가 불신과 열등감이 많다는 점을 감안, 비판이나 설득 또는 비위를 맞추는 일보다는 단호한 태도로 "당신 남편 부인이 절대 당신이 생각하는 것같이 그러하지 않다" "남편 부인에 대해 잘못알고 있다" "당신 이렇게 의심하며 살다가 지옥에 갈 것인가, 남편을 의심한 죄로 지옥에 들어가서 하나님에게 심판을 면치

못한다"는 강력한 메시지를 전달하는 데 주력해야 하다.

충격 요법을 사용하라는 말이다. 왜 그런 망상(영상)을 머리에 갖게 됐는지 환자가 깨닫게 하는 것이다. 그러나 말이 통하지 않는 것이 보통이다. 자신에게 문제가 있다는 것을 인정하고 예수를 영접하고 성령으로 세례를 받고, 말씀을 듣고 성령이 만져야 치유가 되기 시작한다. 한편 의처, 의부증은 우울증, 알콜중독, 정신분열증 등 다른 정신과 질환으로도 유발될 수 도 있기 때문에 정신과 전문의의 정확한 진단이 반드시 필요하다.

3)의처증-의부증에 잘 걸리는 유형.

① 상류층, 고학력자, 경제적 여유계층.

② 논쟁적이고 잘 타협하지 않고, 작은 실수를 잊지 않는 성격의 소유자.

③ 부모가 서로 이성의 문제로 적대적인 가정에서 상처를 많이 받고 자란 사람. 쉽게 예를 들자면 부모가 이성 문제로 많은 고통을 겪는 것을 보고 자란 사람의 경우에 많이 걸린다.

4)의처증-의부증 진단위한 체크 리스트.

배우자의 외도 증거가 확실히 있는 경우는 점수가 마이너스로, 의처(부)증에서 멀어진다. 하지만 구체적 정황 없이 의심에 따른 행동의 강도가 높아지면 의처(부)증 증세가 뚜렷해진다. 총점이 4~6점이면 의심단계. 7~12점일 경우 의처(부)증 증상을 의심할 수 있는 단계. 13점 이상이면 의처(부)증이 있다고 추정된다.

① 과거 배우자의 외도를 발각해 시인 받은 적이 있다.(-4)

② 현재 배우자가 외도를 한 구체적인 증거를 가지고 있다.(-4)

③ 하루 중 많은 시간을 배우자에 대한 생각으로 보낸다.(+1)

④ 결혼생활에서 가장 중요한 것은 신의를 지키는 것이다.(+1)

⑤ 외도를 한 사람은 꼭 그 만큼의 대가를 반드시 받아야 한다.(+1)

⑥ 배우자가 눈에 보이지 않으면 불안해서 견딜 수 없다.(+1)

⑦ 배우자가 바람피우고 있다는 사실을 주변에 공개한 적이 있다.(+2)

⑧ 배우자의 휴대전화, 소지품 혹은 차안을 가끔 점검한다.(+2)

⑨ 배우자가 외도를 하고 있다는 생각에서 벗어날 수 없다.(+2)

⑩ 배우자의 외도는 직감으로 알 수 있다.(+2)

⑪ 부부는 서로의 행적에 대해 알고 살아가야 한다.(+2)

⑫ 밝혀지지 않은 외도문제로 부부가 2주 이상 냉전 상태에 있었던 적이 있다.(+2)

⑬ 외도를 확인하느라고 이틀 이상 잠을 안 재운 적이 있다.(+2)

⑭ 외도한 증거를 주변 사람에게 상세하게 말한다.(+3)

⑮ 배우자에게 의심한 것이 잘못되었다고 사과를 한 적이 있다.(+3)

우리 결혼을 앞둔 젊은 사람들의 만남은 중요하다. 만남이 잘 되어야 한다. 그래서 필자는 항상 이렇게 강조한다. 말씀과 성령으로 치유를 받아야 한다. 그래서 내면세계에 대하여 알아야 한다. 성령을 체험하여 영안을 열어야 한다. 그래서 사람의 심령을 보는 눈이 열려 바르게 보고 판단 할 수가 있다.

그런데 안타까운 것은 지금 교회에 다니는 청년들의 대다수가 성령체험을 하지 못했다. 우리 교회에 와서 처음 성령을 체험하는 분들이 많다. 아니 교회에 40년을 다니시어 장로가 되시고 권사가 되신 분들이 성령을 체험하지 못한 분들이 있다는 것이다. 그러기 때문에 예수를 믿으면서도 자신도 모르는 문제의 영향으로 고통을 당하면서 살아가는 것이다.

성령을 체험해야 사람이 변하기 시작하는 것이다. 무엇보다도 성령의 체험이 중요하다. 이 책을 읽는 당신도 성령을 체험하지 못했다면 성령을 체험하기를 바란다. 성령을 체험하면 사람을 보는 눈이 달라지기 때문이다. 부디 영안을 여시어 바른 만남과 연애로 성공적인 결혼을 하기를 바란다. 그리하여 행복한 가정을 이루기를 바란다.

18장 결혼 생활 간 대립에 숨은 비밀

(창2:18-24)"여호와 하나님이 이르시되 사람이 혼자 사는 것이 좋지 아니하니 내가 그를 위하여 돕는 배필을 지으리라 하시니라. 여호와 하나님이 흙으로 각종 들짐승과 공중의 각종 새를 지으시고 아담이 무엇이라고 부르나 보시려고 그것들을 그에게로 이끌어 가시니 아담이 각 생물을 부르는 것이 곧 그 이름이 되었더라. 아담이 모든 가축과 공중의 새와 들의 모든 짐승에게 이름을 주니라 아담이 돕는 배필이 없으므로 여호와 하나님이 아담을 깊이 잠들게 하시니 잠들매 그가 그 갈빗대 하나를 취하고 살로 대신 채우시고 여호와 하나님이 아담에게서 취하신 그 갈빗대로 여자를 만드시고 그를 아담에게로 이끌어 오시니 아담이 이르되 이는 내 뼈 중의 뼈요 살 중의 살이라 이것을 남자에게서 취하였은즉 여자라 부르리라 하니라. 이러므로 남자가 부모를 떠나 그의 아내와 합하여 둘이 한 몸을 이룰지로다."

하나님은 짝지어준 부부들이 행복하게 살아가기를 원하신다. 결혼은 하나님께서 세운 인생의 제도 중의 가장 귀한 것이다. 하나님께서 세우신 첫 결혼과 가정에 대한 이야기는 오늘 읽은 이 성경 말씀 가운데 선명하게 기록되어 있는 것이다. 주님께서 하나님의 형상과 하나님의 모양대로 사람을 만들되 남자와 여자를 만드셨다. 그리고 그 장면을 성경은 분명하게 이렇게 말씀하고 있는 것이다.

하나님께서 사람이 독처 하는 것이 좋지 않다 하시고, 돕는 배필을 주시기 위하여 아담으로 하여금 깊이 잠들게 하셨다. 그리고 우리 하나님께서 아담의 갈비뼈를 취해서 하와를 지으시고 그를 불러서 아담에게 보내셨다. 아담이 하와를 보고 난 다음에 너무 반가워하고 기뻐해서 이는 내 뼈 중의 뼈요, 살 중의 살이요, 남자에게서 취하였으니 여자라 하리라.

그래서 성경은 분명하게 말하기를 남자가 그 부모를 떠나 여자와 연합하여 한 몸을 이룰지라고 말씀하셨다. 또 하나님께서 짝 지어주셨으니 아무도 이를 나누지 못할지니라. 그와 같이 말씀하고 있는 것이다.

그런데 왜 이와 같이 하나님께서 짝 지어주신 결혼이 그렇게 많이 나누어지고 상처투성이가 되고 시험이 꽉 들어찬 일이 될 수 있을까. 오늘날 수많은 가정이 파괴된 이유는 굉장히 중대한 사건으로 파괴되는 것이 아니다. 경제적으로 파탄이 되어서 파괴된 것도 아니다. 그렇다고 가정적인 큰 충격의 문제가 생겨서 가정이 파괴되는 경우는 극히 적다.

그러나 지극히 적은 일에 우리가 등한시 하므로 말미암아 지극히 사소한 일이 쌓이고 쌓이고 쌓여서 가정이 파괴되고 또 나아가서 살았다 하나, 죽은 상태가 되고 마는 것이다. 당신께서 흔히 등한시 여기는 지극히 사소한 문제들 이것이 오늘날 당신의 가정을 불행하게 만들고 슬프게 한다. 더 나아가 파괴하게 하는 강력한 요소가 되기 때문에 그 문제에 대해서 말하고자 한다.

첫째, 사소한 것이 행복을 방해한다. 우리가 행복한 가정, 행복한 결혼이 파괴되는 이유는 지극히 사소하다고 생각하면서도 예방하는 신앙생활을 하지 않아서 부부가 파괴되는 것이다. 나는 예방 신앙을 많이 강조한다. 부부 문제도 미리 찾아서 예방하자. 오늘날 구주를 그리스도로 모시고 주일마다 교회에 와서 하나님을 섬기는 이러한 생활을 하지 않는 사람이 이 세계 가운데서 50%에서 60% 가정이 파괴되는 이유는 어디에 있을까?

그것을 우리 마음속에 어려운 고통과 괴로움이 다가올 때, 이것을 치료받고 의지할 수 있는 마음에 위로와 여유가 없다는데, 그 이유를 찾을 수 있는 것이다. 오늘날 세상의 삶은 옛날과 달라서 분초를 다투면서 복잡하고 경쟁사회 속에서 이리 뛰고 저리 뛰며, 내적 외적인 압력이 수없이 다가온다. 이러한 가운데 정신적인 여유를 가지고서 서로 이해하고 서로 용서하고 용납할 수 있는 마음을 얻기 위해서는 우리가 영원무궁한 자원인 하나님께로부터 은총을 받지 않고는 안 되는 것이다. 이 세상에서 부부가 서로 같이 살아가려면 이해와 동정이 없이는 살 수 없다. 교육의 배경도 다르고 가정적으로 자라난 습관도 다르다. 또 인격도 다른 한 남자와 한 여자가 모여서 서로 한 지붕 밑에서 한 솥에 밥을 먹으면서 함께 손을 잡고 살아간다는 것은 기적에 가까운 협

동인 것이다. 이것은 좀처럼 조화되기 힘든 것이다.

나는 이런 이야기를 들었다. 새신랑이 직장 상사에게 꾸중을 들고 마음이 아주 불편해서 퇴근을 했는데 새신부가 밥을 해서 차렸는데 첫 숟가락을 뜬 순간 입에 돌이 바삭하고 씹혔다. 그래서 그는 아내에게 소리를 버럭 질렀다. "이봐! 도대체 정신이 나갔어? 밥도 하나할 줄 몰라?" 인내심이 없는 신부의 용감한 맞불작전이 전개되었다. "남자가 뭐 그까짓 일로 화를 내고 그래?" 남편이 말한다. "잘못했으면 사과를 해야지 뭘 잘했다고 말대꾸야?" 신부는 입을 삐죽거리며 "남자가 좁쌀같이 쫀쫀하기는…" 아내의 이 말에 화가 난 신랑은 신부의 뺨을 찰싹 때렸다. 신부는 화를 삭이지 못하고 가방을 챙겼다.

"이제는 때리기까지 해? 우리 결혼은 완전히 실패야. 나는 맞곤 못살아!" 남자도 대꾸한다. "그래. 좋다! 갈라서자. 나도 너하고 못 살겠다" 결국 이 신혼부부는 순식간에 이혼을 하고 어이없게도 모래알만한 돌 하나 때문에 둘 다 조금만 인내하고 조금만 더 상대방을 배려했으면 괜찮을 것인데 가정이 깨어지고 말았다. 모래알 하나 때문에 가정이 깨지고 부부가 갈라섰다. 조금만 참고 조금만 이해하고 동정하고 사랑하고 화해하고 평안을 가졌더라면 행복하게 살았을 것인데 그렇게 무참하게 깨진 것이다. 그래서 성경 잠언 16장 32절에 "노하기를 더디하는 자는 용사보다 낫고 자기의 마음을 다스리는 자는 성을 빼앗는 자보다 나으니라"고 말한 것이다.

그렇기 때문에 우리는 서로 결점을 이해하고, 서로의 잘못된 것을 이해하고 용서하고 동정하는 이런 마음의 여유가 있어야 된다. 이런 마음의 여유 없이 이해도 하지 아니하고 용서도 하지 않고, 동정도 안하면, 서로 작은 일의 의견 충돌이 일어나고, 서로 부딪치고 서로 할퀴고, 이 상처가 깊어지면 파괴되는 것이다. 그뿐만이 아니다. 사람과 산은 멀리서 보는 것이 좋다고 한다. 그런데 가정이라는 것은 부부가 한 지붕 밑에서 운명 공동체가 되어서 함께 살아간다. 그렇기 때문에 서로 얼굴과 얼굴을 마주 대고 쳐다보는 상대방이 실망될 때가 많이 있다.

옛날에 약혼 시절 때나 연애 시절 때는 멀리서 보니까 좋은 장점만 보인다. 단점도 장점으로 보인다. 그러나 서로 살면서 얼굴을 마주 대고 보면 얼굴도 예쁘던 것이 못난 것밖에 안 보인다. 이래서 서로 결점이 자꾸 보이기 때문에 이 결점으로 말미암아 마음속에 실망이 깊이 다가오는 것이다. 사람이 상대방에 대해서 실망하게 되면 그 다음은 마음에 즐거움이 사라지는 것이다. 마음에 즐거움이 사라지니 탄식하게 되고 후회하게 되는 것이다.

이 실망된 마음을 받아들여서 이것을 사전에 치료할 수 있는 마음에 여유가 있어야만 되는 것이다. 어디에서 오늘날 이 각박한 세상에서 서로 이해하고 서로 용서하고 동정하며, 상대방에 대해서 실망 당할 때, 이것을 치료받을 수 있나? 결혼한 분들은 이 말이 체험적으로 다가올 것이다. 이해한다는 것은 힘이 든다. 용서하는 것도 힘이 든다. 그리고 서로서로 동정하고 실망될 때

마음에 실망을 치료하는 것도 힘이 드는 것이다.

예수님께서 가나의 혼인 잔치에 가셨을 때이다. 그곳에 마침 혼인 잔치를 베풀고 있는데 그곳에서 혼인 잔치 중간에 포도주가 떨어지고 만 것이다. 그래서 갑자기 당황했다. 잔치 손님들은 포도주를 내라고 아우성을 치고, 신랑과 신부는 자기 역량이 되는 대로 최선을 다했으나 포도주가 떨어졌다. 낭패에 처하여 결혼 첫날부터 벌써 인생의 쓴 잔을 마실 수밖에 없는 그런 처지에 있었다.

그때 예수님의 어머니가 이 말씀을 듣고 예수님께 나와서 이 가정에 포도주가 떨어졌다고 말한 것이다. 이럴 때 예수 그리스도의 어머니인 마리아의 간구를 들으시고, 주님께서 물을 변하여 포도주를 만드는 기적을 만들어서, 그 가정 첫 결혼한 가정을 위기에서 구원해 주신 것이다. 그 가정은 위기를 이길만한 자원이 없었다. 그러나 그 가운데 계신 나사렛 예수께서 물이 변하여 포도주를 만드는 기적적인 자원을 가지고서 공급해 주므로 문제가 해결된 것이다.

이 사실은 예수께서는 오늘날에도 가정에 대한 관심이 깊으신 것을 보여주는 것이다. 주님께서 행하신 가장 첫 번 기적이 결혼하는 새 가정에 가서 일으킨 기적인 것이다. 이러므로 우리 주 예수께서는 우리가 결혼을 하고, 가정을 이루고, 자녀를 기르면서 생활해 나가는 이 가정이 사회의 기초가 되고, 국가와 사회에 인류문명의 기초가 되는 것을 아신다. 그러기 때문에 주님께서는 여기에 깊은 관심을 가지고 행복한 결혼 생활을 하기를 원하는 것이다.

그러나 우리 모든 사람들은 다 인격적으로 부실하고 모자라기 때문에 가나의 혼인 잔치에서 포도주가 모자란 것처럼, 우리는 이해가 모자라고 용서가 모자라고 동정이 모자라며 인내가 모자란다. 이 모자라는 것을 누가 채워줄 수 있는가? 모자란다고 아우성을 치고 서로 할퀴고 서로 물고 뜯고 한다. 그래서 다시 깨어지고, 다시 순열과 조합처럼 다시 합치고, 또 깨어지고 또 합쳐봤자 해결되는 것은 절대로 아니다. 왜냐하면 모자라는 것은 자기 인격 속에 있는 것이기 때문에 서로서로 자꾸 파트너를 바꾼다고 해서 모자라는 것이 메워지지 않는 것이다.

누가 이 모자람을 메워줄 수 있는가? 누가 실망되고 낙심될 때 이것을 치료할 수 있는가? 누가 우리의 마음속에 깊은 이해와 용서와 동정을 갖다 줄 수 있는가? 이것은 나사렛 예수 그리스도 앞에 나아가서 엎드려 기도하지 않고 이런 일이 일어날 수 없다.

둘째, 등한히 여기고 중요하게 생각하지 않는 것. 우리가 극히 등한히 여기고 별로 중요하게 생각하지 않는 그것이 우리의 부부 생활에 치명적인 타격을 가져오는 것이 있다. 이것은 서로의 장점과 잘한 것을 칭찬하지 않을 때, 이것이 쌓이고 쌓이면 우리 가운데 파괴를 가져오는 것이다. 우리 과거의 경험을 통해서 보게 될 때, 사람이 연애 시절이나 약혼 시절에는 사로 상대의 장점이 눈에 잘 보인다.

왜? 서로 잘 보이려고 하기 때문에 서로 모이기만 하면 남자는 그 상대인 결혼하고 싶은 여자의 장점만 바라보고 얼굴이 잘났다. 눈이 곱다, 코가 오뚝하다. 입이 잘생겼다. 옷이 잘 맞는다. 날씬하다 온갖 좋은 소리만 한다. 그리고 또 여자도 남자의 장점만 바라보고 말한다. 그러나 희한하게도 그 장점만 들어서 향기를 내고 서로 끌려서 결혼을 하고 난 다음에 문제가 생기기 시작한다. 결혼 첫날부터 시작해서 눈에 보이는 것은 장점은 안개구름같이 사라지고 단점만 보이기 시작하는 것이다.

그래서 그 때부터 자꾸만 서로 단점을 지적하고 서로 할퀴기 시작한다. 크게 할퀴는 것 아니다. 여기서 조금 할퀴어주고, 저기서 조금 꼬집어주고, 여기서 조금 찔러주고, 저기서 조금 찔러준다. 그러면 이것이 멍이 들고 영혼에 상처를 입혀서 점점 처음의 뜨겁던 신앙이 식어버리고 나중에 서로서로 목탁같이 되어 버리고 마는 것이다. 부부불화의 요인은 각각의 부부마다 다르고, 다양하나, 일반적인 요인은 이렇다. 모두 이해하고 고치고 치유하려고 노력해야 한다.

1) 심리적요인. 어느 한쪽이나, 둘 모두 어린 시절의 부모나, 형제, 친지 등의 관계에서 겪은 갈등이 해결되지 않고, 이 갈등이 뿌리가 되어, 결혼 후에도 겉으로 드러난 불화의 양상은 다양하나, 핵심은 어린 시절 갈등의 재현이다. 어린 시절의 성격적 특성이 결혼 후에도 드러나면서 상호 성격적 문제로 갈등을 초래한

다.

2) 부부간 요인. 결혼초기의 주도권이나, 정착상태를 유지해 오다가, 어느 한쪽이 좀 더 대등한 관계나, 가정의 질서를 원할 때 나타난다. 많은 부부들이 이러한 문제를 말할 때, 성 문제나, 자녀문제, 고부갈등 등으로 다른 사람에게 표출시키나, 근본적인 것은 부부간의 문제인 것이다.

3) 사회 문화적 요인. 감정적 특성이 남자인 경우는 함께 행동 하는 것에 만족하나, 여자의 경우는 감정의 친밀을 더 추구하여, 대화하며, 상호의견을 나누기를 더 원한다. 남자는 독립성을 원 하나, 여자는 공동의 행동을 원한다. 견해차가 생기면 남자는 그 냥 넘어가는 것이 낫다고 생각하나, 여자는 말로 따져서 풀려고 한다. 남자는 외모를 중요시하나, 여자는 경제적인 면을 중요시 한다.

이러한 원인은 상호 복합적으로 작용하고, 이외에도 다양한 원인이 있다. 부부간의 불화를 극복하고, 부부관계를 잘 유지키 위해서는 서로를 한 인격체로 받아들여야 한다. 서로를 이해하려 는 노력을 함께하고, 친한 관계를 유지해야 한다. 이러므로 연애 시절이나 약혼 시절에 하던 것처럼, 우리의 생활에 상대의 장점 이나 잘한 일을 인정해야 하는 것이다.

이것을 당연지사로 생각해서는 안 되는 것이다. 사람은 육체 를 먹고살지만, 우리의 정신은 인정함을 받고, 칭찬을 받음으로 말미암아 그것을 먹고 자아 이미지를 향상시키는 것이다. 이렇기 때문에 인정받는 것과 자아 이미지라는 것은 중대한 영향력을 가지는 것이다.

사람들이 자기를 인정해 주고 사랑해 주고 칭찬해 준다고 생각할 때 행복감을 갖는다. 이 때 얼마나 나의 삶의 보람을 느끼며 내 삶이 가치 있다고 생각하게 된다. 그리고 내 운명을 사랑하고 내 자아를 사랑하게 된다. 그렇게 될 때 내 행복이 강물처럼 흘러 나오기 시작하고 그 행복이 아름다운 치료제가 되고 행복이 향기가 되는 것이다.

이러므로 우리가 10년을 살았든, 20년을 살았든, 서로의 장점을 발견하려고 열심히 애를 써야 되는 것이다. 이것은 당신께서 좋은 옷을 사주는 것보다 낫고 아주 맛있는 음식을 대접해 주는 것보다 낫다. 서로 보고 서로의 결점은 운명이고 팔자라고 생각하고 잊어버리고 장점만 바라보고 그 장점을 자꾸 지적해 주어야 한다. 그러면 그것이 굉장한 향기를 나타내게 될 것이다.

그러므로 작은 일에 남편은 아내의 잘난 점 잘한 점을 꼭 발견해서 칭찬해 줘야 한다. 또 부인은 남편의 잘한 점을 꼭 들어서 칭찬해 주어야 한다. 이렇게 함으로 말미암아 부부가 서로 만족함을 얻는 것이다. 서로를 인정해주므로 서로 영광을 얻게 하고, 자기의 삶을 가치 있게 생각하는 것이다. 나아가 기쁨이 넘치게 되고 행복하게 되는 아주 근원적인 이유가 되는 것이다.

셋째, 상대의 결점을 말하거나 무시하지 말라. 우리는 행복한 가정이 파괴되고 도적질 당하지 않는 부부 생활을 하려면 친구나 대중 앞에서 서로 상대의 결점을 말하거나 무시하지 말아야 한다. 오늘날 사람들은 무심결에 가족들이 모였을 때 친구들이나 친척들이 모인 앞에서 남편이나 아내의 인물에 대한 결점, 성격에 대한 결점, 교육에 대한 결점을 말한다. 어느 부흥사는 부흥회 할 때마다 강단에 서서 마누라 못났다는 것을 말한다고 한다. 그런데 그 부인이 그 부흥회에 참석해서 얼마나 많이 들었겠는가?

부흥사 하는 말이 "내 마누라 인물이 얼마나 못났는지 내가 지금 봐도 데리고 사는 것이 기적이라고 생각한다. 그런데 나중에 알고 보니까 나에게 시집오려고 얼마나 기도했던지 하나님이 나를 감동해서 그 못난 여자와 결혼하게 해 주셨다." 가는 곳마다 그러는 것이다. 그 말이 하루 이틀이 아니고 그 부인에게는 치명타를 가져온 것이다. 서로 둘이 만나서 잘한 것, 못한 것을 서로 말하는 것은 용납될 수 있지만, 절대로 친구나 대중 앞에서 상대의 결점을 말하면 무서운 모욕감을 느끼게 된다. 역지사지(易地思之)라고 뒤집어 입장을 바꾸어 생각을 해야 한다.

인간은 자기의 약점이 지적될 때 모욕감을 느끼고 반항하게 되고 복수의 정열이 마음속에 불타는 것이다. '오냐, 네가 나를 대중 앞에서 모욕했지, 두고 보자. 나도 가만히 있지 않는다. 너도 결점이 있으니까, 나도 대중 앞에서 너를 한 번 깔아버릴 것이다.' 이래서 서로 부부간에 인정하고 서로 도와야 할 것이 보복으로 변해 버리는 것이다. 서로 복수의 정열이 가득 차고 모욕감과 분노감이 가득 차서 언제고 복수하겠다고 달려들면 이러한 가정은 조만간에 파괴되고 마는 것이다.

이러므로 절대로 친구들 앞에서나 대중 앞에서나 친정에서나 본가에서나 어느 곳에 가나 상대방의 결점을 노출시키지 말아야 한다. 그것은 비밀이 없이 반드시 돌아오게 된다. 돌아올 때는 눈 사람이 되어서 돌아와서 그 귀에 들어갈 때는 말할 수 없는 모욕과 복수심을 마음속에 품게 되는 것이다.

그래서 2010년 6.13일 현대 백화점에서 부부간의 불화를 일으키는 주요 원인 설문결과 부부간의 불화를 일으키는 주요 원인은 상대방을 존중하지 않고 인격적으로 무시하는 행위인 것으로 나타났다. 13일 현대백화점에 따르면 30-50대의 백화점 카드 기혼 회원 5천명(남녀 각각 2천500명)을 대상으로 설문 조사한 결과, 부부간 불화의 원인으로 '인격적인 무시'(29%)를 가장 많이 꼽았다. 또 '경제적으로 어려워질 때'(23%), '서로의 일로 가정에 충실하지 않을 때'(21%), '다른 사람 또는 가정과 비교할 때'(15%) 등도 부부 불화의 주요 요인이라고 지적했다.

남성의 경우 부인으로부터 '당신을 믿어요'(56%), '난 당신밖에 없어'(20%), '사랑해'(19%) 등의 말을 들을 때 가장 힘이 된다고 답했다. 반면 여성들은 남편으로부터 '많이 힘들지?'(42%), '사랑해'(27%), '다시 태어나도 당신과 결혼할 것이다'(21%)라는 이야기를 들었을 때 기분이 좋아지는 것으로 나타났다. 부부 사이를 좋게 하는 방법으로는 '운동'(81%)을 가장 많이 꼽았고, 그 다음이 '쇼핑'(7%), '종교 활동'(6%), '봉사활동'(3%) 등의 순이었다. 부부의 날(21일)에 받고 싶은 선물로 남성은 '사랑의 편지', 여성은 '장신구'라고 답했다. 오늘날 수없이 많은 사람들이 부부 간에 예의를 지키지 않는 사소한 여기에 주의하지 않으므로 말미암아 가정을 파괴해 버리고 마는 것이다.

넷째, 부부가 친교가 없을 때 갈등한다. 또 가정이 파괴되고 결혼이 파괴되는 이유는 일벌레가 되어서 부부간에 친교가 없을 때 부부가 파괴되는 것이다. 요사이 세상살이가 옛날 농경시대와 달라서 얼마나 분주한가? 요즈음은 부부가 같이 벌지 아니하면 살아갈 수 없는 시대가 되었다. 그래서 이른 아침에 일어나면 밤늦게야 돌아오고 지쳐서 쓰러지고 그래서 모든 사람들이 일벌레가 되는 것이다. 일에 묶이고 사교에 묶이고 지쳐버린 삶을 가지고 살아간다. 이것이 오늘날 서양 문명의 딜레마이고 이것이 일본으로 건너와서 지금 한국으로 건너오고 있는 것이다.

사람들이 열심히 일을 해서 좋은 집, 좋은 차, 좋음 음식, 잘 먹고 잘 산다. 그러나 지쳐버린 상대방끼리 서로 친교 할 수가 없다. 사람은 서로 친교 할 수 없을 때 멀어지고 이해가 되지 아니하고 쉽게 깨어져버리고 마는 것이다. 남편도 일하고, 아내도 일하고, 서로 교대해 가면서 일을 하기 때문에 지쳐버린다. 낮에 지친 정신 지친 마음으로 조금만 어려운 일이 생기만 짜증이 나고 그만 화가 폭발하고 서로 물고 찢고 싸우게 되는 것이다.

이러므로 당신은 최선을 다해서 이 바쁜 스케줄 가운데도 어찌하든지 함께 친교하려고 노력을 하세요. 주일날 교회에 나오는 것은 놀라운 친교가 되는 것이다. 주일날 나는 골프 치러 간다. 나는 낚시하러 간다. 나는 등산 간다. 너는 너대로 가라. 이래서 주일날조차 흩어져버리면 일주일 내내 가정이란 것은 하숙집에 불과하다. 서로 밥 먹을 때나 잠잘 때 얼굴 쳐다보는 외에는 서로 친교가 없게 되고 마는 것이다.

이러면 조만간에 가정은 파괴되든지, 그렇지 않으면 살았다 하나 죽은 가정이 되어 버리고 마는 것이다. 주일이면 단호하게 제쳐놓고 부부간에 서로 교회에 오기 싫은 때가 있을지라도 손을 잡고 자녀들과 함께 우리 교회에 가자. 그러면서 교회도 같이 나오면서 찬송도 같이 하고 기도도 같이 한다. 그 다음에는 점심이라도 같이 먹고, 저녁이라도 같이 먹으며, 친교의 시간을 많이 가져서 대화하면서 지내야 한다. 대화하면서 서로의 마음에 원한이 있는 것도 말해 버리고, 불평 있는 것도 말해 버리고, 서로 이마와 이마를 마주 대고 무릎과 무릎을 마주 대고 살아갈 수가 있는 것이다.

나 같은 사람은 세상의 바쁜 사람 중의 가장 바쁜 사람 중의 한 사람이다. 매일 치유 집회를 해야 한다. 그리고 쉬는 금요일과 토요일은 앞날을 위해 글을 써야 한다. 미리 준비하지 않으면 감당할 수 없기 때문이다. 나는 내 아내와 자식들과 만나서 친교 할 수 있는 시간이 정말 없는 것은 주일날조차도 강단에 와서 살아야 하기 때문이다. 그러나 나는 최대한 사모와 자녀들과 시간을 많이 가지려고 노력을 하고 있다. 이러므로 일벌레가 되어서 돈 많이 벌어 놓고 난 다음에 아내도 잃고 남편도 잃고 자식도 잃어 버리는 어리석은 사람이 되지 말아야 한다.

다섯째, 이기주의적인 삶이 행복을 방해한다. 오늘날 남편은 남편대로 아내는 아내대로 자기에게 취미 있는 것만 말한다. 서로 모이면 상대방에 대해서는 관심이 없고, 자기 취미만 말하고 자기 좋은 것만 하는 것이다. 그러면 상대방은 단지 이용당하고 살고 있다고 느끼게 될 때, 반사적으로 상대도 자기의 이기주의적인 세계를 찾아가야겠다고 생각하는 것이다. 오늘날 너무나 많은 사람들이 '주말과부'라는 사람이 있다.

오늘날 우리 중류 사회 이상은 대개 골프를 많이 친다. 그리고 서민층은 축구나 등산 같은 운동을 즐긴다. 주말이 되면 마누라는 집에 두고 자식도 집에 두고 운동장이나 산에 가서 산다. 그래서 오늘날 주말 과부라고 말한다. 이래서 남편은 집에 돌아오면 늘 축구 이야기나 하고, 골프이야기나 하고, 등산이야기나 하고, 그 책이나 읽고 하니, 부인들은 거기에 딱 질색을 하는 것이다.

그래서 오늘날 축구, 골프 과부가 된 부인들이 나에게 와서 신앙 상담 때, 눈물을 흘리면서 "우리 남편은 나보다 축구공과 골프공과 산을 더 좋아합니다. 집에 들어오면 늘 골프채나 닦고 골프 구두나 소제하고 골프공이나 닦지 내가 무슨 말을 하려면 귀찮다고 고함이나 치고 이렇게 살아서 뭣합니까?" "또 어떤 자매님은 말하기를 목사님 저는 몇 년 동안 남편과 말을 해 본 적이 없습니다."

"또 어떤 여 성도님은 2년 동안 남편하고 부부관계를 3번밖에 못했습니다. 저 결혼 잘못한 것 같습니다. 왜 그러냐고 하니까, 저녁에 늦게 들어와서 밥상 차려놓으면 아무 말 안하고 먹고 그대로 골아 떨어져 잡니다. 아침에 일어나면 아무 말도 안하고 밥 먹고 그대로 나갑니다. 그래서 몇 년 동안 한마디 말도 안 했습니다. 이렇게 무시당하고야 어떻게 살겠습니까? 저도 이제 자식들 다 크니까 나도 내 맘대로 살아봐야겠는데 목사님 나 좀 인도해 주십시오."

그래서 내가 이 예화를 들려주었다. 미국 캘리포니아 주에 사는 한 주부가 남편을 팔겠다는 이색 신문광고를 내서 화제가 되었다. 왜냐하면 주말이 되면 남편은 집에 있는 것보다 사냥이나 골프를 즐기려고 외출을 하기 때문에 불만이 점점 쌓여서 하루는 그 부인이 결정을 했다. 팔아 버려야 되겠다.

그래서 신문에 "남편을 판다. 그리고 남편을 사가는 사람에게는 사냥총하고 골프채하고 사냥개도 보태어서 주겠다." 광고를 보고 흥미를 가진 여성들로부터 60 여 통의 전화가 왔단다. 그런데 그중에 남편을 구입하겠다는 사람은 한 사람도 없었다고 한다. 어떤 편지냐, 어떤 전화가 왔느냐하면.

"남편이 살아 있는 것을 다행으로 여기라. 당신 남편 죽고 난 다음 얼마나 외로운지 아느냐? 사냥이나 하고 골프를 치고 다니는 남편이라도 있는 것을 감사하라. 나는 우리 남편이 죽고 살아 보니 너무나 외롭다."

그 전화가 왔고. 또 한 과부는 전화를 걸어서 "골프치고, 사냥하는 것은 약과다. 바람 안 피우는 것 고맙게 여기라. 바람피우면 더 골치 아프다." 또 다른 한 주부가 전화하기를 "내가 남편과 헤어진 뒤에 혼자서 애들을 키우려니 얼마나 힘든지 모른다. 남편이 집에 있지 않더라도 남편 이름이 있고, 그림자라도 있으면 애들을 키우기가 좋은데 집에 남자가 없으니까, 애들이 말을 안 들어 주고 키우기가 너무나 힘드니 남편이란 이름만 걸치고 있는 것만 해도 감사해라" 이렇게 조언을 해주더란다.

많은 사람들이 현재의 생활 속에서 불평하고 원망할 조건을 찾지만 우리에게 감사한 마음으로 보면 감사할 일이 많다. 그러므로 당신은 남편 팔겠다고 광고내지 말아라. 나쁜 남편도 효성스러운 자녀보다는 낫다. 악한 처도 자식보다는 낫다고 그런다. 그분이 내가 하는 이 이야기를 듣더니 남편을 향한 섭섭함과 조금 속이 상하는 것이 나아 졌다고 했다.

사람들은 서로 살면 상대방의 의견도 존중하고 상대방의 취미도 관심을 기울여주고 상대방의 말에도 귀를 기울여주고 그래서 서로서로 취미를 합쳐서 인생을 서로 즐거움을 가져야 하는 것이다. 인생의 즐거움은 마치 기계에 기름을 치는 것과 같다.

기름 치지 않은 기계는 마치 부러지는 것처럼 서로서로 취미를 살려서 서로 기름을 쳐서 행복한 가정을 이루어야 하는 것이다. 큰 제방뚝도 개미구멍으로 무너진다는 옛말이 있다. 오늘날 수많은 부부가 법적으로는 파괴되고 이혼하고 있다. 비록 법적인 이혼에는 이르지 않았다고 하더라도 내용적으로 이미 죽어버린 부부도 허다하게 많은 것이다.

그와 같은 것들이 큰 사건으로 활화산처럼 폭발해서 가정이나 결혼이 파괴되고 죽게 되는 것이 아니다. 별로 하찮게 중요시 않게 여겼던 이런 것들이 결혼을 파괴하고 마는 것이다. 우리 부부는 아무런 문제가 없을 것이라 방심하지 말고 미리 찾아서 예방하기를 바란다. 특히 결혼하기 전에 부부의 문제가 무엇이 있는지 찾아서 치유하여 행복한 부부가 되기를 바란다. 부부간에 100%만족하고 사는 사람은 없다. 하나님은 극과 극이 만나서 하나 되게 하신다. 이왕지사 결혼했으면 서로 이해하며 맞추어서 행복한 결혼생활을 영위하기를 바란다.

19장 부부생활 파행에 숨은 비밀

(엡5:22-27)"아내들이여 자기 남편에게 복종하기를 주께 하듯 하라 이는 남편이 아내의 머리 됨이 그리스도께서 교회의 머리 됨과 같음이니 그가 바로 몸의 구주시니라 그러므로 교회가 그리스도에게 하듯 아내들도 범사에 자기 남편에게 복종할지니라 남편들아 아내 사랑하기를 그리스도께서 교회를 사랑하시고 그 교회를 위하여 자신을 주심 같이 하라 이는 곧 물로 씻어 말씀으로 깨끗하게 하사 거룩하게 하시고 자기 앞에 영광스러운 교회로 세우사 티나 주름 잡힌 것이나 이런 것들이 없이 거룩하고 흠이 없게 하려 하심이라."

나는 하나님의 은혜로 성령치유 사역을 한다. 제가 가장 중요하게 생각하는 것은 부부이다. 부부가 화목하면 가정이 화목하다. 남편이 하는 일도 잘된다. 저의 부부도 앞장에서 대략 만남과 연애와 결혼에 대하여 말을 했지만 그 외에도 문제가 많았다. 군대에 있을 때는 물질적으로나 환경적으로 그렇게 궁핍하지 않았다. 물론 마음대로 승진이 되지 않아서 마음고생은 했지만 다른 면에서는 그렇게 문제가 발생하지 않았다. 그러나 막상 군대를 전역하고 신학대학원을 다니면서 생활에 어려움이 왔다. 필자가 부부문제 치유 사역을 하다가 체험한 바로는 부부가 가장 불화가 심한 시기가 경제적으로 어려울 때 특히 심해지더라는 것이다.

우리 부부도 경제적으로 어려울 때 불화가 잦았다. 사람은 평안할 때는 그 사람의 본성을 알 수가 없다. 어려움이 부딪쳤을 때 진정한 그 사람의 인격이 나타난다. 지금 결혼을 앞둔 젊은 분들은 이점을 염두에 두어야 한다. 서로 좋을 때는 단점도 장점으로 보이는 것이다. 그러나 문제가 생기기 시작하면 장점도 단점으로 보이기 시작하는 것이다. 그러므로 육정에 끌리는 인간적인 연애와 결혼은 삼가야 한다. 마귀는 항상 보이는 면만을 보게 한다. 그리고 합리적으로 판단하게 한다.

그래서 우리는 영적인 눈이 열려야 한다. 사람을 보는 눈이 열려야 한다. 우리 하나님이 열어주시는 영안을 열어 배우자를 선택하자. 그러면 그 결혼은 성공한다. 그러나 육적인 눈에 보이는 면만 보고 결혼하면 그 결혼은 실패 할 수도 있다. 다음은 내가 그동안 치유하면서 있었던 결혼 생활 간 일어날 수 있는 보편적인 일들이다. 읽어보고 경각심을 갖기를 바란다.

첫째, 예기치 못한 신혼초의 이혼. 이 부부는 한 대학을 다니면서 자연스럽게 만나 결혼을 하게 된 부부이다. 대학을 다니면서 서로 사귀었다. 몇 년간 사귀다가 보니까, 서로의 배필이라고 생각하고 결혼을 했다. 그런데 결혼 전에 남편이 하는 말이 자신의 부모는 자기를 낳고, 부모가 이혼을 했다는 것이다. 자신의 아버지는 스트레스를 너무 많이 받아 자신이 초등학교 4학년 때 간경화로 세상을 떠났다는 것이다. 그리고 자신의 어머니는 어디에서 살고 있는지 알지를 못한다는 것이다. 그래서 자신은 친 할머니가 지금까지 길렀다는 것이다. 그래서 결혼을 해도 할머니를 모시고 살아야 된다는 것이다.

그래서 한동안 고민을 했다. 같이 살 것인가 그냥 따로 살게 할 것인가. 가만히 인간적으로 생각을 해보니 이런 결론이 나왔다. 결혼하면 자신도 직장 생활을 해야 하기 때문에 가정을 관리할 사람이 필요했다. 그래서 크게 문제 될 것이 없다고 생각을 하고 그렇게 하자고 하고 결혼을 했다. 결혼을 하니 생각하지도 못했던 문제가 하나둘씩 발생하기 시작을 했다.

남편의 모든 뒷바라지를 할머니가 다 하는 것이다. 심지어 남편의 속옷까지 할머니가 신경을 썼다. 시시콜콜한 모든 것을 할머니가 다하는 것이다. 심지어 샤워를 할 때도 할머니가 화장실에서 뒷바라지를 하는 것이다. 그러니 자연히 자신은 남편을 위해서 할 일이 없어진 것이다. 완전히 부인이 아니고 같이 사는 사람이 된 것이다. 그래서 하루는 할머니에게 조용하게 이야기를 했다. 속옷 같은 남편의 깊은 부분은 자신이 부인이니 자신이 하겠다고 한 것이다. 그러나 할머니는 그렇게 하지 않고 계속하는 것이다. 그러다가 할머니하고 의견충돌이 생긴 것이다.

할머니하고 언성을 높이고 다투고 있는데 마침 남편이 들어오다가 이 광경을 목격한 것이다. 남편이 그만 실수를 해버렸다. 할머니에게 버릇없이 대한다고 부인의 따귀를 대린 것이다. 그래서 부부 싸움이 벌어진 것이다. 그렇게 할머니가 좋으면 왜 나하고 결혼을 했느냐. 그냥 할머니하고 살지. 나는 절대로 남편에게 맞고는 살수가 없다. 그길로 신부는 짐을 꾸려서 친정으로 가버렸다. 친정에 가서 자초지종을 이야기를 했다. 친정 부모님들이 노발대발을 하면서 사위에게 전화를 했다. 자네 우리 딸하고 살 생각을 하지 말게 당장 이혼하라고 말이다.

그래서 결혼 한지 일 년도 되지 않아 별거하다가 결국 합의 이혼을 했다는 것이다. 이 문제를 영적으로 잘 생각해 보아야 한다. 할머니는 손자며느리에게 자기 손자를 빼앗기는 것 같았을 것이다. 남편의 이야기를 들어본즉 할머니도 남편하고 일찍이 이혼하고 자기 아들하고 살았다는 것이다. 그러다가 아들이 죽자 이제 손자에게 모든 것을 걸고 키웠다. 믿고 기댈것은 손자 밖에 없다. 먼저는 그것이 문제이다. 둘째는 이 가문에 이혼의 영이 대물림된다는 것이다. 그래서 우리는 영안을 열어 결혼 전에 가문의 내력을 따져보아야 한다. 우리 결혼을 앞둔 형제자매들은 영적인 면도 볼 줄 알아야 한다. 그런데 요즈음 젊은 사람들은 아예 영적인 면을 무시하는 경향이 많다. 악한 영들은 그리 호락호락 하지 않는다. 경각심을 가지기를 바란다.

둘째, 부모의 상처로 딸의 인생을 망치다. 여 목사님은 남편을 잘못만나 가정불화로 고생을 많이 하였다. 젊어서 서로 육정에 끌려서 결혼을 했다. 그런데 남편이 음주와 외도를 자주하는 것이다. 물론 남편이 처음 연애 시절에는 예수도 잘 믿고 교회도 잘다니 겠다고 해서 결혼을 한 것이다. 그런데 결혼하고 나니 처음 약속과는 달리 거의 매일 음주를 하고 심지어 외박까지 했다. 그래서 가정불화가 연속되었다고 한다. 그래도 남녀가 만나니 자녀가 태어난 것이다. 이렇게 부모들의 가정불화가 많으니 자녀들이 집에서 지내는 시간이 적어지는 것이다. 사람은 사랑받기위하여 태어났다.

큰 아이가 딸인데 집에서 사랑을 받지 못하니까, 나이 스물에 남자를 만난 것이다. 그것도 불신자를 만났다. 자신도 불신 결혼을 하여 지금도 고생을 하고 있는데 딸이 불신자를 만난 것이다. 그래서 딸을 달래기도 하고 때로는 때리기도 하여 남자와 헤어지게 하려고 했다. 그러나 그것이 그렇게 되지를 않았다. 이 사람들이 사고를 친 것이다. 임신을 해 버렸다. 그래서 임신한 딸을 때리기도 하고 머리를 잘라서 집에 가두어 두기도 하고 했다. 뱃속의 아이가 함께 고통을 당한 것이다.

그리고 낳은 것이 아들이다. 이아이가 문제가 있는 것이다. 전철을 타고 가다가 소리만 크게 나도 소리를 지르며 놀라고 두려움 불안 증세가 심했다. 나에게 와서 안수를 받으려고 왔는데도 소리를 지르고 불안 두려움의 증상이 너무 심하여 안수를 못해 주었다. 그래서 여 목사님보고 능력을 받아서 치유하라고 했다. 상처는 이렇게 대물림이 되고 자녀의 인생을 망가지게 할 수도 있다.

그래서 연애와 결혼은 심사숙고를 해야 한다. 그러나 이것을 알아야 한다. 나는 항상 나의 교회 청년들에게 이렇게 말한다. 지금 어른들이 배우자를 잘못만나 고생을 하는 분들이 많이 있다. 그러나 그것 누구에게도 탓을 못한다. 왜냐하면 그때 자기의 수준이 그것 밖에 되지 않았기 때문에 그런 사람을 만나 고생을 하는 것이다. 결혼 전에 자신의 수준을 높여라. 유유상종이다. 끼리끼리 만나는 것이다. 그래서 당신들은 영육의 수준을 높여라. 그러면 자신의 수준만큼의 배우자를 만난다. 이렇게 강조한다.

셋째, 어머니의 가부장적인 상처영향. 어느 사모님의 하소연이다. "저의 어머니는 우리 집의 살림살이뿐만 아니라, 경제적인 분야에도 책임을 지시고 살아가는 분입니다. 제가 성장하면서 쭉 보아온 것은 아버지는 무능하고 어머니는 무엇이든지 잘하는 분이었습니다. 항상 어머니는 아버지가 하신 일에 믿음을 갖지 못하고, 거의 하는 일에 핀잔을 주었습니다.

그러니 아버지가 일을 제대로 하실 수가 없으시니까, 일을 하시지 않고 거의 놀고 지냈습니다. 그래도 어머니가 이것저것을 잘하여 살림살이를 이끌어 가셨습니다. 어머니가 일을 해서 저와 동생들의 공부를 다 시켰습니다. 이런 것을 보고 자란 저는 성숙하여 지금 남편을 만나서 결혼을 했습니다. 저 역시 어머니의 하시는 것을 보고 자라서 그런지 남편이 하는 일이 불만스럽고 어딘가 부족하다고 만 느껴져서….

그때마다 어머니와 같이 남편에게 핀잔을 주었습니다. 남자가 그것도 제대로 하지 못하느냐는 식으로 남편의 자존심에 상처를 주었습니다. 그러자 남편이 일을 하지 않고 집에서 무의도식을 하며 지내는 것입니다. 지난날 아버지가 하는 식으로 똑 같이 하는 것입니다. 그래서 할 수 없이 제가 세상에 나가 돈을 벌어오면서 살림을 꾸려가고 있습니다. 지금 내면의 세계를 알고 보니 제가 남편을 그렇게 만든 것 같습니다. 어머니의 가부장적인 상처가 저에게 대물림된 것입니다. 남편은 아버지하고 다른데 어린 시절 아버지의 모습이 자꾸 남편에게서 떠올라 남편을 믿지 못하고 친정아버지하고 똑같은 남자 인줄 착각한 것입니다.

남편을 믿지 못하고 무엇이든지 잘못하는 줄로만 여기고, 자신감을 주지 못하고 핀잔을 준 것이 지금의 남편을 제가 만든 것입니다. 그런데 걱정이 있습니다. 저의 어머니는 지금 60대 후반에 접어들고 계신대도 직장을 다니면서 집안 생계를 책임지십니다. 저도 그렇게 되지 않을 까 노심초사하며 지내고 있습니다.

또 다른 걱정은 저는 아들만 둘을 두었습니다. 이 아들들이 지금 나의 하는 것을 보고 자기의 아버지같이 책임감 없는 가장이 되지나 않을까 은근히 걱정이 됩니다." 이분은 걱정한다고 되는 것이 아니고 근본을 드러내어 치유해야 한다.

사람은 모두 완벽하지 못하다. 남편의 부족함을 인정하고 세상에 나가 가장의 역할을 잘 할 수 있도록 용기를 불어넣어 주어야 한다. 그것도 자녀들이 출가하기 전에 해결되어야 하는 문제이다. 그리고 상처에 역사하는 악한 영들을 말씀과 성령으로 찾아서 축사하거나 치유해야 한다.

넷째, 아버지에게 사랑받지 못한 공허감. 어느 중년 부인의 말입니다. "초등학교 시절에 아버지가 술을 먹고 가정에 오셔서 자녀들에게 폭언을 하였습니다. 또 어머니를 괴롭혔습니다. 하루도 마음 편하게 지낸 날이 거의 없었습니다. 그리고 교회도 다니지 못하게 했습니다. 그래서 친구 중에 부부가 화목한 집에 가서 밥도 얻어먹고 자고 가라고 하면 자고 왔습니다. 평안한 가정에서 자라는 친구가 그렇게 부러웠습니다. 특히 아버지의 사랑을 받고 자라는 친구가 그렇게 부러웠습니다.

저는 결혼을 했습니다. 결혼하여 성실한 남편을 만나 가정이 원만하게 지내고 있습니다. 그런데 남편이 조금만 섭섭하게 하면 남편이 하는 일에 반대를 하고 남편을 힘들게 했습니다.

그런데 그것이 나의 딸에게 대물림이 되어 딸도 역시 아버지가 조금만 섭섭하게 하면 아버지에게 사랑받지 못한 섭섭한 마음을 분출하는 것입니다. 아버지가 다른 아이들에게 조금만 잘해주는 것을 보면 엄마 아빠가 나도 저렇게 해줬어 하고 묻습니다. 은연중에 아버지에게 사랑받지 못해 공허한 마음이 딸에게도 대물림이 된 것입니다." 그러다가 저의 교회 내적치유 집회에서 성령께서 과거를 보여 주심으로 치유를 받았다. 그러니 이제 남편이 밉게 보이지 않고 사랑스럽게 보인다고 한다. 딸과 남편의 관계도 좋아졌다고 한다.

다섯째, 상처의 대물림의 문제. 무서워서 술 깰 때까지 추위에 떨고 자지 못했다. 정이라는 집사의 이야기이다. "저의 어머니는 아버지의 폭행으로 항상 두려움 속에서 살아가다가 심장병이 발생하여 고생을 하시다가 돌아가셨습니다. 그런데 우리 어머니가 늘 입버릇처럼 하는 말이 있었습니다. 자신의 친정어머니도 자신과 같이 아버지로부터 폭행을 당하면서 살아 하루도 평안하게 살지를 못하고 항상 두려움과 불안한 세월을 살다가 횟병이 발생하여 젊은 나이에 세상을 떠나갔다는 것입니다.

그런데 자신이 꼭 친정어머니와 똑 같이 남편에게 두려움과 공포의 고통을 당하면서 살아간다는 것입니다. 그래서 저는 어려서 어머니가 심장병으로 돌아가시고 아버지와 살았습니다. 그런데 아버지가 술만 먹으면 딸인 저에게 행패를 부렸습니다. 어렸을 때부터 아버지가 술을 먹고 들어오면 아예 밖으로 나가서 있다가 술이 깨면 들어오곤 했습니다. 그런데 추운날씨에는 밖에서 추워서 무척 떨기도 했습니다." 그런데 이분이 상처가 많아서 치유 받으러 오셨는데 성령의 임재가 깊어지니까 오그리고 앉아서 떨고 있는 것이다. 그래서 내가 예수 이름으로 기도를 해서 치유가 완전하게 되었다. 떨고 있는 모습을 보니 정말 불쌍해 보였다. 그리고 그때 당시의 상황을 짐작할 수가 있었다.

그런데 이 집사님이 시집을 가서 문제가 발생했다. 남편이 바른 자세로 앉아서 여보 이야기 좀 하자고 하면 떨리기 시작한단다. 남편이 옛날 아버지 같이 무섭단다. 어린 시절 아버지가 바른 자세로 앉아서 나무랄 때 무의식에 상처가 심겨진 것이다. 그런데 문제는 여기서 끝나지를 않았다. 자신의 딸 역시 아버지가 말을 하면 두려움과 공포가 사로잡아 정신적인 문제가 발생했다는 것이다. 그러니까 4대째 남자에 대한 두려움과 공포의 영이 대물림되는 것이다.

그래서 이 집사님은 겨울 방학 때 딸을 데리고 다니면서 내적치유를 받았다. 그리고 이제 자신도 딸도 남편에 대한 두려움과 공포의 영으로부터 자유 함을 찾았다고 나에게 간증하는 것을 들었다. 나는 이럴 때 제일로 치유 사역의 보람을 느낀다.

여섯째, 남편을 사랑하게 되었어요. 어느 집사님의 이야기다. 이 집사님은 술 냄새만 나면 순간 속에서 분노가 올라오는 것이다. 그래서 남편이 술을 먹고 집에 들어오면 그날은 집에 들어오지도 못하게 했다는 것이다. 남편이 그렇게 술을 즐기는 것도 아닌데 남편에게서 술 냄새만 나면 그만 자기가 제어하지 못할 정도로 혈기를 내어 이성을 잃는다고 한다. 그래서 남편이 직장 생활을 하는데 술을 안 먹을 수가 없어 고생을 했다고 한다. 그러던 중 출석하고 있던 교회에서 목사님이 내면에 대한 말씀을 전하고 기도를 하게 했다고 한다. 그런데 이 집사님의 아랫배 속에서 어떤 뭉치 같은 것이 뭉쳐져서 고통을 당했다는 것이다. 그래서 그것을 해결하려고 부산, 마산, 창원에 있는 성령 치유를 하는 곳에 가 보았지만 치유되지가 않았다.

결국엔 서울까지 올라와 내적 치유를 받게 되었다. 내적 치유에 대한 말씀을 듣고 기도를 하면서 은혜를 받았다. 3일째 되는 날 잠재의식의 상처를 치유하는 시간이었다. 말씀을 듣는데 아랫배에서 뭉치가 움직이면서 고통을 가했다. 그러나 참고 기다렸다. 그리고 기도 시간이 되었다. 목사님의 안수를 받자마자 환상이 보였다. 유아 시절에 고모가 자기를 안았는데 술 냄새가 역겨워 도망을 가고 싶어 하는 환상이었다. 그래서 고모를 용서하고 기도를 계속하니 아랫배에 생겼던 뭉치가 술 냄새를 내면서 빠져나갔다. 그러면서 기침이 수없이 나왔다. 가슴이 너무 편안했다. 특히 그렇게 성령께서 임재하시기만 하면 뭉쳐서 고통을 주던 아랫배가 깨끗하게 나았다. 이것이 바로 그때의 아픈 기억 때문인 것을 비로소 깨닫게 되었다는 것이다. 그리고 집에 돌아갔다. 그런데 이상하게 그 다음부터 남편이 술을 먹고 들어와도 아무런 현상이 나타나지 않는 것이다. 그렇게 악을 쓰고 밖으로 내보내던 옛날과는 완전하게 변한 것이다. 자신이 변하자 남편도 내적 치유를 받고 술을 끊은 후 믿음 생활을 잘하고 있다. 상처는 이렇게 문제가 된다. 원인 없는 문제는 없는 것이다.

일곱째, 의부증으로 발생한 문제. 나에게 찾아와 상담한 부부의 이야기이다. 권사님이 나에게 하는 말이 자신의 남편이 집사인데 바람을 많이 피워서 부부 불화가 끊이지를 않는다는 것이다. 그래서 내가 "권사님 남편이 바람을 피우는 증거를 잡았습니까?" 하고 물었다. 그랬더니 권사님이 하는 말이 이렇다. 자신의 남편이 집을 한 번 나가면 한두 달씩 있다가 온다는 것이다. 그러면 자신도 생리적 욕구를 참기 어려운데 어떻게 남자가 참고 지내겠느냐는 것이다. 분명하게 바람을 피운다는 것이다. 그래서 필자가 질문을 했다. "그렇게 오래 있다가 남편이 집에 들어오면 어떻게 합니까?" 그랬더니 이렇게 대답을 한다. "증거를 찾으려고 노력을 합니다. 그리고 남편을 다그칩니다. 어디에다가 여자를 숨겨놓고 사느냐고 말입니다. 잠을 자지 못할 정도로 증거를 찾기 위해서 다그칩니다." 그래서 필자가 성령님 이 문제는 어디에서 잘못된 것입니까? 하고 질문을 했다. 그랬더니 이렇게 감동이 왔다. 이 권사에게 남편을 데리고 오라고 해서 물어보아라. 그래서 남편을 데리고 오라고 했다. 그 다음날 남편이 왔다. 그래서 내가 이렇게 물어보았다. "권사님이 집사님에게 무엇이 불만인지 아십니까?" 이렇게 질문을 던졌다. 그러니까, 남편 집사가 하는 말이 "예 잘 압니다. 내가 바람을 피운다고 생각하고 있습니다."

그래서 다시 질문을 했다. "왜 집을 나가시면 몇 달씩 있다가 들어옵니까?" 그랬더니 이렇게 대답을 한다. "목사님 저는 밖에 나가서 지내는 것이 편합니다. 집에 들어오면 얼마나 저 권사가 나를 괴롭히는지 한시도 집에 붙어있기가 싫습니다. 자녀들도 다 자랐는데 우리 부부가 만나면 싸우니까 아이들 보기도 부끄러워서 그랬습니다. 우리 자녀들이 하도 우리 부부가 만나면 싸워서 모두 정상이 아닙니다. 딸이 둘이고 아들이 하나인데 모두 정상이 아닙니다. 딸 둘은 우울증으로 고생을 하고 있습니다. 아들도 정신적인 문제가 있어서 신학대학을 다니다가 불안과 두려움으로 다니지 못하고 집에서 지냅니다. 목사님 그리고 저 나가서 있어도 절대로 바람을 피우지 않습니다. 괜히 집사람이 넘겨 집고 하는 말입니다."

"목사님 우리 장인이 바람을 하도 많이 피워서 여자가 30명도 넘었다고 합니다. 집사람이 그것을 보고 자라서 저를 친정아버지하고 똑 같이 생각하고 의심하는 것입니다. 물론 저도 문제가 있지만, 우리 집사람이 문제가 많습니다. 자신에게 문제가 있다는 것을 인정해야 하는데 모든 문제가 나에게 있다고 하니 해결이 안 됩니다. 목사님 저 정말 고생 많이 했습니다. 심지어 정신과에 가서 정신 감정까지 받았습니다. 이혼을 하자니 자식들 때문에 할 수도 없어서 가정의 평화를 위해서 그냥 사는 것입니다. 목사님 저 여자가 그래도 교회에서 권사라고 매일 밤에 기도하러 다닙니다. 정말 한심한 여자 권사입니다."

그래서 남편 집사에게 제가 질문을 했다. "결혼은 어떻게 했습니까? 하니까,""친구가 소개해주어서 한번 만났는데 저 권사가 날마다 내가 좋다고 쫓아다녀서 한번 두 번 만나다가 결혼을 했습니다." 그러니까, 이 권사가 듣고 있다가 창피했는지 필자가 남편에게 문제가 있다고 다그치지 않아서 인지 남편을 데리고 갔다. 그리고 오지를 않았다. 필자는 그 부부를 보고 정말 연애와 결혼은 잘 해야 된다고 생각을 했다. 우리 예수를 믿는 자들의 연애는 감정적으로 하는 것이 아니다.

결혼을 전제로 만나서 하는 것이 연애이다. 절대로 감정적으로 연애를 하지 말기를 바란다. 한번 육정에 끌리기 시작하면 부정적인 것은 보이지를 않는다. 모든 사람은 사람을 잘 만나야 한다. 필자는 결혼하지 않은 청년들을 매주 안수를 한다. 사람 잘 만나게 해달라고 기도한다. 특별히 배우자를 잘 만나게 해달라고 안수 기도한다. 하나님이 예비해 주신 하나님을 두려워하는 자를 만나게 해달라고 기도한다. 요셉과 같이 형통의 복을 받은 자를 만나게 해달라고 안수 기도한다. 당신도 날마다 배우자를 놓고 기도하기를 바란다. 배우자의 구체적인 모습을 그리면서 세부적으로 기도하기를 바란다. 그래야 그런 배우자를 만나는 것이다. 꿈은 반드시 이루어지기 때문이다.

여덟째, 한쪽이 기울어지는 결혼의 문제. 필자는 최근에 기울어지게 결혼한 가정이 처참한 지경에 이른 것을 보았다. 남편은 상당한 교육을 받고 유학까지 했다. 그런데 반대로 부인은 우리 한국에서 소위 말하는 제 이류대학을 나왔다. 그들이 서로 처음에는 육정에 끌려서 결혼을 했지만, 점점 시간이 흐르면서 그 부인의 마음속에 기울어진 결혼을 했다는 열등의식이 그 심정을 정복하기 시작한 것이다.

이래서 자녀를 하나 낳고, 둘 낳고, 셋 날 때까지 그 부인은 영혼 속에 열등의식으로 말미암아 끊임없이 고통당하다가 갑자기 결혼 한지 십 년 만에 미쳐버리고 만 것이다. 완전히 정신이 이상해져 버렸다. 그리고 난 다음 남편을 못살게 괴롭게 한다. 당신은 그래 인류대학을 나오고 외국까지 가서 유학을 했다. 그래 잘났다. 그렇다고 해서 나를 이렇게 무시하느냐. 그리고 당신같이 잘난 사람이 나 같은 사람을 데리고 사는 것 불행하게 생각하지. 부끄럽게 생각하지. 하면서 남편의 마음을 불편하게 한다. 부인에게 연일 당하던 남편이 상담하러 와서 눈물을 흘린다. "나는 절대로 우리 집 사람에게 그렇게 대한 적이 없습니다. 사랑하고 위로하고 나는 학위 같은 것 생각하지 않습니다. 그런데 왜 우리 집 사람이 저렇게 생각하며 정신이 이상해질 정도로 변했을까요." 그것은 오랜 세월 동안 부인의 가슴속에 열등의식을 가지고 있었기 때문인 것이다. 어려서부터 가지고 있던 열등의식이 폭발해 버린 것이다. 어떠한 사람이라도 그 마음속에 교육이나 신체나 미모나 가정이나 사회적인 위치 중에 열등의식을 가지고 있는 것이다.

이 열등의식에 손가락을 대어서 상처를 입히면 그는 인격에 거대한 상처를 입게 된다. 그러다가 상처가 커지면 터져버리는 것이다. 그래서 자존심이 상해지게 되고, 감정이 격해지기 시작하고, 이렇게 되면 부부 사이에는 금이 가고, 관계가 끊어져 버리고 마는 것이다. 더 가다가는 원수가 되어 버리고 마는 것이다. 물론 결혼할 때 너무 기울어진 결혼은 하지 말아야 한다. 가정적으로나 교육적으로나 환경적으로 너무 기울어진 결혼을 해 놓으면, 반드시 그 뒤에 열등의식이 늘 따라오는 것이다.

아홉째, 아버지로부터 도피처로 결혼하는 문제. "안녕 하세요 목사님! 저는 대전 ○○교회를 섬기는 김○○ 집사(38세)입니다. 내용이 좀 길어도 참고 읽어 주시면 감사하겠습니다. 저의 직업은 공무원입니다. 저는 두 아이(9살,4살)의 아빠로서 그동안 아이들의 마음과 부인의 마음에 너무 아픈 상처를 주었던 것 같습니다. 하나님을 잘 섬겨 보고 싶은 마음은 있지만 현실에 부딪치면 부부문제 때문에 낙담하는 경우가 많아요.

이제껏 저에게는 아무런 문제가 없다고 생각했는데 분명히 저의 내면에 치유를 받아야 할 것이 많다고 느껴집니다. 그리고 저의 부인에게도 문제가 있는 것 같습니다. 일단 저의 문제부터 말하겠습니다. 아버지는 나이 42세에 암으로 일찍 돌아가셨습니다. 저의 나이 8살 때 아버지가 돌아가셨습니다. 아버지가 돌아가시고 난후 제가 어릴 때 형수가 집에 들어오고부터, 집안이 흔들리기 시작을 했습니다. 그러면서 형수에 대한 미움으로 별로 가정에 대한 애착이 없이 자란 것 같습니다.

특히 여자를 사랑한다는 게 무엇인지 어떻게 해야 사랑해 줄 수 있을지도 잘 모르는 것 같습니다. 감정이 너무 메말랐다고 표현하는 것이 적절한 것 같습니다. 그래서 일까 아내에게도 화가 나면 참지를 못하고 주체 할 수 없는 감정이 치밀어 오릅니다. 그래서 차마 입에도 담을 수 없는 심한 욕설을 하면서 물건을 부수기도 합니다. 아내를 때리기도 했습니다.

그러나 항상 그러는 것이 아니고 아내가 먼저 저의 몸에 손을 댈 때에 그렇게 합니다. 순간 저는 분노를 참지 못하고 실수를 저지르는 것입니다. 그러면서 저는 항상 자기 방어라면서 죄의식이 별로 없어요, 아내의 불만 사항이기도 합니다. 저도 그런 행동을 하고 후회를 많이 합니다. 그래도 순간 감정이 폭발하면 돌출행동을 합니다. 저의 문제는 이정도입니다.

이제 저의 아내의 문제는 이렇습니다. 친정아버지가 어머니에게 폭행이 심했던 것 같습니다. 자기 아버지가 워낙 외고집이고 폭력적이라 항상 두려움과 공포 속에서 자랐다고 합니다. 항상 쥐 죽은 것같이 꼼짝을 못하고 살았다고 합니다. 어려서 그런 상처를 당하면서 자라서 남자에 대한 분노의 상처가 많이 있다고 생각이 됩니다. 그리고 친언니가 일찍(27세) 간암으로 죽으면서 아내가 어린 조카를 몇 년 동안 보면서 마음에 상처가 많이 쌓였다고 이야기를 합니다.

그러면서 아내가 저에게 이런 이야기를 합니다. 자신이 지긋지긋한 아버지로부터 떠나는 것은 결혼을 하는 것이기 때문에 결혼을 했다는 것입니다. 자신의 결혼이 아버지로부터 떠나오는 도피처라고 생각을 했는데 더 악한 남자를 만나서 고생을 한다는 것입니다. 아내의 말을 빌리자면 "결혼 후 10년 동안 자기의 친정아버지보다 남편이 더 자신을 괴롭게 한다는 것입니다. 사는 것이 지옥이라고 입버릇처럼 말합니다." 그러면서 평소 잘 지내다가도 사소한 일로 다투기를 시작하면 소리를 지르면서 베란다 밖으로 뛰어내린다고 합니다.

베란다에 매달리기도 합니다. 칼로 자해하려고 하기도 합니다. 또는 약을 입에 털어 넣으면서 "너 때문에 내가 죽는다. 죽어서 복수해 주겠다." 이렇게 악담을 말하기도 합니다. 처음에는 말리다가 요즘은 무섭기는 하지만 버릇같이 하는 것이 싫어서 이제는 말리지도 않습니다. 하나님을 믿는 다는 자녀(집사)가 어떻게 저런 행동을 할까 한심하기도 합니다. 요즈음은 아내가 집에서 나가달라고 하여 찜질방에서 바로 출근을 하고 있습니다. 목사님 도와주세요." 필자는 항상 유유상종(類類相從)이라고 한다. 한마디로 끼리끼리 잘 연합을 한다는 것이다. 자기에게 좋지 못한 영이 흐르면 그런 유의 사람을 만나기가 쉽다는 것이다.

그래서 결혼 전에 성령체험을 하고 치유를 받으라고 권면한다. 남편은 형수로부터 상처가 있으니 그런 부인을 만난 것이다. 부인은 아버지로부터 상처가 있어서 그런 남편을 만나 고생하는 것이다. 이제 부부는 서로의 문제를 인정하고 말씀과 성령으로 내적치유를 받아야 한다.

열째, 알코올 중독 대물림을 치유. 충북 제천에 사는 박○○ 집사님의 남편이 술을 많이 먹어서 알코올 중독으로 인사불성이 돼서 사람구실을 못했다. 그래서 병원에 입원을 시켰지만 강하게 날뛰기도 했다. 이곳저곳을 다니면서 치유를 받으려고 했으나 치유 받지 못하고 우리 충만한 교회 소문을 듣고 왔다고 한다. 왔는데 내가 보니까, 자기의 의지가 완전하게 귀신에게 넘어간 상태였다. 병원에서는 알코올에 너무 중독이 됐기 때문에 고쳐도 올바른 사람이 될 수 없다고 진단을 했다고 한다. 그런 사람을 붙들고서 기도한들 무슨 효과가 있겠는가? 그러나 한 편으로는 힘이 없이 축 늘어져 있기 때문에 기도하기는 참 좋았다. 머리에 손을 얹고 기도를 하니 아무런 현상도 나타나지 않았다. 옆에서 부인 집사가 울면서 애통해 하고 있었다.

남편이 그런 상태에 있을 때 가장 슬퍼할 사람은 부인이다. 그래서 다시 부인 집사를 붙들고 안수기도를 했다. 나는 박 집사에게 "아내 속에서 숨어서 역사하는 귀신아! 왜 남편을 알 콜 중독에 걸리게 하여 인사불성을 만들었느냐. 내가 예수 이름으로 명하노니 정체를 밝혀라." 했더니, 귀신이 말을 하는 것이다. "나 이년 친정 아버지다." 그러는 것이다.

그래서 다시 박 집사에게 "아내 속에서 숨어서 역사하는 귀신아! 왜 남편 알 콜 중독에 걸리게 하여 인사불성을 만들었느냐. 내가 예수 이름으로 명하노니 떠나가라." 했더니, 그 집사의 입술에서 "나가면 되잖아. 더럽게 귀찮게 하네." 하고 귀신이 소리를 지르는 것이다. 내가 입 다물고 나와라. 명령을 했더니 앉은 자세에서 앞으로 고꾸라졌다. 그렇게 두 번을 기도해줬다. 박 집사에게 물어보았다. 친정아버지가 어떻게 지냈느냐고 말이다. 그랬더니 "목사님 우리 친정아버지도 알코올중독자 이었습니다. 친정아버지에게 술 때문에 몸서리가 쳐지도록 상처를 받는데 시집을 오고 조금 지나서부터 남편이 술을 먹기 시작을 하다가 알코올중독자가 되었습니다. 목사님 저의 남편을 고쳐주세요." 그래서 친정아버지가 살아 계시냐고 물었더니 삼 년 전에 돌아가셨다는 것이다.

돌아가시고 나서 남편이 더욱 심하게 되었다는 것이다. 그래서 내가 다시 박 집사의 머리에 손을 얹고 "혈통으로 대물림되는 알코올 중독의 줄은 끊어질지어다. 알코올중독 귀신은 떠나갈지어다." 했더니, 막 이 여자가 소리를 지르다가 울다가 하면서 한동안 넋두리를 하더니 기침을 사정없이 하면서 귀신이 떠나갔다.

그 후 여자 집사 남편의 건강 회복이 굉장히 **빨랐다**. 술을 먹으면 자꾸 토했다는 것이다. 내가 몇 개월 더 다니면서 치유를 받으라고 권면하여 몇 개월을 더 다니면서 치유를 받아 정상으로 회복이 돼서 감사헌금까지 했다. 결혼 전에 알고 치유를 받았으면 남편이 그렇게 고통을 당하지 않았을 것이다. 이렇게 부인 혈통의 영향으로 남편이 알코올 중독자가 될 수도 있다. 우리는 바르게 분별하고 결혼 전에 치유를 해야 불필요한 고생을 하지 않는다. 모두 치유가 된다. 정확하게 인정하고 결혼 전에 치유를 받아 불필요한 고통을 당하지 말아야 한다.

책을 읽는 당신에게 바르게 판단하고 연애와 결혼을 하라고 필자가 여러 사례를 드는 것이다. 부디 당신은 하나님이 예비해 준 배우자를 만나 하나님을 기쁘시게 하는 가정을 이루기를 바란다.그리고 결혼을 하기 전에 배우자가 될 사람과 함께 내적치유를 세 번을 받아라. 그래야 서로의 무의식에 숨어있는 상처를 미리 알고 해결할 수가 있다. 설령 살아가다가 서로 결점이 보이더라도 자신의 상처로 인한 것이라고 이해할 수가 있다. 부디 성령을 체험하고 내적치유를 받아라. 그래야 결혼 후에 불필요한 고통을 당하지 않는다.

 충만한 교회는 말씀과 성령으로 성도들을 치유하여 성령의 인도를 받는 영적인 성도가 되도록 하는 목회를 합니다. 충만한 교회 목회 방향은 성도들을 목회자 그늘에서 믿음 생활을 하는 나약한 성도가 되지 않도록 하는 것입니다. 말씀과 성령으로 치유 받아 영의 통로를 열고 하나님과 직접 관계를 열어 교통하면서 세상 어디를 가더라도 자신 안에 임재하신 하나님께 기도하여 응답을 받으면서 세상을 살아가도록 합니다. 악한 영들을 권능으로 대적하여 환경을 변화시킬 수 있는 성도가 되도록 합니다.

 영적인 자립을 하는 것을 목표로 훈련합니다. 하나님께서 부여하신 권능을 사용하여 세상을 장악하게 합니다. 그래서 주일날도 강한 성령의 역사가 일어나는 예배를 드립니다. 예배 시간은 1부 11:00-/ 2부 13:30-입니다. 영적인 눈이 열리고 사고가 영적으로 변하는 말씀을 준비하여 교재로 제공하고 설교를 합니다. 기도를 40분 이상 하면서 담임 목사가 일일이 안수하여 성령으로 충만 받도록 합니다. 필요한 성도는 토요일 날 개별집중치유를 하여 문제를 치유하고 영성을 깊게 합니다. 자신의 영을 자신이 지킬 수 있는 강한 성도가 되게 훈련하고 있습니다.

20장 결혼 전에 예방하는 영적비밀

(잠17:1)"마른 떡 한 조각만 있고도 화목하는 것이 제육이 집에 가득하고도 다투는 것보다 나으니라."

하나님은 우리가 예방 신앙을 하여 행복한 부부 관계를 영위하기를 원하신다. 필자는 항상 이렇게 강조한다. 결혼하지 않은 청춘 남녀는 결혼하기 전에 필수 과정으로 내적치유를 받으라는 것이다. 그것도 한번이 아니라 세 번을 받으라는 것이다. 내적치유 첫번째는 얼떨떨하며 그냥 지나간다. 두 번째는 조금 치유가 된다. 세 번째는 이제 깊은 치유가 된다.

그래서 자신이 누구인지 알게 된다. 무의식에 무엇이 웅크리고 있는지 알게 된다. 성령도 체험한다. 내적치유를 받으며 내면세계를 알다가 보니까, 사람을 보는 영적인 눈이 열린다. 그래서 배우자를 선택할 때 바르게 선택하는 것이다. 결혼한 후에도 상대방을 이해할 수가 있는 것이다. 그리고 결혼을 앞두고 연애하며 교제하는 분들은 이렇게 해야 한다. 휴가를 내어 함께 치유를 받는 것이다. 서로 사랑하며 연애를 할 때에는 서로의 말을 잘 들어준다. 이이야기를 듣고 이렇게 말할 분도 있을지 모르겠다. "목사님 저는 상처가 없습니다. 꼭 내적치유 받아야 합니까?" 이것은 교만이다. 사람마다 상처가 없는 사람이 없다. 모두 상처가 있다. 왜냐하면 우리 모두는 아담인 육을 가지고 있기 때문이다.

그런데 일부 젊은 사람들이 치유를 싫어한다. 그러나 그것은 잘 못 생각하는 것이다. 나중에 문제가 터진 다음에 울고불고 해도 때는 늦은 것이다. 필자는 지금 치유 사역만 십년을 넘게 했다. 여기에 오셔서 치유 받는 분들 중에는 당신과 같이 나는 상처가 없다. 치유 받을 필요가 없다고 말했던 사람도 있다. 그러다가 결혼 생활에 스트레스를 받아 문제가 생겨서 오신 분들이 많다. 신앙은 예방 신앙이어야 한다.

첫째, 상처가 있을 수 있다는 것을 인정하라. 많은 성도님들이 자신은 예수를 믿었기 때문에 완벽한 사람인 줄로 착각을 하고 살아간다. 치유를 받으려면 먼저 자신에게 상처가 있다는 것을 인정해야 한다. 그런데 스스로를 자찬하여 나는 상처가 없다고 확신하면 상처를 치유할 수가 없다.

그럼 이렇게 완벽을 주장하던 성도가 언제 치유하게 되느냐, 자신이 결혼을 하여 환경이 복잡해지고, 물질이 어려우니 스트레스를 받아 숨어있던 무의식의 상처가 드러나 부부의 문제가 노출되기 시작하면 그때부터 치유를 받으려고 한다. 그러나 실상은 때가 늦은 것이다. 그래서 영안을 열어 자신을 보라는 것이다. 세상을 보지 못하는 육신적인 소경이 얼마나 답답하겠는가? 생각만 해도 끔찍스럽다. 육신적인 소경 못지않게 성경을 알고, 하나님을 안다고 하는 자들이 자신을 보지 못하는 영적인 소경도 답답한 것이다. 인간 세상에서야 영적인 눈이 열리지 않은 것, 별로 답답한 것이 없고 육성적으로 사는 사람들이야 답답할 게 없을 것이다.

그러나 영안이 열린 신령한 사람이 영안이 열리지 않은 사람을 볼 때, 부부와 인생사에 여러 답답한 문제와 상처, 고통을 잔뜩 껴안고 살아가는 모습을 보노라면 참으로 답답하다. 더구나 영안이 열리지 않아 부부와 가정에 울무와 덫에 걸려서 멸망으로 파멸로 가고 있는 모습을 보면 정말 답답하다.

그에 못지않게 육신이 건강하니 상처가 없는 것으로 착각하고, 안일하게 치유를 게을리 하고 살아가고 있는 부부들도, 여러 가지 문제에 처해 있는 부부들 못지않게 더 답답해 보인다. 모르고 있다고 생각하는 자보다, 알고 있다고 생각하는 이러한 자가 더 고침 받기가 어렵기 때문이다.

저는 하나님의 은혜로 성령 내적치유 사역을 하고 있다. 십년을 넘게 했으니 어느 정도 깊이 있는 사역을 할 수가 있다. 저의 눈으로 문제 있는 성도를 바라보면 정말로 마음이 안타깝다.

둘째, 결혼 전에 상처를 내적치유 하라. 요즘 제가 치유 사역에서 부부문제를 다루면서 더욱 절실히 느끼는 것이 있다. 부부행복, 부부회복, 부부치유, 자녀치유 등의 프로그램들이 이 우리 교회 치유 전문 과정 안에 포함되어 있다. 이러한 내용으로 교육을 하고 치유 사역을 진행하다 보면 이 프로그램이 아직 결혼하지 않은 청년들에게 더욱 유용하지 않을까 생각하게 되었다.

그래서 책도 쓰게 된 것이다.

부부 팀 중에서도 나이가 많을수록 고정관념이나 오래된 패러다임을 바꾸기가 훨씬 어렵다는 것을 알게 되었다. 분명히 살아온 삶의 방식을 바꿔야 가족 모두가 행복하게 되는 것을 깨닫게 되었으면서도 실생활에서 쉽게 바뀌지 않는 삶의 모습들 때문에 답답해하는 부부들을 많이 보게 된다.

그러므로 성경적인 가정관, 부부관, 결혼관, 이성관, 자녀교육 등의 많은 교육이 청년 시기에 더욱 절실히 필요하다. 이것은 청년들에게 결혼에 대해 구체적으로 준비하고 계획하고 기도할 수 있게 해 주는 중요한 프로그램이 될 것이다. 청년들이여 미리 준비하라. 결혼한 후에 문제가 생긴 다음에 해결하려면 때는 늦은 것이다. 할 수만 있으면 부부생활과 가정생활에 대하여 배우고 치유를 받아야 한다. 필자는 결혼한지가 35년이 넘었다.

그런데 지금도 부부생활, 가정생활에 대하여 부족한 것을 많이 느끼면서 살아가고 있다. 필자가 결혼 생활을 오래하다가 보니까, 부부간의 문제가 계속해서 생기는 것을 보았다. 그래서 앞에서도 설명을 했지만, 결혼 생활 20년이 넘게 했을 때도 나타나지 않던 문제가 결혼 생활 25년이 자나고 서야 나타나는 것도 있다는 것이다. 그런데 그 문제들을 언제 해결했느냐. 목사가 되어 교회를 개척하고 경제적으로 어려운 시기가 되니 고개를 들고 일어났다는 것이다.

그러므로 교회에서 청년들에게 이런 과정을 개설하고 중요한 청년 훈련 프로그램 중 하나로 넣는다면 교회 내에 가정사역의 과정들이 훨씬 순조롭게 진행되리라 생각이 된다. 아울러 교회 공동체 안에 건강한 가정이 하나 둘씩 늘어가게 될 것이고 교회도 더욱 건강해 질 것이라 믿는다.

그 중에서도 특히 결혼 전에 치유를 경험해야 함을 강조하고 싶다. 상처를 가득 가진 두 사람이 만나서 아무런 준비도 없이, 자신의 상처를 그대로 껴안은 채 결혼하게 되는 경우가 많다. 이런 경우에 대부분의 부부들은 내면화된 상처의 경험과 분노와 아픔들을 역기능적으로 배우자에게 투사하게 되고 스스로를 고립시키거나 배우자에게 증오심을 유발하게 만든다. 그러나 사전에 상처가 무엇이라는 것을 안다면 서로 이해하며 치유하며 가정을 이루어 나갈 수가 있다는 것이다. 그러므로 치유를 강조하는 것이다.

외로움 때문에 결혼한 아내와 남편은 더 외로움을 느끼게 된다. 결핍된 사랑을 채우기 위해 결혼한 아내와 남편은 더욱 사랑에 굶주린 나머지 모든 위기 상황을 배우자 탓으로 돌리며 서로 잘못된 만남이라고 생각하게 된다. 모든 문제의 근원을 상대방에게 돌리게 되는 것이다. 그러다 자녀를 낳으면 자녀에게 자신의 상처와 분노를 투사하게 되고, 그 자녀 역시 분노와 상처를 내면화하게 되는 것이다.

어릴 때부터 아버지의 외도와 어머니의 학대 속에서 외롭게 자란 자매가 교회 안에서 만난 자상해 보이는 형제와 결혼을 하게 되었다. 오랜 시간 교제하면서 "이 사람이라면 나의 외로움을 다 사라지게 해주리라" 굳게 믿으며 자신의 이기심 때문에 결혼을 감행했다.

그러나 결혼한 지 얼마 안 되어 이 모두가 헛된 망상이었음을 깨닫게 되었고 이 자매는 이혼을 결심하기도 하였다. 결혼 전에는 전혀 몰랐던 무관심한 남편의 모습에 절망하며 점점 마음 문을 닫아걸게 되었고 결혼 전보다 더욱 외로워져 있는 자신의 모습을 발견하게 된 것이었다.

이 자매와 결혼한 형제는 더 극심한 학대와 방치 속에 자라온 불쌍한 청년이었다. 교회에서 만난 이 자매를 보며 왠지 자신의 상처를 보듬어줄 사람처럼 느꼈고 자신이 받지 못하여 결핍되었던 사랑을 이 자매를 통하여 다 채울 수 있으리라 생각했다. 그러나 결혼한 지 얼마 안 되어 이 형제 역시 그 모든 생각들이 망상에 지나지 않았음을 깨닫게 되었다. 결혼 전보다 더 초라하고 비참해진 기분으로 하루하루 절망 속에 살아가게 된 것이었다.

대부분의 부부의 문제의 근원에는 어린 시절의 상처가 도사리고 있다. 이것은 부부가 제 역할을 훌륭하게 감당하지 못하게 하는 가장 강력한 장애물이다. 또한 좋은 부모가 되지 못하게 하는 걸림돌이다. 이것을 깨끗이 치워버려야 한다. 우리는 대부분 완벽하게 훌륭한 부모님 밑에서 성장하지는 못한다.

꼭 역기능적인 가정이 아니라할지라도 자녀들은 자신의 욕구를 100% 충족하며 자라지는 못한다. 때로는 억울하게 꾸중을 듣거나 때로는 억울한 체벌을 감수하기도 하는 것이다. 더구나 학대 가정이나 사랑을 충분히 표현하지 못하는 부모를 가진 경우에는 어린 시절을 참으로 불행하게 보내거나 많은 상처와 결핍을 가지고 성장하게 된다.

만약에 부모가 조금만 더 자녀 양육에 대하여 배웠거나 사랑을 표현하는 법을 익혔다면 그 자녀들은 덜 상처받으며 건강하게 자랄 수 있었을 것이다. 그러나 우리를 그토록 외롭게 방치한 부모가 있다면 이제 와서 그분들에게 어떻게 하겠는가. 잘잘못을 따져서 그분들의 마음을 아프게 한들 달라질 것은 아무 것도 없을 것이다.

이제 우리 세대에서부터 새롭게 시작하면 되는 것이다. 아직 결혼하지 않은 청년들에게 결혼이 무엇인지, 하나님이 만드신 가정의 아름다움과 목적에 대해서, 자녀 양육에 대한 성경적 가르침에 대해서, 아내와 남편의 성경적인 역할에 대해서, 건강하고 아름다운 가정을 만들기 위한 결혼 예비교육 과정을 통하여 반드시 이러한 내용들을 지도해야 할 것이다. 그리고 본인들도 중요성을 깨닫고 자원하여 참여해야 할 것이다.

그리고 결혼 예비교육의 한 프로그램으로 치유 프로그램을 넣어서 울고 있는 내면의 아이를 치유하고, 온전한 한사람의 그리스도인으로서 세워지게 해야 한다. 이것은 그 어떤 혼수품목보다 중요한다. 혼수를 좀 덜 장만하면 어떤가. 성경적인 결혼관이 정립된다면 이것은 부부와 그 가정과 앞으로 태어날 자녀까지 건강하고 행복하게 해줄 것이다. 미래의 삶을 풍성하게 보장하는 가장 훌륭한 결혼 선물이 될 것이다.

결혼 적령기의 형제자매들은 반드시 결혼을 하기 전에 먼저 치유를 경험해야한다. 그래서 자신의 깊은 내면의 상처와 아픈 기억과 그 속에 잉태된 절망적인 고통들을 십자가 앞에 내려놓고 그 깊은 쓴 뿌리를 치유 받아야 한다. 그러면 행복한 가정을 만들어갈 수 있는 능력이 키워질 것이다. 하나님은 이 땅에 행복한 가정이 더욱 많아지기를 원하시고 또 원하신다.

(히브리서 12:15)"너희는 하나님의 은혜에 이르지 못하는 자가 없도록 하고 또 쓴 뿌리가 나서 괴롭게 하여 많은 사람이 이로 말미암아 더럽게 되지 않게 하며"

셋째, 평소 부부 문제 해결에 눈을 떠라. 시험과 환난과 큰 고난을 당한 후에 하나님을 간절히 찾고 새벽기도에 나오고 철야하고 금식하고 기도원으로 뛰어가고 하지 말고, 평소에 올바른 신앙생활을 하며 자신의 문제를 사전에 발견하여 치유하면 시험과 환난과 큰 고난을 피할 수가 있는 것이다.

이 세상에서 사랑을 실천하고 사는 사람에게 언제나 하나님의 은총과 복이 따르게 되는 것이다. 인간은 함께 살아야만 하는 것이다. 혼자 살지 못해요. 함께 살자면 남을 섬기는 마음을 가져야 되는 것이다.

한 가정에도 남편과 아내가 함께 살려면, 남편은 아내를 섬기려고 해야 되고, 아내도 남편을 섬기려고 해야 되는 것이다. 부부가 함께 살려면 자기를 낮추고 남을 섬기는 삶을 살아야지, 남에게 와서 나만 섬겨라. 나만 따르라. 내 주장만 하면 결코 함께 살수가 없다. 사랑을 실천하기 위해서는 교만을 버리고 자기중심을 버리고 남을 이해하고 동정하고 사랑하며 섬기는 삶을 살아야 된다.

잠언서 16장 18절에 "교만은 패망의 선봉이요 거만한 마음은 넘어짐의 앞잡이니라"고 했다. 베드로전서 5장 5절에 "젊은 자들아 이와 같이 장로들에게 순종하고 다 서로 겸손으로 허리를 동이라 하나님은 교만한 자를 대적하시되 겸손한 자들에게는 은혜를 주시느니라"고 말한 것이다.

예수님께서도 친히 말씀하기를 "인자의 온 것은 섬김을 받으려 함이 아니라 도리어 섬기려 하고 자기 목숨을 많은 사람의 대속물로 주려 함이라"고 말씀한 것이다.

오스트리아의 심리학자 알프레도 아들러 박사는 그에게 찾아온 우울증 환자들에게 이렇게 말했다. "두주간만 나의 처방대로 하십시오. 그러면 당신은 건강해질 것입니다. 그 처방은 별로 어렵지 않습니다. 매일매일 어떻게 하면 남을 기쁘게 해줄까 궁리해서 이웃에 가서 남을 기쁘게 하고 즐겁게 하는 것을 실천하십시오. 그러면 당신의 우울증이 나을 것입니다." 아들러 박사의 명성을 듣고 대단한 처방을 기대하고 찾아왔던 많은 사람들이 싱거운 처방에 그만 실망하고 비난하고 돌아섰다. 그러나 박사의 처방을 믿고 그대로 따른 사람들에게는 당장 효과가 나타났다. 남을 기쁘게 하기 위해 그들을 돕고 어려운 이웃에게 사랑을 실천했더니 자기 우울증이 싹 사라지고 말았다는 것이다. 주라 그리하면 돌려줄 것이니 곧 후히 되어 눌러 흔들어 넘치게 해서 안겨 주리라. 남을 기쁘게 하면 부메랑이 되어 내게 기쁨이 오는 것이다. 남을 즐겁게 하면 내게 즐거움이 다가오는 것이다. 남을 평안하게 하면 내게도 평안이 다가오는 것이다.

그러므로 우리의 마음속에 우울증이 있고 기쁨이 없으면 빨리 말씀과 성령으로 치유를 받아야 한다. 그리고 봉사해야 한다. 우리가 외로운 할머니 할아버지가 있는 곳에 찾아가든지 고아들을 찾아가서 그들을 봉사하고 섬기며 도와주면 자연적으로 내 우울증과 내 마음에 고통도 사라져 버리고 마는 것이다. 우리가 이웃에게 베푸는 것은 부메랑과 똑같다. 세상을 향해 사랑의 부메랑을 날려 보아라. 상상할 수 없는 놀라운 은총이 당신에게 날아 돌아오는 것이다. 늘 아내가 나에게 사랑을 베풀어 주지 않는다고 불평을 하지 마라.

우리가 이렇게 남에게 사랑을 전하려면 나에게 사랑할 수 있는 마음의 여유와 남에게 사랑을 받아야만 가능하다. 그러나 사람에게서 나의 만족을 얻을 수가 없다. 사람은 너나 나나 다 미완성이다. 그래서 우리는 기도하며 하나님을 예배하므로 하나님에게 사랑을 받는 것이다. 하나님에게 사랑을 많이 받은 사람이 많이 사랑하는 것이다.

(눅7:47)"이러므로 내가 네게 말하노니 그의 많은 죄가 사
하여졌도다 이는 그의 사랑함이 많음이라 사함을 받은 일이 적
은 자는 적게 사랑하느니라."

당신이 남편을 아내를 사랑하는가? 당신은 하나님의 사랑을
많이 받은 것이다. 그러나 당신이 남편이나 부인을 사랑하지 않
는다면 하나님의 사랑을 받지 못한 증거이다. 될 수 있는 한 많이
사랑을 하라. 그러면 당신은 하나님의 사랑을 많이 받은 증거이
다. 사랑을 받아본 사람이 다른 사람을 사랑할 수가 있는 것이다.
자신을 사랑하는 사람이 다른 사람을 사랑할 수 있는 것이다.

넷째, 주님의 사랑을 몸으로 실천하라. 아내에게 한번 사
랑을 잔뜩 베풀어 보라. 사랑이 돌아온다. 남편에게 굉장한 예와
동정과 사랑을 베풀어 보라. 반드시 그것이 돌아오게 되어 있는
것이다. 이것이 사랑의 법칙인 것이다. 사랑하면 사랑받게 되는
것이다. 내가 사랑받기만 원하면 사랑을 내가 받을 수가 없게 되
는 것이다. 인생은 부메랑이라는 것을 알아야 된다. 우리는 사랑
이라는 것은 내가 받는 것이 아니라 주는 것이라는 것을 마음속
에 늘 잊어서는 안 되는 것이다. 탐욕을 비울 수 있어야 되고, 그
리고 하나님의 사랑은 항상 주는 것이라는 것을 알아야 되는 것

이다. 하나님은 세상을 이처럼 사랑하라고 하시면서 주셨다. 무엇을 주었나, 독생자를 주셨다. 예수님은 우리를 이처럼 사랑하사 하시면서 주셨다. 무엇을 주셨는가? 몸을 찢고 피를 흘려주신 것이다.

마귀는 절대로 주지 않는다. 마귀는 자꾸 **빼앗아**간다. 하나님의 보좌를 **빼앗으려고** 했다. 아담과 하와를 꾀어서 하나님 자리를 **빼앗으려고** 했다. 도적이 오는 것은 도적질하고 죽이고 멸망시키는 것뿐이다. 도적이 당신의 집에 오면 좋은 일 하는가? 집에 있는 것을 다 **빼앗아** 간다. 마귀는 언제나 우리에게 와서 **빼앗아** 가지만 하나님은 언제나 주시는 것이다. 태양 빛을 주시고 하나님은 공기를 주시고 물을 주시고 양식을 주시고 삶을 주시는 것이 하나님의 역사인 것이다.

하나님이 세상을 이처럼 사랑하사 주셨다는 것을 잊지 말아야 된다. 그러므로 우리가 항상 사랑한다면 주려고 애를 써야 되는 것이다. 사랑하는 따뜻한 말 한마디. 그리고 사랑하는 체온, 그리고 물질, 그리고 우리의 기쁨, 즐거움을 나누는 것이다. 따뜻한 말 한마디를 나누는 것 얼마나 좋은가? 염려, 근심, 불안, 초조, 절망에 처한 배우자에게 용기와 희망과 격려를 주는 것, 그리고 따뜻한 손을 붙잡아 흔들어 주는 것이 얼마나 좋은 나눔인 것인가? 인간은 내가 나누어 주므로 내가 부유하고 풍성해 지는 것이다. 주면 돌려주는 것이다.

그리고 후히 되어 눌러 흔들어 넘치게 해서 안겨 주는 것이다.

사랑은 주는 것이지 사랑은 자꾸 달라고 해서 받는 것이 아닌 것이다. 자꾸 달라고 하면 불행이 다가오지만 주는 데는 언제나 풍성한 행복이 따라오게 되는 것이다. 사랑을 실천하면서 살아야 되는 것이다. 잠언서 11장 25절에도 "구제를 좋아하는 자는 풍족하여질 것이요 남을 윤택하게 하는 자는 자기도 윤택하여지리라"고 말씀한 것이다. 그래서 우리는 말씀과 성령으로 부부의 문제를 사전에 치유하여 결혼 후 부부간에 발생하는 문제를 사전에 예방하여야 한다.

다섯째, 부모에게 배운 대로 한다. 우리는 어린 시절에 완벽한 부모를 가지지 못했다. 특별히 역기능 가정이 아니었더라도 모든 부모는 자녀들의 발달단계에 따른 욕구들을 충분히 채워주지는 못한다. 충분하지 않은 부족한 사랑, 부모의 분노나 상처의 투사, 자녀들의 의지를 좌절시키는 일, 슬프게 하거나 노엽게 하는 일, 외로움을 느끼며 자라도 전혀 눈치 채지 못하는 부모들로 인해 우리 모두는 인생의 무거운 짐과 상처를 안고 살게 되었다.

그러므로 지상의 모든 사람들의 깊은 내면에는 에덴에서 쫓겨난 이후의 원초적 상실감과 고독과 아픔과 부정적인 말과 거절감으로 인한 상처 등으로 인해 블랙홀 같은 거대한 공동(空洞)이 생기게 되었다. 이것은 살아가는 모든 시간들 내내 우리 안에서 소용돌이치며 우리를 아프고 힘들게 하는 근원지가 되었다.

그 아픔과 고독을 살아가는 내내 해결하기 위하여 하나님은 결혼을 통한 부부의 사랑과 헌신을 고안하셨다. 그러므로 결혼제도는 인류를 위한 하나님의 놀라운 아이디어였고 축복이었다. 그러나 결혼이 하나님의 축복이 되려면 인간 편에서 의지적으로 해야 할 일들이 있다. 그것을 거부한다면 축복된 계획은 수포로 돌아가고 더 큰 불행과 슬픔을 겪으며 한 평생을 살아가야하게 될 것이다.

부부는 아픔과 외로움이 아로새겨진 서로의 내면을 들여다볼 줄 알아야 한다. 내 입장, 내 마음, 내 생각보다는 배우자의 마음을 헤아려보며, 그의 깊은 내면을 들여다볼 줄을 알아야 한다. 그래서 그 안에 쌓여있는 고통의 편린들과 견고한 고독을 인식하고 불쌍히 여길 줄 알아야 한다. 부부가 이렇게 서로를 불쌍히 여기고, 서로의 상처를 치료하는 사랑의 손길을 베풀며, 서로 돌보아주는 사랑을 할 때, 하나님은 더욱 신속히 치유의 은총을 베푸시고 더욱 축복된 길로 인도하신다.

이 돌봄의 은혜를 우리는 주님으로부터 배워왔다. 이제는 실천할 때이다. 자신의 욕망과 자신의 기준으로 배우자를 비난하고 비판하는 것을 중지하고 돌봄의 손길을 내밀어야 할 때이다. 필자는 요즈음 치유사역을 하다 보니 그 어느 때보다 부부의 위기를 많이 목격하게 된다. 그것은 에덴을 벗어난 이후에 모든 사람들에게 파생되어온 불행이었다.

사람들은 더 이상 상대방을 생각하지 않게 되었고 상대의 아픔보다는 내 아픔에 전전긍긍하며 모든 불행의 책임을 상대에게 전가하기에 바빴다. 부부 사이에서도 언제나 상대방을 비난하기에 급급했다. 어릴 때부터 충족하지 못한 많은 미해결의 과제를 안고, 외로움의 큰 짐을 몇 십 년 혼자 지고 살아가도 남편과 아내는 서로의 짐을 자신이 져주기를 원치 않았다. 오히려 상대방 때문에 자신이 더 불행해진 것으로만 생각하게 됨으로 상대방을 비난하기를 서슴지 않게 되었다. 이것은 매우 불행한 일이며 모순이다. 그러나 부부 사이의 불행에 부채질을 하는 사탄은 더욱 기승을 부리고 부부가 깨어져가는 모습을 즐기고 있다.

이제 깨달아야 한다. 부부란 얼마나 신비하고 놀라운 축복의 관계인지 모른다. 오래된 외로움의 치유, 억압된 슬픔과 고통의 치유, 인간의 원초적 고독의 치유, 어린 시절 상처의 치유, 그 많은 치유가 남편과 아내가 서로 돌보아주는 사랑을 함으로 이루어지는 것을 우리는 반드시 알아야 한다.

그리고 평상시에 실천해야 한다. 사전에 자신의 부족을 보고 치유를 받아야한다. 남편과 아내 서로 간의 따뜻한 돌봄과 사랑의 스킨십과 사랑의 말 등이 얼마나 신속하게 서로의 깊은 상처를 치유하는지 경험하면서 놀라움을 금할 수 없다. 서로를 돌보아주는 사랑이 모든 부부에게 이루어지길 기도한다.

(에베소서 4:32)"서로 친절하게 하며 불쌍히 여기며 서로 용서하기를 하나님이 그리스도 안에서 너희를 용서하심과 같이 하라"

예방 신앙이 중요한다. 그리고 본인들도 자신들에게 문제가 있을 수 있다는 의문을 가지고 믿음 생활을 해야 한다. 그리하여 결혼하기 전에 상처들을 발견하여 치유하여 행복한 가정을 이루는 것이 하나님의 마음을 감동시키는 것이다. 심령에 응어리진 상처를 이왕이면 결혼 전에 찾아 치유하기를 바란다.

결혼 전에 필히 통과해야 할 것이 있다면 내적치유를 받는 것이다. 그래야 상대방을 이해할 수가 있고 자신도 볼 수가 있다. 나는 모든 청년들이 결혼 전에 내적치유를 세 번을 받기를 권면한다. 이렇게 내적치유를 세 번을 받고 결혼하면 모두 결혼 생활이 행복하고 성공적인 결혼이 될 것이다.

결혼 생활간 행복한 부부와 가정이 될 것이다. 하나님은 먼저 자신이 치유되고, 부부와 가정이 치유되기를 원하신다. 사전치유로 불행을 행복으로 바꾸는 지혜로운 성도, 청년이 되기를 소원한다. 사전 치유는 정말로 중요하다.

21장 결혼과 부부문제 예방의 비밀

(엡5:31-33)"그러므로 사람이 부모를 떠나 그의 아내와 합하여 그 둘이 한 육체가 될지니 이 비밀이 크도다 나는 그리스도와 교회에 대하여 말하노라 그러나 너희도 각각 자기의 아내 사랑하기를 자신 같이 하고 아내도 자기 남편을 존경하라"

예수님은 하나님이 짝지어준 부부들이 행복하게 살아가기를 원하신다. 그러나 내가 지금까지 십년이 넘도록 치유사역을 해오면서 느낀 것은 하나님의 뜻과 같이 부부가 행복하지 못하다는 것이다. 많은 부부들이 어린 시절의 상처로 인하여 부부생활이 원만하지 못하다는 것을 알게 되었다.

예수를 믿고 교회에 몇 십 년을 다닌 장로나, 권사나, 안수집사나, 목사나, 직분을 받아도 여전히 부부 불화는 떠나가지를 않는 것이다. 이는 근본 문제를 결혼 전이나 결혼 후에 치유하지 못한 연고이다. 그리고 부부문제의 근본을 알지 못하고 서로 상대방의 문제라고 떠넘기기 때문이다. 모든 문제는 자신에게 있다. 나의 문제로 인하여 상대방에게 상처를 주고 있는 것이다. 그런데 더 큰 문제는 이를 후대에게 대물림 한다는 것이다. 그래서 내가이 책을 쓰게 된 동기이기도 하다. 부부는 서로 자라난 환경이 다르다. 그리고 교육정도도 다르다. 신앙의 정도도 서로 다르다.

가정의 문화도 다르다. 이렇게 다른 사람들이 결혼하여 함께

한 지붕에서 살아간다는 것이다. 그래서 아직 결혼하지 않은 청년들에게 결혼이 무엇인지 바르게 알게 해야 한다. 결혼 생활 간 일어나는 여러 가지 부부 갈등의 문제에 대해서도 사전에 알게 해야 한다. 하나님이 만드신 가정의 아름다움과 목적에 대해서 좀 더 분명하게 이해해야 한다. 자녀 양육에 대한 성경적 가르침에 대해서도 알게 해야 한다.

아내와 남편의 성경적인 역할에 대해서도 분명하게 알아야 한다. 그리고 자신 안에 치유되어야 할 상처를 영안으로 보고 치유하려고 하게 해야 한다. 필자는 건강하고 아름다운 가정을 만들기 위한 열정과 마음이 누구보다도 절실하다. 그래서 아직 결혼을 하지 않는 청년들은 반드시 치유과정을 경험해야 한다고 강조를 한다. 치유과정을 통하여 자신의 무의식에 있는 상처를 치유하여 결혼 후에 문제가 발생하지 않도록 예방해야 한다. 그리하여 예수를 믿는 부부에게는 절대로 가정불화가 생기지 않도록 해야 한다고 생각한다. 예수님의 사랑으로 뭉친 부부가 될 때 그들 사이에 태어나는 2세들에게도 행복을 물려줄 수 있다. 다음은 필자가 지금까지 부부문제에 대한 치유사역을 하면서 경험한 일부의 사례들이다. 당신도 간증을 읽고 부부의 문제가 무엇인가 알고 결혼 전에 치유 받아 행복한 부부가 되기를 바란다.

첫째, 부부불화와 우울증에서 해방. 저는 어려서 아버지의 폭행과 과격함으로 상처를 많이 받고 자랐습니다. 시집을 가면 남편이 사랑을 해줄 것이라고 생각하고 결혼을 했습니다. 결혼을 하고 보니 남편이 아버지하고 똑 같은 것입니다. 툭하면 혈기를 내고 집안 살림을 부수기 일수입니다. 저에게 악한 말을 하는 것을 보통으로 하는 것입니다. 그런 남편에게 상처를 받아 우울증이 심하여 사람구실을 못하고 살았습니다. 그러다가 서울 모처에 있는 치유상담센터에서 하는 내적치유 세미나에 참석했습니다. 거기서 충만한 교회에서 치유 받고 부부의 첫 사랑이 회복된 성도를 만나게 되었습니다.

그 성도를 보니 얼굴이 너무나 평안해 보였습니다. 그래서 나는 사역자 인줄로 착각을 했습니다. 서로 대화가 되어 이야기하다가 보니 나하고 처지가 같았다가 치유를 받은 것이었습니다. 그래서 여기는 어떻게 왔느냐고 물어보았습니다. 그랬더니 이곳은 어떻게 치유사역을 하고 있는지 보기 위해서 왔다는 것입니다. 그러면서 저에게 이렇게 말하는 것입니다. 당신은 이런 곳에서 치유할수가 없다는 것입니다. 좀 더 집중적으로 치유를 받아야 한다는 것입니다. 제가 그분에게 집중적으로 치유 받을 수 있는 곳이 어디냐고 물었습니다. 그분이 알려준 곳이 바로 충만한 교회입니다. 그러면서 가지고 있던 국민일보 광고를 주는 것입니다. 그래서 잘 간직한다는 것이 치유 센터에서 준 봉투에 넣어 두었습니다. 치유를 마치고 그곳에서 대절한 관광버스를 타고 서울로 왔습니다. 그런데 그만 내리면서 봉투를 관광버스에 놓고 내린 것입니다. 집에 가서 봉투를 찾으니 없는 것입니다. 그래서 서울에 있는 치유센터에 전화를 해서 혹시 차안에서 놓고 내린 물건이 있는지를 알아보았습니다. 대답은 없다는 것입니다. 그래서 제가 서울로 올라갔습니다. 가서 등록된 이름을 보고 그 집사님을 찾았습니다. 전화를 해서 충만한 교회 위치와 전화번호를 알아냈습니다. 그리고 다음 주에 아는 전도사님과 함께 충만한 교회를 갔습니다.

첫날부터 성령의 체험을 했습니다. 나의 무의식의 상처가 드러나기 시작을 했습니다. 서러움이 올라와서 엉엉 울기를 며 칠을 했습니다. 나는 그때까지 나에게 우울증이 찾아 온 것은 남편 때문이라고 생각하고 있었습니다. 그런데 치유를 받으면 받을 수록 어린 시절에 받은 상처가 생각이 났습니다. 강요셉 목사님이 안수를 집중적으로 해주셔서 서서히 상처가 치유되기 시작을 했습니다. 나중에 깨닫고 보니 어려서 아버지에게 받은 상처로 인하여 내가 지금 남편이 조금만 섭섭하게 하면 상처를 받는 것이라는 것을 깨달았습니다. 내가 차츰 변하니 남편이 시간을 내어 함께 치유를 받았습니다. 남편도 영안으로 자신을 보고 자신에게 문제가 있다는 것을 인정하면서 변하기 시작을 했습니다. 평소에는 조그마한 소리도 못하게 하던 남편의 성격이 너그러워지는 것입니다. 이렇게 되니 우리 가정은 점점 행복한 가정이 되었습니다. 제가 치유 받으면서 느낀 것을 잠깐 말씀드립니다. 치유기도 시간에 기도하면 성령께서 상처를 치유하여 주셨습니다. 그런데 가슴에서 집게로 상처를 끄집어내십니다.

얼마나 고통이 심했는지 모릅니다. 그래서 강 목사님에게 문의를 했습니다. 그랬더니 이렇게 대답을 해 주셨습니다. 원래 하나님은 자신이 상처 때문에 지금까지 고생했다는 것을 인정하게 하십니다. 그리고 상처 받을 당시의 고통을 느끼게 하면서 치유를 해주십니다. 그러니까 본인들이 치유를 받으면서 고통을 당하는 것입니다. 이는 하나님이 치유를 해준다는 것을 본인들이 깨닫게 하기 위해서입니다. 그래서 내가 치유를 받으면서 그렇게 고통을 당한 것입니다. 좌우지간 며 칠을 치유 받고 나니 마음이 날아갈 것만 같은 시원함과 평안함이 나를 감싸 주었습니다.

우울증도 다 떠나가 버렸습니다. 어느날은 잠을 자다가 오 이 기쁨이라는 찬양을 부르기도 해서 남편을 웃기기도 했습니다. 봄날에 눈이 녹는 것같이 나의 마음의 상처가 치유된 것입니다. 그러니 자연히 부부가 화목해지고 가정이 평안해졌습니다. 무엇보다도 남편이 변했습니다. 나도 변했습니다. 그렇게 남편이 하는 꼴이 보기 싫다가 남편이 사랑스러워졌습니다. 지금 생각이 나는데 나같이 상처가 많은 사람은 한주씩 하는 집회에 몇 십 만원 주고 내적치유 세미나에 참석을 한다고 치유되지 않는 다는 것입니다. 충만한 교회 같이 집중 치유를 해야 한다는 것입니다. 그래야 깊은 곳의 상처가 치유된다는 것을 알았습니다. 정말 예수님의 사랑으로 저는 오십이 넘어 새로운 삶을 살게 되었습니다. 사랑의 예수님 감사합니다. 서울 이집사.

둘째, 술 냄새 때문에 이혼하려다가. 저는 남편과의 불화가 너무 심하여 우울증으로 고생을 했습니다. 저의 남편이 평소에 술은 드시지만 술주정을 하거나 다른 실수를 하는 분도 아닙니다. 그런데 남편이 술을 드시는 모습을 보기만 하면 참지 못하고 온갖 혈기를 다 부리는 것입니다. 남편이 술을 많이 먹는 분도 아닌데 술 냄새만 났다고 하면 남편을 집에 들어오지 못하게 하면서 혈기를 부렸습니다. 저는 나의 혈기 때문에 남편과의 불화가 끊이지를 않았습니다.

툭하면 이혼을 하자고 했습니다. 남편도 정말 힘이 들었을 것입니다. 그래서 오랜 세월동안 울며 기도하고 금식기도도 했지만 전혀 나아지지 않았습니다. 이 문제로 인하여 오랜 세월 고통하며 지내던 중 충만한 교회 내적치유세미나에 참석하게 되었습니다. 그 세미나에서 이 모든 문제의 근원이 저에게 있음을 깨닫게 되었습니다. 기도를 하던 중 갑자기 나의 기억 속에 떠오르는 것이 있었습니다. 이것은 내가 초등학교 저학년 시절에 집의 마루에서 공부를 하고 있었을 때 갑자기 아버지가 술에 취해 집으로 들어오셔서 손에 삽을 들고는 저를 죽이겠다고 소리치며 달려들었습니다.

놀라서 집 뒤로 도망가서 보리밭으로 달려가 그 속에 엎드려 숨어 있었습니다. 멀리서 아버지가 소리치며 악을 쓰는 소리에 오랜 시간 공포에 떨었습니다. 얼마나 이 때 큰 상처를 입었는지 모릅니다. 시간이 흐르고 점차 기억 속에서 사라져 갔습니다. 그러나 저의 삶 가운데 나타나게 된 것이 바로 남편이 술만 마시면 아무 실수를 저지르지도 않았건만, 지나치게 과민반응을 보이고 혈기를 부린 것입니다.

이것이 바로 이때의 아픈 기억 때문인 것을 비로소 깨닫게 되었습니다. 그래서 치유를 받고 집에 돌아가 남편하고 화해를 했습니다. 그러니 남편이 너무나 좋아했습니다. 그런데 중요한 것은 남편이 술을 마시고 들어와도 전과 같은 혈기가 나지를 않는다는 것입니다. 정말 내적치유는 좋은 것입니다. 내가 왜 진작 내적치유를 알지 못했나, 후회도 됩니다. 예수님의 사랑으로 저는 내적치유 받고 그렇게 험난하던 부부생활의 문제를 회복하고 지금은 아주 평안하고 행복한 생활을 하고 있습니다. 치유하여 주신 성령하나님에게 감사를 드립니다. 그리고 매시간 안수하여 주신 강요셉 목사님에게도 감사를 드립니다. 원주 김집사.

셋째, 강팍하던 제가 변했어요. 저는 장로교 장자 교단의 목사입니다. 제가 어렸을 때는 합동 측에서 신앙생활을 하다가 결혼하고 통합 측에서 신학하고 그곳에서 안수 받고 지금까지 보수적으로 그저 말씀중심으로 시골목회를 해왔습니다. 저는 어려서 아버지로부터 율법적인 신앙생활을 배우고 행했습니다. 그래서 율법이 몸에 배인 생활을 했습니다. 저는 젊어서 방언도 받고 했지만 무시하고 그전 외길로만 걸어왔습니다. 그러나 저의 사모는 저와는 정반대 이였습니다.

성령충만하여 영성에 관심이 많아 이곳저곳 많이 다니는 것 같았습니다. 갔다가 오면 저와 다투기 일 수였습니다. 익산에서 김

포까지 매주 다니기도 했습니다. 그러나 사모의 심령이 변화가 없었습니다. 그저 부부간에 영적인 트러블만 생겼습니다. 지난해 중반 어떤 때는 기도한다고 가정도 내팽개칠 정도가 되었습니다. 그래서 저는 영성이 좋지 못한 것이라고 생각했습니다. 그렇게 지나다가 지난 10월 충만한교회에서 하는 4일 세미나에 사모가 다녀오더니 많이 변화가 되었습니다.

이상할 정도로 사람이 변했습니다. 그래 자주 가라고 했더니 그곳은 부부가 같이 가는 곳이지 혼자는 안 된다고 했습니다. 그곳이 도대체 어떤 곳이기에 4일 만에 사람이 저렇게 변화 되어서 왔을까 은근히 한 번 가보고 싶은 생각이 들었습니다. 그러던 차에 서울에서 화요일 밤에 추수감사 주일 준비 세미나를 한다고 해서 그것도 볼 겸해서 사모와 함께 충만한 교회에 화요세미나에 참석하여 말씀을 듣고 기도를 하고 하는 것을 보니까 말씀에 벗어나지 않고 아무 거부감이 없이 세미나가 진행 되었습니다. 그래서 사모하고 10월 하순 부터 계속 화요일에 참석하여 많은 은혜를 받았습니다. 지금까지 저는 능력도 없고 자신도 없어서 그랬을 것이지만 안수가 하기도 싫고 받기도 싫었는데 충만한 교회에 다닌 뒤로는 내가 변해서 3주 전부터 금요 철야시 안수를 합니다.

내가 치유 받고 변하니 사모도 변했습니다. 툭하면 말다툼을 했는데 이제는 없어졌습니다. 가정이 평안하니 교회도 평안해 졌습니다. 지금 생각하면 내적치유는 참으로 좋은 것입니다. 저는 영적으로 무지한 이였지만 저를 변하게 했습니다. 그렇게 혈기가 심하던 사모가 유들유들 해졌습니다. 이제 웬만한 일로는 화도 내지 않습니다. 부부간에 그렇게 살벌하기만 하던 관계도 회복이 되었습니다. 무엇보다도 자녀들에게 본이 되니 감사합니다.

저는 목회 18년 만에 내적치유 받고 성령체험하고 새 사람이 되었습니다. 예수님의 사랑과 권능을 체험했습니다. 예수님은 못하시는 일이 없다는 것도 깨달아 알았습니다. 나를 변화시킨 예수님에게 감사를 드립니다. 그리고 충만한 교회 목사님에게도 감사를 드립니다. 서산 김목사.

넷째, 남편을 사랑하게 되었어요. 저는 몇 년 전부터 악성두통으로 사람구실을 제대로 못하면서 살아왔습니다. 어려서는 아버지에게 상처를 정말로 많이 받았습니다. 결혼해서는 남편에게 상처를 받았습니다. 지금 깨닫고 생각하면 제가 어릴 때 아버지에게 받은 상처로 인하여 남편에게 상처를 잘 받게 된 것입니다. 내가 내적치유를 몰랐으면 애꿎은 남편만 잘 못되었다고 욕할 것입니다. 너무나 상처가 포화 상태가 되어 심한 두통으로 119 구급차로 세 번이나 실려갔습니다.

그래서 서울대 병원에 가서 M.R.I 도 두 번이나 찍었는데 아무런 이상이 없었습니다. 그런데 그렇게 두통이 심해서 사모 노릇을 거의 하지를 못하면서 지냈습니다. 그러니 남편 목사님이 저를 치유 받게 하려고 별별 곳을 다 데리고 다녔습니다. 그러나 치유 되지를 않았습니다. 그러다가 어느 기도원 목회자 치유 세미나에 참석하여 강요셉 목사님을 만났습니다. 목사님을 만나서 저의 남편 목사님도 내적치유를 받아야 한다는 것을 알게 되었습니다.

저도 남편 목사님도 그때까지 내적치유가 무엇인지 몰랐습니다. 강요셉 목사님이 기도원에서 제가 고생하는 것을 보시고 남편 목사님과 저를 안수하여 주시면서 내적치유에 대하여 알려주셔서 알게 되었습니다. 알고 보니 저뿐만이 아니고 남편에게도 상처가 말도 못하게 많다는 것을 알았습니다. 솔직하게 말씀드리면 저의 남편과 결혼한 이후로 한 번도 마음이 편안하게 살아본 경험이 없습니다. 율법주의 목사님이라 이것저것 행위를 가지고 저를 힘들게 했습니다.

개척교회를 하는데 성도가 주일날 오지 않으면 저에게 화풀이를 다합니다. 왜 오지 않았는지 전화해 보았느냐, 무슨 일이 있느냐, 오늘은 왜 이렇게 성도들이 오지를 않았느냐 하면서 그렇게 저를 힘들게 하고 상처를 받게 했습니다. 그 스트레스가 쌓이고 쌓이다가 보니까, 저에게 우울증이 왔습니다. 악성 두통이 생겼습니다. 밤에 잠을 제대로 자지를 못했습니다.

그래서 치유 받으러 갔다가 강요셉 목사님을 만난 것입니다. 강요셉 목사님의 이야기를 듣고 매주 충만한 교회에 가서 치유를 받았습니다. 치유를 받다가 보니까, 저도 저인데 남편 목사님이 영적으로 변하는 것입니다. 저의 교회 성도들이 저보고 하는 말이 목사님의 찬송소리가 달라졌다는 것입니다. 너무나 은혜로워졌다는 것입니다. 말씀도 너무나 은혜롭고 정말 옛 날하고는 딴판으로 목사님이 달라지는 것입니다.

그러면서 저의 마음에 평안이 찾아오는 것입니다. 머리 아픈 것이 사라졌습니다. 우울증이 사라졌습니다. 이제 잠도 잘 잡니다. 그래서 참 평안을 찾았습니다. 이제 마음에 여유가 생겼습니다. 목사님도 많이 변해서 부부 사랑이 회복이 되었습니다. 기도도 몇 시간을 할 수 있게 되었습니다. 사람을 보면 심령이 읽어집니다. 지금 생각하면 목사님이 상처가 정말 많았습니다. 부교역자를 가면 일 년을 채우지 못하고 나옵니다.

그래서 여덟 곳을 다니면서 부교역자를 했습니다. 그러니 마음에 얼마나 많은 분노가 쌓여 있었겠습니까? 그 분노 때문에 그렇게 저를 힘들게 하고 다른 사람에게 은혜를 전하지 못한 것입니다. 먼저 강요셉 목사님을 만나게 하신 성령님에게 감사를 드립니다. 그리고 치유하여 주신 성령하나님에게도 감사를 드립니다. 제가 지금 치유 받고 생각을 하니 목회자는 내적치유와 내면세계를 알아야 합니다.

말씀 말씀하지 말고 영적인 눈을 열어 내면세계에도 관심을 가지시기를 바랍니다. 저의 남편 목사님은 총신대학과 총신대 대학원을 나온 합동 측의 목사님입니다. 그런데 저로 인하여 치유에 관심을 갖다가 지금은 너무도 많이 영적으로 변했습니다. 하나님에게 영광을 돌립니다. 서울 박사모.

다섯째, 내 상처가 치유되니 가정이 평안. 나를 변하게 하신 예수님께 영광을 돌립니다. 마음 깊은 곳의 응어리인 상처가 미움이란 탈을 쓰고 가까운 남편을 사랑하지 못했습니다. 저는 어려서 어머니가 아버지에게 폭언을 들으면서 상처를 받는 것을 보고 자랐습니다. 어떤 때는 분노가 올라와 아버지를 죽이고 싶은 경우도 있었습니다. 그런 아버지를 보고 자라서 남편을 아버지와 같은 사람이라고 생각하며 살았습니다. 아버지에 대한 상처로 항상 미움만 주고받아 늘 평안함 보다 부부의 불화가 더 많았습니다. 가슴을 뜯어내는 성령의 강하고 깊은 불의 기도를 받고 나서 미움이 없어졌습니다. 차츰 하나님의 사랑이 차면서 다툼도 거의 없습니다. 똑같은 상황인데도 전에는 말대꾸도 하고 마음이 상했습니다. 이제는 나도 모르게 속에서 온유의 마음으로 대하게 되니 집안에 다시 평안이 감돌고 있습니다. 예수님을 믿고 나서 용서와 사랑을 배웠지만 실천이 되지 않아 늘 갈등했습니다.

성령님의 강한 역사와 강요셉 목사님의 강한 치유 안수기도 중 가슴이 뜯기는 아픔과 함께 기침으로 어떤 뭉치 같은 것이 쏟아졌습니다. 그 날부터 남편을 대하는 저의 마음이 눈에 띄게 변해 갔습니다. 확실한 몸의 증거를 주시면서 미움을 몰아내니 미워하려고 해도 할 수가 없으니 참으로 신기하고 감사합니다. 이젠 마음이 부들부들한 사람 유들유들한 사람으로 변하게 해달라는 말씀으로 목사님이 기도해 주실 때 저의 눈에서 눈물이 흐릅니다.

항상 그 말씀 붙잡고 몸부림치는 저를 하나님께서 불쌍히 여기사 치료해 주실 줄 믿습니다. 마음이 넉넉해지고 하나님의 사랑이 가득하게 되어 모든 일에 자신감 있습니다. 누구든지 감쌀 수 있는 넉넉한 사람이 되고 싶은 것이 저의 소망이었는데 이제야 이루어지고 있습니다. "예수님의 새 계명 내가 너희를 사랑한 것같이 너희도 서로 사랑하라"를 지킬 수 있으니 얼마나 감사한지모릅니다. 가장 힘든 가까운 남편을 도구로 사용하신 하나님이십니다. 내가 얼마나 못됐으면 남편하나 용납하고 섬기지 못하였느냐 깨닫고 알게 하셨습니다. 내가 깨닫고 느낄 때까지 끝까지 참으시고 나를 훈련시키시고 사랑의 사람이 되기까지 인도하신 하나님께 감사드립니다. 이 사람을 변화시키는 치유 사역을 위해 온몸을 던지신 목사님 사모님께 감사를 드립니다. 할렐루야! 서울 박집사

여섯째, 아버지에게 받은 상처가 부부 관계에. 저는 오랜 세월동안 기도해 오면서도 해결되지 않은 수수께끼 같은 일이 있었습니다. 그것은 성품과 기질의 변화가 참으로 어렵다는 사실이었습니다. 사역의 현장에서 제 1순위로 기도하는 부분이 온유와 절제 부분이었습니다. 끝없는 자기와의 싸움 때문에 때로는 지치기까지 했습니다. 그러던 중 친구 전도사님의 권유로 충만한 교회에서 전인적인 내적치유를 받기 시작했습니다.

처음에는 다소 어색했지만 시간이 흐를수록 나의 내면의 무의식속에 상처가 씻기어 나가는 속사람의 변화가 일어나는 것이 느껴졌고 영혼의 안정과 쉼을 찾았습니다. 특히 어렸을 때 아버지로부터 받은 상처가 떠오를 때마다 악을 쓰면서 치유를 받았습니다.

아버지를 향한 미운 마음들이 봄에 눈이 녹는 것과 같이 없어졌습니다. 그러자 가슴에 배에 딱딱한 부분이 풀어지면서 육체적인 치료를 체험했습니다. 평생을 앓아오던 등과 25년 된 뻐근한 통증 등이 사라졌습니다.

작은 일에 짜증스럽던 짜증과 혈기가 쑥 빠져나갔습니다. 저의 성품에 변화가 일자 가정에도 변화가 일어났습니다. 남편과의 잦은 분쟁과 말다툼이 사라지고 새로운 사랑이 싹텄습니다. 예수님의 사랑으로 부부 사랑이 회복된 것입니다. 다시 말하면 가정의 오랜 숙원이었던 평화가 찾아온 것입니다. 말로 다 표현할 수 없는 감사가 넘칩니다. 뿐만 아니라 가장 중요한 것은 주님과의 관계가 얼마나 밀접해졌는지 모릅니다. 나의 속사람이 치유되는 만큼 성령의 임재가 강하게 느껴졌고 어느 곳에 거하든지 그곳에 주님께서 함께 하심이 온 몸으로 느껴지는 것이었습니다.

예수님의 사랑에 영광과 찬송을 올립니다. 충만한 교회 목사님께 감사드립니다. 또한 결정적인 부분이 사모님의 헌금 사역이었습니다. 헌금기도 사역을 통해서 하나님 앞에 나 자신을 바로 들여다보고 기도를 드릴 수 있기 때문입니다. 하나님 앞에 문제(영적장애)가 되는 부분을 정확하게 말씀해 주시므로 갑절의 효과가 나타날 수 있었습니다. 제가 제일 감사한 것은 남편하고 관계가 회복이 되었다는 것입니다.

하루에 거의 한 번씩 말다툼을 하던 관계가 사랑으로 회복이 되었습니다. 그러니 남편의 퇴근 시간이 빨라졌습니다. 너무 좋아

합니다. 저보고 하는 말이 계속해서 충만한 교회에 다니면서 치유 받으라고 합니다. 내가 변하니 남편도 변한 것입니다. 몇 달 전만 해도 남편이 문제이기 때문에 부부 불화가 끊이지 않는 다고 생각 을 했는데 치유를 받고 보니 나에게 문제가 있기 때문이라는 것을 인정하게 되었습니다. 예수님 감사합니다. 인천 김전도사

일곱째, 이혼한지 15년 만에 재결합. 우리부부는 서로 성 격이 맞지 않아서 이혼을 했습니다. 남편은 아들을 나에게 맡기 고 떠나갔습니다. 우리 부부가 이혼을 하게 된 동기는 이것입니 다. 남편이 의처증이 심했습니다. 다른 남자들하고 이야기를 하는 꼴을 보지를 못했습니다. 나는 그때까지만 해도 왜 남편이 저렇게 의처증이 심한가 알 수가 없었습니다. 그래서 남편에게서 떠나 나 혼자 살고 싶은 생각이 강했습니다. 그래서 하루는 남편에게 우리 이혼하자고 했습니다.

그러니 남편이 그렇게 하자고 하여 이혼을 했습니다. 나는 보 험사원을 하면서 아들을 가르쳤습니다. 그러다가 충만한 교회를 알게 되었습니다. 그때는 이미 이혼한지 십오 년이 지난 다음 이 였습니다. 충만한 교회에서 목사님의 내적치유 말씀을 들으면서 남편이 왜 그렇게 의처증이 심했는지 알게 되었습니다. 자신이 어 렸을 때 자신의 어머니가 바람을 많이 피웠다는 것입니다. 어머니 에 대한 상처가 무의식에 자리를 잡고 있었던 것입니다. 그래서 나도 여자 이니까 어머니하고 다를 것이 없다고 생각하고 조금만

이상하면 의심하면서 나를 힘들게 했던 것입니다.

치유를 받으면서 진인순 사모님이 저에게 남편이 어떻게 지내는지 알아보라고 했습니다. 수소문해서 알아보니 그때까지 재혼을 하지 않고 혼자 지내고 있었습니다. 저 역시 혼자 지내고 있었습니다. 사모님이 하시는 말씀이 재결합하는 것이 하나님의 뜻이라는 것입니다. 그래서 아들과 함께 남편을 찾아 갔습니다. 남편이 아들을 보고 너무나 좋아했습니다. 그리고 마음도 많이 변해 있었습니다. 그래서 다시 합치기로 하고 같이 올라왔습니다. 그래서 우리 부부는 충만한 교회에 와서 다시 결합을 한 것입니다. 남편을 데리고 올라와 남편이 일이 없을 때는 충만한 교회 치유집회에 참석하여 치유도 받게 했습니다. 치유를 받으면서 남편이 변하기 시작을 했습니다. 강요셉 목사님에게도 감사하다고 항상 입버릇처럼 말을 했습니다. 그래서 우리 부부는 예수님의 사랑으로 회복이 되었습니다. 지금 너무나 좋습니다. 아들도 너무나 좋아 합니다. 여자가 혼자 살아가다가 보니 여러 가지 서러운 일들도 많이 있었습니다.

이제 남편이 있으니 보험사원도 그만 두었습니다. 남편이 돈을 잘 벌기 때문입니다. 저는 예수님의 사랑과 충만한 교회 목사님과 사모님에게 항상 감사하고 있습니다. 제가 지나고 보니 예수를 믿기만 한다고 사람이 변하는 것이 아니고 치유를 받아야 한다는 것입니다. 확실히 치유를 받으면 사람이 변합니다. 우선 자신을 보는 눈이 열린다는 것입니다. 자신의 부족함을 깨달으니 치유를 받는 것입니다. 다시한번 우리 부부를 회복하여 주신 예수님에게 영광과 찬송을 올립니다. 서울 김집사.

여덟째, 이혼직전의 상태에서 회복. 저는 어려서 아버지의 사랑을 많이 받고 자랐습니다. 그런데 제가 결혼을 하고보니 남편이 아버지 같이 자상하지 못하는 것입니다. 너무나 저에게 원하는 것이 많습니다. 알고 보니 어려서 어머니의 사랑을 받지 못하고 자란 것입니다. 결혼하여 저에게 사랑을 받으려고 한 것입니다. 저 역시 남편에게 아버지 같이 저를 보살피고 사랑을 해주기를 원했습니다. 지금 생각하면 서로 사랑을 받으려고만 한 것입니다. 어려서 사랑을 받지 못하고 자란 남편에게 시달리다가 오랜 기간 우울증과 부부불화, 어깨 결림, 두통 등으로 고생을 하며 지냈습니다.그러다가 "내적치유 쉽게 하는 법."를 읽고 충만한 교회 치유집회에 참석하게 되었습니다. 그 당시 저의 부부는 이혼을 결정하고 치유집회에 참석을 했습니다.

내가 다 죽게 생겼으니 남편이 나를 충만한 교회에 데려다 주었습니다. 가서 첫날부터 예수님의 사랑과 성령의 역사로 내 안의 상처가 치유되기 시작을 했습니다. 나를 데려다 주기 위하여 온 남편도 성령을 체험하고 속에서 역사하던 귀신들이 괴상망측한 행동을 하면서 떠나갔습니다. 남편이 이런 성령의 역사를 체험하니 달라지기 시작을 했습니다. 처음에는 나만 데려다 주고 온다고 했습니다.

그러던 남편이 은혜를 받더니 계속해서 시간을 내서 치유를 받는 것입니다. 그래서 부부가 같이 다니면서 치유를 받았습니다. 우울증이 떠났습니다. 남편이 변하니 우리 부부가 이혼을 포기 했습니다. 왜냐하면 서로 자신에게 문제가 있었다는 것을 깨달았기 때문입니다. 그래서 충만한 교회에 열심히 다니면서 치유를 받았습니다. 그런데 제가 치유를 받으면서 느낀 것은 나에게 우울증이 찾아오게 한 것은 남편이 아니었다는 것입니다.

어린 시절의 상처가 나를 그렇게 만들었습니다. 이것은 저의 자존심이 있기 때문에 지면에 쓰고 말하기는 좀 그렇습니다. 이해하시기를 바랍니다. 저는 어린 시절에 좋지 못한 경험들이 있었습니다. 그 경험들 때문에 남편과의 관계에 문제가 발생한 것입니다. 남편 역시 어린 시절의 문제로 인하여 나를 그렇게도 못살게 굴었던 것입니다. 남편도 자신을 보고 회개하고 저도 저를 보고 회개 했습니다. 서로 손을 잡고 기도하며 화해를 했습니다.

그렇게도 힘들던 부부관계가 회복이 되었습니다. 그래서 이혼하려다가 사랑의 예수님을 만나 영적인 세계를 알고 치유를 경험한 것입니다. 우리가 충만한 교회를 오지 않았다면 아마 지금 이혼을 했을 것입니다. 이제 정말 우리 부부는 그 누구보다도 행복합니다. 이렇게 은혜를 체험하게 인도하신 성령하나님께 감사와 찬양을 올립니다. 그리고 지속적으로 관심을 가지고 안수기도를 해주신 강요셉 목사님에게도 감사를 드립니다. 또 헌금 사역을 통하여 나 자신을 정확하게 보게 해주신 진인순 사모님에게도 감사를 드립니다. 예수님은 어제나 오늘이나 동일하십니다. 예수님 정말 감사합니다. 과천 김집사.

아홉째, 원수에서 사랑하는 관계로. 저는 13년 전에 행복한 가정을 이루려는 꿈을 품고 결혼하였습니다. 그런데 결혼하고 하루도 편안한 부부생활을 하지 못했습니다. 이상하게 만나면 서로의 꼬투리를 잡아 다투는데 시간을 보냈습니다. 남편얼굴만 보면 속에서 분노가 치밀어 오릅니다. 그러면서 남편의 흠집이 보입니다. 남편의 흠집을 말하면 남편은 불같이 화를 내면서 저에게 폭언을 합니다. 둘 다 직장생활을 하기 때문에 직장에 다녀와서 다투기 시작하면 저녁에 잠자리까지 갑니다.

잠자리에 남편이 저의 몸에 손을 대면 거머리가 달라붙는 것과 같이 징그러운 느낌이 듭니다. 소름이 끼치기도 합니다. 그래서 결혼 한지 십삼 년이 되었는데 솔직하게 부부관계를 못했습니다. 그래서 자녀가 없습니다. 자녀가 있으면 그래도 나을 것인데 자녀가 없으니 더 부부관계가 멀어지고 험악해 질 수 밖에 없습니다. 그래서 이혼도 생각을 했습니다. 이혼하지 못하는 것은 이혼하면 저는 직장생활을 할 수가 없습니다. 그래서 이혼을 못한 것입니다. 어느날 기독서점에 들렀다가 "기독교인의 인생문제 치유하기"라는 제목의 책 1.2권을 사게 되었습니다.

책을 읽다가 보니까, 부부 문제의 배후에 귀신이 있을 수 있다는 내용을 읽는데 마음이 요동치는 것입니다. 충만한 교회를 가자! 충만한 교회에 가면 우리 부부문제를 해결할 수 있는 길이 열린다는 감동이 강하게 왔습니다. 충만한 교회에 전화를 걸었습니다. 집회 시간을 알기 위해서입니다. 전화로 물어보니 매주 월요일부터 목요일까지 항상 집회가 있다는 것입니다. 시간을 내어 충만한 교회를 갔습니다.

강요셉 목사님에게 상담을 요청했습니다. 상담을 하는데 이렇게 질문을 하시는 것입니다. 혹시 시어머니가 생전에 계십니까? 안계십니다. 남편하고 결혼하기 2년 전에 돌아가셨다고 들었습니다. 시어머니가 시아버지하고 이혼하고 혼자 지냈다고 합니다. 그래서 남편이 어머니하고 둘이 지냈다고 들었습니다. 목사님이 그래요. 조금 있다가 말씀을 듣고 기도 시간에 앞에 나와서 기도를 하라고 하셨습니다. 기도 시간이 되었습니다.

강 목사님이 머리에 손을 얹고 성령이여 임하소서. 강하게 임하소서. 영육을 사로잡아주옵소서. 하시면서 저보고 숨을 깊게 들이쉬고 내쉬라고 하셨습니다. 조금 시간이 경과된 다음에 "이 더러운 귀신아, 정체를 밝혀라!" 하시니까 내 입에서 갑자기 이러는 것입니다. "나 이년 시어머니다." 이러는 것입니다. 정말 놀랐습니다. 강 목사님이 언제 들어왔느냐고 물으니 결혼 첫날밤에 들어왔다고 하는 것입니다. 무엇 하러 왔느냐고 물으니 이혼시키려고 왔다고 하는 것입니다. 그러면서 "엉엉엉" 울었습니다.

내 입에서 "정말 지독한 여자야. 내가 13년 동안 이혼시키려고 별별 짓을 다했는데 이것들이 이혼을 하지 않았어! 아이고 원통해. 아이고 원통해. 아이고 원통해…" 막 내가 생각하지도 않은 말들이 내 입에서 튀어 나오는 것입니다. 정말 이상하고 신기한 체험을 했습니다. 목사님이 쓸데 없는 잔소리하지 말고 "다 데리고 나가라. 내가 나사렛 예수 이름으로 명하노니 떠나갈지어다." 하니까. 내가 기침을 막 하더니 무엇이 빠져나가는 기분이 드는 것입니다.

목사님이 이 가정에 대대로 이혼시키려고 들어온 귀신아 떠나가라. 하고 명령을 하셨습니다. 막 몸이 뒤틀리면서 기침이 사정없이 나왔습니다. 머리가 갑자기 시원하여 졌습니다. 목사님이 이제 이혼 시키려는 귀신이 하나도 남김없이 나갔다고 하셨습니다. 그러면서 목사님이 하시는 말씀이 지금까지 당신 부부를 괴롭힌 것은 가문에 역사하는 이혼의 영인 것입니다. 조상 대대로 이혼을 시키는 귀신이 이 부부도 이혼을 시키려고 시어머니를 가장하고 들어왔는데 목적 달성을 하지 못한 것입니다.

남편에게 이야기를 하여 데리고 와서 주일날만이라도 치유를 받으라고 하셨습니다. 남편을 데리고 와서 주일날 치유를 몇 주 동안 받았습니다. 저의 부부는 점점 정상적인 부부가 되었습니다. 남편을 보면 그렇게 미워 보이더니 이제는 사랑스러워 보입니다. 이제 아이도 생겼습니다.

저는 이렇게 치유를 받고 가정을 지키게 되었습니다. 이와 같이 부부간의 불화나 이혼도 다 이유가 있는 것입니다. 그러나 성령의 역사로 축귀하면 부부가 이혼하지 않고 화목하게 지낼 수 있

없습니다. 그래서 이러한 특이한 현상들은 성령으로 분별하고 치유해야 합니다. 강북 김집사

우리 하나님이 짝지어준 부부에게 이러한 문제가 웅크리고 있고서는 결코 행복한 부부, 가정이 될 수가 없다. 하나님은 우리 부부와 가정들이 천국이 되기를 원하신다. 우리 하나님의 소원을 이루어 드리자. 이를 위하여 사전에 성령의 세례를 체험하고 내면의 상처를 치유 받자. 영적인 문제를 사전에 찾아 치유하자. 영적인 문제에 대해서는 "영분별과 기적치유" 책을 참고하라. 이 책에 보면 영적인 존재들을 분별하고 치유하는 비결이 상세하게 설명되어 있다. 신앙은 예방 신앙이어야 한다. 문제가 생긴 다음에는 이미 늦은 것이다. 사전에 예방하는 것이 인적, 물적 자원을 아끼는 적극적인 방법이다. 부부가 화목해야 하는 일도 잘되고 가정도 평안하다. 우리 행복한 가정을 이루기 위하여 사전에 치유를 받자. 그리하여 지구상에서 제일 행복한 부부 가정이 되기 바란다.

충만한 교회는 지방에 계시는 분들을 위하여 성령치유 집회 CD와 교재를 33종류를 비치하고 있습니다. 과목별 CD는 12시간을 녹음하여 12개입니다. 가격은 2만원입니다. 교재는 과목당 만원입니다. 필요하시면 주문하여 영성을 깊게 하실 수가 있습니다. 교재를 보며 CD를 들으면 현장에서 집회를 참석한 것과 같은 효과가 있습니다. 1)깊은 상처 내적치유(CD/교). 2)성령의 기름부음(CD/교). 3)깊은 영의기도 숙달(CD/교). 4)보혈의 능력과 은혜(CD/교). 5)인생 열두 문제치유(CD/교). 6)예수님의 권세능

력(CD/교). 7)가문의 대물림치유(CD/교). 8)행복한 가정 만들기
(CD/교). 9)재정축복 영육치유(CD/교). 10)부부문제 내적치유
(CD/교). 11)5차원의 영적세계(CD/교). 12)영적전쟁 축사사역
(CD/교). 13)영들을 분별하라(CD/교). 14)능력 오는 영의기도
(CD/교). 15)바른 성령의 은사(CD/교). 16)영의사람 육의 사람
(CD/교). 17)5차원 영성을 삶에(CD/교). 18)꿈 해석과 내면치유
(CD/교). 19)영적전이 성령역사(CD/교). 20)영육질병 신유사역
(CD/교). 21)영안을 열어라(CD/교). 22)갑절 영감 영력(CD/교).
23)작은 교회 성장(CD/교). 24)내적치유사역비결(CD/교). 25)예
언은사기름부음(CD/교). 26)깊은 영성 깊은 치유(CD/교). 27)교
회성장성령치유(CD/교). 28)영의통로 열어라(CD/교). 29)성령의
능력사역(CD/교). 30)하나님 음성듣기(CD/교). 31)성령치유종
합사역(CD/교). 32)성령치유목회적용(CD/교). 33)전문신유사역
기술(CD/교). 전화는 02-3474-0675. 신청은 번호를 알려주시면
됩니다. 메일주소는 kangms113@hanmail.net 를 이용하여 신청
이 가능합니다(필요CD/교재번호. 주소. 전화전호. 우편번호).

*과목별 상세한 내용은 홈페이지 www. ka0675.com 에 들어
오셔서 확인 바랍니다. 홈피에 보시면 계좌번호와 과목별 상세목
록을 확인하실 수 있습니다.

22장 결혼 전에 꼭 체험해야 될 영적비밀

((마 19:4-6)"예수께서 대답하여 이르시되 사람을 지으신 이가 본래 그들을 남자와 여자로 지으시고 말씀하시기를 그러므로 사람이 그 부모를 떠나서 아내에게 합하여 그 둘이 한 몸이 될지니라 하신 것을 읽지 못하였느냐 그런즉 이제 둘이 아니요 한 몸이니 그러므로 하나님이 짝지어 주신 것을 사람이 나누지 못할지니라 하시니"

하나님은 예수를 믿는 모든 이가 하나님이 짝지어준 배필을 만나 행복하게 살기를 원한다. 하나님은 성도를 통하여 세상에 하나님의 나라를 만들어 가신다. 그러므로 성도 한 사람, 한 사람이 하늘나라이다. 하나님은 성도가 잘못된 결혼으로 고통을 당하는 것을 원하시지 않는다. 성도가 잘못된 결혼으로 고통을 당하는 것은 바로 하나님이 당하는 고통이기 때문이다. 모든 성도가 하나님 안에서 배필을 만나 행복한 가정을 이루기를 원하신다. 고로 성도가 성령의 인도를 받으면 하나님이 예비한 배필을 만날 수가 있다는 결론이 나오는 것이다.

우리는 이를 믿어야 한다. 하나님은 모든 부부가 행복하기를 원하신다는 말을 믿어야 한다. 결코 한 가정도 고통의 가정이 되기를 원하지 않는다. 하나님이 원하시는 결혼을 위하여 바르게 알고 준비해야 한다. 나는 많은 사람들과 상담을 한다. 결혼을 잘못했다고 하는 성도들이 대부분 준비 없이 막연한 생각을 가지고 결혼을 했다는 것이다. 결혼은 인간에게 제일 중요한 문제이다. 결혼을 위해서 사전에 알고 준비를 잘해야 후회하지 않는 결혼 생활을 할 수 있다. 사전에 성도가 하나님이 원하는 배필을 만나 결혼하기 위해서 이렇게 해야 한다.

첫째, 영적인 사고를 하라. 예수를 믿고 성령으로 거듭난 성도는 영적인 존재라는 것이다. 따라서 영적으로 사고를 해야 한다는 것이다. 이는 습관이 되어야 한다. 인간적인 사람은 경험을 따른다. 그래서 아담은 합리적이라는 것이다. 마귀는 항상 합리를 가지고 사람에게 접근한다. 마귀에게 속지 않으려면 합리하고 담을 쌓아야 한다. 성령으로 거듭난 성도답게 합리하고 관계를 정리해야 한다. 영적인 사고는 배우자를 볼 때 아주 중요하다. 예수님은 요한복음 1장 47-48절에서 나다니엘을 보실 때 이렇게 말씀하신다. "예수께서 나다나엘이 자기에게 오는 것을 보시고 그를 가리켜 이르시되 보라 이는 참으로 이스라엘 사람이라 그 속에 간사한 것이 없도다. 나다나엘이 이르되 어떻게 나를 아시나이까 예수께서 대답하여 이르시되 빌립이 너를 부르기 전에 네가 무화과나무 아래에 있을 때에 보았노라." 영적인 사고는 보이는 면만을 보고 판단하는 것이 아니다. 보이지 않는 내면을 보는 것을 말한다. 영안을 열어 사람의 중심을 보라는 것이다. 나는 매 주일마다 결혼하지 않은 청년들을 축복기도를 한다. 축복 기도할 때 심령을 읽는 눈이 열릴지어다. 하고 축복기도를 한다. 우리는 심령을 읽는 눈이 열려야 한다. 그래서 우리가 잘 아는 ○○○목사님의 경우, ○○○목사님이 ○○○목사님에게서 하나님의 함께 하심을 보았다. 그러기 때문에 병들어 고생하고 몸이 약하고 보잘 것 없던 ○○○목사님을 극진하게 대우한 것이다. 그리고 함께 동역하며 목회하고, 자신의 사위를 삼은 것 아닌가. 그리고 분당에서 ○○○교회를 목회하는 요즈음 한창 잘나가는 신세대 목회자인 ○○○목사님의 경우도 마찬가지이다. 목사님이 신학생 때 산 기도를 갔다가 지금 장모되신 권사님을 만났다. 권사님께서 키도 작고 돈도 없고 아무 보잘 것이 없던 신학생에게서 하나님의 함께 하심을 발견한 것이다.

그래서 도우면서 목사가 되게 하고 사위를 삼은 것이다. 나는 상담을 할 때 본인들의 어두운 그림자 뒤에 있는 하나님의 함께 하심을 알려주어서 희망과 꿈을 갖게 한다. 많은 분들이 보이는 그림자를 보고 실망하고 낙심을 한다. 그러나 보이는 것은 그림자라는 것을 알아야 한다. 말씀과 성령으로 치유하면 없어지는 것이다. 그러므로 보이는 면의 문제는 문제가 되지 못한다. 보이지 않는 내면이 중요하다는 것이다. 속사람이 중요하다는 것이다. 무엇보다도 영적인 사고를 하는 것이 중요한다. 영적인 사고를 하려면 믿음생활을 영적으로 해야 한다. 영적으로 하려면 영적인 멘토(지도자)를 만나야 한다. 하나님은 사람을 통하여 일을 하시기 때문이다.

영적인 지도자 사람을 잘 만나야 한다. 처음 신앙생활을 시작할 때부터 영적으로 신앙생활을 하여 영적으로 사고하는 것이 습관이 되어야 한다. 이렇게 말할 분도 있을 것이다. 목사님! 예수 믿고 교회에 들어와 신앙 생활하는 것이 모두 영적인 일이 아닙니까? 나도 처음은 그렇게 생각을 하고 믿었다. 지금 여러 가지를 체험하고 보니 그렇지 못한 교회와 영적 지도자가 있다는 것이다. 정말로 중요한 것이 교회와 지도자를 잘 만나는 것이다.

많은 분들이 영적 지도자를 잘못만나서 신앙생활은 열심히 했는데 변화된 것은 아무것도 없다고 한다. 오히려 더 나빠졌다고 후회하는 성도가 많이 있다. 영안을 열고 바르게 분별하고 정해야 한다. 그래야 영적인 사고를 하는 성도가 된다.

그래서 영안을 열어 보이는 그림자만 보고 속단하지 않고, 속사람을 보고 판단을 하는 성도가 될 수가 있다. 그림자란 성도가 하늘의 복을 받는 데 방해하는 요소를 말하는 것이다. 우리는 육의 눈으로 보이는 그림자만 보지 말아야한다. 영안을 열어 그림자 뒤에 있는 하나님의 함께 하심을 보아야한다. 시위대장 보디발이 요셉을 본 것 같이 말이다.

(창세기39:2-3)"여호와께서 요셉과 함께 하시므로 그가 형통한 자가 되어 그의 주인 애굽 사람의 집에 있으니, 그의 주인이 여호와께서 그와 함께 하심을 보며 또 여호와께서 그의 범사에 형통하게 하심을 보았더라"

이렇게 하나님이 함께하는 형통함을 보는 눈이 열려야 한다는 것이다. 영적으로 사고하여 보이는 잘못된 면만 보려고 하지 말고, 사람에게 역사하는 선한 성령의 함께 하심을 영안을 열어 보아야한다.

둘째, 성령이 충만한 믿음 생활. 영적인 사고를 하는 것을 습관화하려면 신앙생활을 잘해야 한다. 많은 분들이 성령이 충만한 신앙생활을 말로 아는 경우가 많다. 우리 교회가 성령이 충만하니 자신이 성령이 충만하다고 믿어버리는 것이다. 그러나 성령이 충만한 신앙생활은 말이 아니라 실제로 체험하는 신앙생활을 말한다. 기독교는 체험의 종교이다. 성령의 충만을 몸으로 느껴야 한다는 것이다. 성령으로 세례를 받을 때 보편적으로 다음과 같은 현상을 체험한다. 호흡이 깊어지거나 빨라지고 손이 찌릿찌릿하기도 한다. 절제 할 수 없도록 울음이 터지거나. 웃음이 터지는 경우도 있다. 가슴을 찌르고 무엇이 빠져나오는 아픔을 느낄 수 있다. 위장이나 아랫배 부근에서 어떤 뭉치 같은 것이 움직일 수도 있다. 큰소리가 속에서 터져 나오기도 하고 온 몸에 불이 붙은 것 같이 뜨겁기도 하다. 입에서 손에서 불이 나오는 것을 느끼기도 한다. 가슴이 답답하고 기침이 나오고 손과 입에서 불이 나오는 체험을 하기도 한다. 기침, 하품, 트림이 나오고. 토하기도 하고 메스꺼움을 느끼기도 한다. 멀미하는 것처럼 속이 울렁거리며 아랫배가 심히 통증이 있기도 한다. 머리가 아프고 어지럽고 몸이 감당하지 못하게 흔들리기도 한다. 때로는 얼굴이나 몸 전체가 뒤틀리다가 풀어져 평안해지기도 한다. 때로는 며칠 동안 힘이 없고 심신의 괴로움 현상이 일어날 수 있다. 이것은 일종의 성령의 강한 임재로 영육 치유의 현상이다. 두려워말고 계속 성령의 역사를 받아들여야 한다. 모든 성도가 한번은 통과해야 하는 필수 과정이다. 이렇게 살아있는 성령을 체험한 후부터 영적으로 바뀌어가기 시작하는 것이다.

이런 체험이 없이는 절대로 영적으로 바뀌지 않고 상처와 자아와 혈통으로 내려오는 영육의 문제를 치유할 수가 없다. 한마디로 변하지 않는 다는 것이다. 사람을 사람이 변화시킬 수가 없다. 반드시 살아있는 성령의 역사가 일어나야 변한다. 성령을 체험하지 못한 사람은 땅의 사람이다. 땅의 사람에게는 마귀가 주인이다. 마귀를 몰아내야 하늘의 사람이 되는 것이다. 마귀를 몰아내려니 살아있는 성령을 체험해야 하는 것이다. 절대로 성령의 체험 없이는 변하지 않는다. 살아있는 성령의 역사를 체험하면 말과 행동이 사람이 달라지기 시작한다.

우리 교회는 성령이 충만한 교회라고 나는 자부한다. 자부하는 이유는 이렇다. 영육으로 고통을 당하던 분들이 치유를 받으러 많이 오신다. 오셔서 성령을 체험한다. 며칠 지나면 성령의 평안을 몸으로 느낀다고 한다. 말로 표현할 수 없는 평안이 자신에게서 나타난다는 것이다. 이것이 바로 성령이 충만한 것이다. 말로 충만한 것이 아니고 몸으로 느끼는 평안이다.

그래서 처음 교회를 잘 정해야 한다. 처음 가는 교회의 유형에 따라 자신의 신앙의 기준이 되기 때문이다. 처음 자신이 다니던 교회의 유형이 평생 자신의 신앙 기준이 되더라는 것이다. 우리 교회는 전국에서 치유를 받으러 온다. 어느 분은 30년 동안 신앙생활을 했는데 성령을 체험하지 못한 분이 있다. 상담을 하다가 보면 열심히 하면 되는 줄 알고 무조건 열심히 했다는 것이다. 그러다가 성격이 변하지 않고 영육의 문제가 해결되지 않아 수소문하다가 우리 교회에 와서 비로소 성령을 체험한다. 이분들이 이구동성으로 사는 말이 성령을 체험하니 말로 표현할 수 없는 평안을 느낀다는 것이다. 다시 한 번 강조한다. 성령은 말이 아니고 실제이다. 초자연적으로 역사하는 살아있는 역사다. 살아있는 성령을 체험하며 믿음 생활을 하여 사고가 영적으로 바뀌기를 바란다.

셋째, 예비 배우자를 위한 기도. 자신이 만나게 될 미래의 배우자를 위해 기도하고 있느냐고 물으면 많은 청년들이 사람이 없는데 어떻게 기도하느냐고 되묻곤 한다. 배우자 기도는 사람이 정해져야만 하는 것이 아니다. 많은 신앙의 아버지와 어머니들이 자녀를 위해 기도할 때 자녀의 배우자감을 위해서 기도한다. 심지어 자녀가 뱃속에 있을 때에도 태아의 배우자감을 위해서 기도하는 어머니도 있다.

저도 예외는 아니어서 아이들을 위해 기도할 때 배우자감을 위해서도 기도한다. 아이들이 아주 어릴 적부터 기도를 했다. 장래

내 아이들의 배우자가 될 사람들이 지혜로운 부모들 밑에서 주의 교양과 훈계로 잘 양육되게 해달라고 기도하는 것이다.

결혼 당사자가 배우자감을 위해서 기도하는 것은 빠르면 빠를수록 좋다. 결혼 적령기에 있는 청년들은 더 이상 미루지 말고 배우자가 될 사람을 위해 바로 지금부터 기도를 시작하는 것이다. 그러나 상대도 없이 꾸준히 기도하는 일이 쉬운 일은 아니다. 그러나 믿음으로 기도하라. 그리고 가능하다면 기도할 때 깨닫게 된 생각들도 노트에 적어보라. 배우자감을 분별하는데 많은 도움이 된다. 주의해야할 것은 자신의 기준대로 구하는 것이 아니라, 자기 자신보다 자신의 필요를 더 잘 아시는 주님께 의탁해야 한다는 것이다. 그러므로 자신의 기준을 내려놓고 하나님이 좋아하시는 사람을 만날 수 있도록, 그리고 그 사람을 당신도 좋아할 수 있도록 기도하라. 그리고 형편과 감정을 주님께서 다스려 주시기를 간절히 기도하라. 주님은 당신에게 최선으로 주시기를 기뻐하신다. 배우자감을 위해 중보기도를 드릴 때 얻는 유익은 다음과 같다

1) 배우자감이 어디에 있는 누구인지도 모르고, 상대방의 형편과 상황도 모르지만 배우자를 위해 중보기도를 할 때 주의 거룩한 뜻을 분별하게 된다. 뿐만 아니라, 중보기도를 통하여 상대방이 예수 그리스도의 형상으로 성숙되어 갈 수 있다.

2) 배우자감을 위해 중보기도를 하게 되면, 기도하는 동안 하나님과 더욱 친밀하게 되며, 하나님의 관점을 가질 수 있고, 인내를 배울 수 있다. 그리고 자신도 하나님이 기뻐하시는 성품으로

변화될 수 있다.

3) 기도를 계속하다보면 하나님의 뜻이 더 분명하게 되며 불길처럼 강하게 구하게 되면서도 이기적인 기도제목(정욕으로 구하는 것)은 스스로 포기하게 되거나 지속적으로 기도할 수 없게 된다.

4) 기도 중에 관념적이던 것이 현실로 비춰져서 자신의 필요가 무엇인지를 보게 된다.

5) 배우자가 될 만한 사람이 나타났을 때 쉽게 결혼을 결정할 수 있게 된다. 많은 형제와 자매들이 배우자를 위한 기도를 어떻게 하느냐고 물어 온다. 우리는 마땅히 빌 바를 알지 못하지만 성령께서 하나님의 뜻대로 기도할 수 있도록 도우신다. 성령님께 기도를 가르쳐 달라고 간구하라. 성령님에게 모든 것을 맡기고 의지하라는 것이다. 성령님만이 모든 것을 아신다.

♡ 배필을 구하는 기도

성령이여 임하소서. 성령이여 저를 사로잡으소서. 영광의 주님! 당신의 선하신 뜻대로 저를 창조하시고 당신의 말씀과 보호하심으로 이렇게 장성하게 축복하신 은혜를 생각할 때 감사드리지 않을 수 없습니다. 사랑의 주님이시여. 주님께서는 남자와 여자를 지으시고 한 몸을 이루어 살게 하시고 아름다운 가정을 이루도록 하셨으니, 이제 저에게 가장 합당한 배우자를 주옵소서. 세상의 얄팍한 기준과 계산에 의해서가 아니고 주님께서 보시기에 신실하여 택하여 주신 당신의 사람을 보내 주옵소서.

사랑의 주님이시여, 그리하여 온전히 한 마음과 한 몸을 이루어 살아갈 때 더욱 아버지께 영광 돌리고 더욱 뜨거운 믿음의 생활이 되게 하옵소서. 진실한 간구의 기도를 드리게 하시며 시험에 들거나 마음에 상처받는 일이 없도록 지켜 보호하여 주옵소서. 좋은 배우자를 원하기 전에 저 스스로 알찬 사람이 되게 하옵소서. 사랑이 많으신 예수님 이름으로 기도합니다. 아멘

♡ 형제분들의 기도

성령이여 임하소서. 성령이여 저를 사로잡으소서. 영광의 주님! 오늘도 당신의 말씀에 의지하여 나의 반쪽인 짝꿍을 위한 기도를 드립니다. 삼손의 마음을 사로잡은 드릴라의 미모보다 예수님을 향한 순전한 사랑만으로 옥합향유를 깨뜨린 마리아가 좋습니다. 많은 소유로 부족함을 모르는 보디발의 아내보단 당신을 위하여 아낌없이 드릴 수 있는 사렙다 여인의 순종하는 믿음이 좋습니다. 세상의 헛된 것으로 마음이 강퍅해진 여인보단 하나님을 경외하는 잠언 속의 현숙한 여인이 좋습니다. 나는 이런 자매가 좋습니다. 나에게 이런 짝꿍을 허락 하소서. 예수님의 이름으로 기도합니다. 아멘

♡ 자매 분들의 기도

성령이여 임하소서. 성령이여 저를 사로잡으소서. 영광의 주님! 오늘도 당신의 말씀에 의지하여 나의 반쪽인 짝꿍을 위한 기

도를 드립니다. 골리앗과 같이 기골 장대한 청년보단 하나님 마음에 용기 있는 소년 다윗이 좋습니다. 나사로의 손길을 외면한 불의한 부자보단 강도 만난 이웃의 좋은 친구, 선한 사마리아인이 좋습니다. 사울 왕과 견줄만한 천하의 멋쟁이가 아니래도 담대한 전도자 바울의 열정이 좋습니다. 나는 이런 형제가 좋습니다. 나에게 이런 짝꿍을 허락 하소서. "사람은 외모를 보거니와 나 여호와는 중심을 보느니라." (삼상 16:7). 사람의 중심을 보는 눈을 열어주소서. 예수님의 이름으로 기도합니다. 아멘

넷째, 영육을 치유하라. 성령을 체험하고 기도하면서 치유를 해야 한다. 모든 성도는 예수를 믿고 교회에 들어오면 성령을 체험해야 한다. 살아 역사하는 성령을 체험하므로 비로소 영적으로 바뀌어 지기 시작하는 것이다. 많은 성도들이 성령을 한번 체험하면 되는 줄 알고 있다. 그러나 바르게 알아야 한다. 성령을 체험하면 영적으로 바뀌기 시작을 하는 것이다. 살아 역사하는 성령이 자신을 완전하게 치유하여 장악할 때까지 치유를 받아야 한다. 성령을 체험하고 내면의 상처를 치유 받아야 한다. 상처가 없는 사람이 없다. 모두가 상처가 있다. 그리고 말씀과 성령으로 자아를 부수어 뜨려야 한다.

자아는 지금까지 배우고 터득한 것들이 자아가 된다. 샤머니즘의 신앙생활도 포함이 된다. 이것들을 모두 치유해야 한다. 마지막으로 혈통으로 내려오는 영육의 문제를 치유해야 한다. 이 모

든 것이 치유가 되어야 비로소 성령이 장악한 성령의 사람이 되는 것이다. 성도가 예수를 믿고 교회에 와서 신앙생활을 해도 변화가 없고 영육의 문제가 있고, 환란과 풍파를 당하는 것은 성령을 체험하고 치유 받지 않기 때문이다. 반드시 치유를 해야 성도가 영적으로 변하는 것이다. 영적으로 변하니 삶에서 영적인 사고를 하는 것이다. 이와 같은 과정을 통과하지 않으니 예수를 믿어도 세상 사람들과 똑같은 사고를 하면서 살아가는 것이다. 우리는 예수를 믿고 이와 같은 치유를 경험하지 못했다면 여전히 육에 역사하는 마귀의 영향을 받고 있다고 보아야 정확한 것이다.

그러므로 모든 그리스도인들은 성령을 체험하고 내면의 상처를 치유하고, 자아를 십자가에 못을 박아야 한다. 그리고 혈통의 문제를 해결해야 한다. 이렇게 했을 때 비로소 하나님의 복을 받으면서 살아갈 수가 있는 것이다. 우리가 분명하게 알아야 할 것은 기독교는 살아있는 생명의 종교라는 것이다. 자신에게서 생명(성령)이 역사해야 마귀의 영향에서 해방되는 것이다. 성령으로 마귀를 이기면서 살아갈 수가 있는 것이다.

그런데 지금 교회가 그렇지 못한 경우가 많다. 나는 어렸을 때부터 성령체험을 강조한다. 어려서부터 영적인 사고를 하도록 치유하자는 말이기도 하다. 어려서 성령을 체험하고 치유를 하면 쉽다. 그런데 안타까운 것은 어렸을 때 아무런 문제가 없으니 치유를 등한히 한다. 성령체험을 등한시 한다. 그런데 문제는 어렸을 때부터 영육의 문제가 내재되어 있다는 것이다. 어려서 문제를 치유하지 않으니 그대로 있다가 나이가 들어 나타나는 것이다. 그 것도 한창 일을 해야 하는 시기에 발생한다. 나에게는 영육의 문 제 치유를 위하여 전화도 많이 오고 메일도 많이 온다. 부모님들 이 상담을 하기도하지만 본인들이 상담하는 경우가 많이 있다. 어느 자매는 나이가 서른일곱인데 미혼이라는 것이다. 정신적인 문 제로 고통을 당하다가 보니 결혼시기를 넘겼다는 것이다. 그런데 문제는 지금 영육의 문제로 사람 노릇을 못한다는 것이다. 내가 물어 본다. 부모님들이 예수를 믿느냐고 말이다. 아버지는 장로이고, 어머니는 권사라는 것이다. 모태 신앙이라는 것이다.

지금도 딸을 치유하여 달라고 교회에서 살다시피 하면서 열심히 신앙생활을 한다는 것이다. 참으로 안타까운 말이다. 열심히 한다고 딸이 고쳐지면 얼마나 좋겠는가. 열심히 한다고 딸이 고쳐지는 것이 아니다. 성령의 역사로 치유를 해야 한다. 이런 분들은 영적으로 무지해서 당하는 고통이다. 한마디로 샤머니즘의 신앙의 잔재를 기독교에다가 접목을 해서 발생하는 것이다. 열심히 한다고 딸이 고쳐지는 것이 아니고 말씀과 성령으로 적극적인 치유를 해야 되는 것이다. 열심히 한다고 자동으로 치유된다면 얼마나 좋겠는가? 절대로 자동으로 치유되지 않는다. 말씀과 성령으로 문제의 원인을 찾아 해결해야 치유가 되는 것이다. 그래서 어려서부터 성령을 체험하고 치유해야 한다는 것이다. 우리 바르게 알고 행해야 한다. 막연하게 알고 행하지 말아야 한다. 옛날 말에 선무당이 사람을 잡는 다는 말이 있다. 영적인 것은 선무당이 되어서는 안 된다. 전문가가 되어야 한다. 반드시 원인을 알고 성령의 권능을 가지고 치유해야 해결이 되는 것이다. 예수 믿었다고 자동으로 해결되는 것이 아니다. 혈통으로 내려오는 문제나 태중에서 받은 상처는 반드시 때가 되면 머리를 들고 나타나 영육의 고통을 가한다. 어려서 성령으로 체험하여 치유해야 한다. 아니면 문제가 발생 했을 때 최대한 빨리 원인을 찾아서 적극적으로 해결해야 한다.

다섯째, 자신의 가치를 높이라. 유유상종(類類相從) 이라는 말을 많이 들어보았을 것이다. 한마디로 끼리끼리 논다는 것이다. 이 말은 자신의 수준에 따라 배우자가 결정이 될 수 있다는 말도 된다. 그러므로 자신의 수준을 높여야 한다. 수준은 학위도 포함된다. 전문성도 포함이 된다. 영적인 수준도 포함이 된다. 건강도 포함이 된다. 이 수준에는 선천적인 것 후천적인 것 모두가 포함이 된다.

자신의 상처를 치유하는 것도 포함이 된다. 자신에게 상처가 있으면 자신과 같이 상처가 있는 사람을 만나기 때문이다. 이는 내가 한 두 사람을 보고 내린 결론이 아니다. 많은 사람을 만나고 상담하고 내린 결론이다. 상처를 치유하여 깊은 영성을 소유하면 그런 유형의 배우자를 만날 수가 있다는 것이다.

나는 전문성을 강조한다. 우리 딸에게 들은 이야기 인데 교사 시험에 합격하여 연수를 들어가면 아주머니들이 명함을 가지고 줄서서 기다린다는 것이다. 한마디로 장래가 보장되는 직업이라는 것이다. 이런 전문성을 개발하여 자신의 가치를 높이면 당연히 수준 높은 배우자를 만난다는 것이다. 전문가라고 하면 한 분야에 십년을 집중해야 전문가가 된다. 한 분야에 십년을 집중하여 전문가가 되었다면 인내력이나 성품 등을 인정할 수가 있다.

이런 사람을 배우자로 선택했다면 잘 한일이다. 바울은 세월을 아끼라고 한다. 허송세월을 보내지 말고 전문성을 개발하라는 것이다. 자신이 전문성을 개발한 만큼 배우자를 만나게 된다. 자신의 영육의 가치를 높이는 것에 시간과 물질을 투자하라.

여섯째, 다시 기도하라. 기도는 하나님의 마음을 움직이는 열쇠이다. 기도해야 한다. 기도했지만 다시 기도해야 한다. 합당한 배우자가 나타날 때까지 기도를 계속해야 한다. 배우지의 구체적인 모습을 그리면서 기도하라. 성품, 지적인 능력, 지성과 감성, 경제력, 하나님을 사랑하는 마음, 가족을 사랑하는 마음 등을 놓고 구체적으로 기도하라. 바라봄에 법칙을 적용하며 기도하라.

이 책을 통해 예수님이 땅끝까지 전파 되기를 소원합니다.
(출판으로 인한 이익금은 문서선교와 개척교회 선교에 사용합니다.)

결혼 어떡하면 행복할까요

발 행 일 l 2016.12.20 초판 1쇄 발행

지 은 이 l 강요셉

펴 낸 이 l 강무신

편집담당 l 강무신

디 자 인 l 강무신

교정담당 l 강무신 /원영자

펴 낸 곳 l 도서출판 성령

신고번호 l 제22-3134호(2007.5.25)

등록번호 l 114-90-70539

주   소 l 서울 서초구 방배천로 4안길 20(방배동)

전   화 l 02)3474-0675/ 3472-0191

E-mail l kangms113@hanmail.net

유   통 l 하늘유통. 031)947-7777

ISBN l 978-89-97999-52-1 부가기호 l 03230

가   격 l 16,000원